GO 언어 시작하기

松尾 愛賀 지음

박혜영 · 서정인 옮김

홍릉과학출판사

スターティングGo言語
(Starting Go Gengo:4241-8)

저자 서문

언제쯤인지 기억이 잘 나지 않지만, 처음 Go을 대했을 때 받은 인상은 "왠지 구식인데…"라는 것이었다. 슬쩍 훑어본 느낌이 C나 Java와 같은 정통 프로그래밍 언어에 가깝고, 또한 "객체지향기능을 가지고 있지 않음", "예외구조를 가지고 있지 않음", "그렇다고 최근 유행하는 관계형언어도 아님", 등등 들리는 것이 모두 부정적인 평판 밖에 없었기 때문이다.

그러나 Go를 사용하여 몇 가지 작은 프로덕트를 작성해 가는 도중에 부정적인 첫인상은 바로 변화되었다. Go를 사용한 개발 작업의 생산성이 예상을 뛰어넘어 놀라울 만큼 높다는 것을 실감했기 때문이다. 지금 되돌아보면 필자의 어리석음이 부끄러울 뿐이다.

기능성이라는 관점에서는 매우 보수적으로 보이는 Go언어에 의해 생산성이 높아진다는 것이 꽤 이상하게 들릴지도 모르겠다. Go는 풍부한 기능으로 개발자의 생산성을 높이는 접근법 대신, "프로그램 환경 전체에 대한 간소성과 합리성의 추구"라는, 조금 다른 경로를 통한 접근에 의해 지금까지 없었던 개발 효율을 만들어 낸 것이 아닐까 하고 필자는 생각하고 있다.

Go는 지극히 단순한 프로그래밍 언어이다. 단지 프로그램의 형태나 문법이 단순하다는 의미로서가 아니라, 프로그래밍에 따라오는 여러 가지 작업, 컴파일이나 빌드, 실행과 테스트, 라이브러리 관리, 코드 정형, 문서화 등, 다양한 작업들이 간단히 실현될 수 있도록 구성되어 있다. 외부의 툴에 의존하지 않고, 복잡한 설정 작업도 필요하지 않으며, Go언어만으로 효율적인 프로그래밍이 가능하도록 되어 있다.

또한 Go는 높은 실용성을 갖춘 프로그래밍 언어이다. 컴파일형 언어라는 특성을 살린 높은 실행 성능, 잘 설계된 부속 패키지의 풍부함, 실행환경에 민감하지 않은 멀티 플랫폼 지원 등의 요소로 인하여 실용성이 높은 어플리케이션 구축에 있어서 그 위력을 발휘한다.

이러한 "높은 실용성과 간편성"을 실감하려면 무엇보다도 실제로 Go언어로 프로그래밍을 해 보는 것이 제일이다. 이 책은 Go의 기본적인 문법에서 시작하여 고도의 자료형 정의, 각종 툴의 사용 방법부터 표준 패키지의 이용사례까지, 다양한 내용을 포함하고 있다. 모쪼록 이 책을 읽어 나가면서 실제로 코딩 작업을 하면서 Go를 접해보기 바란다. 독자들이 이제까지 없었던 "높은 실용성과 간편성"을 실감하게 되기를 바란다.

시작하기

Go란?

Go는 Google이 개발하여 2009년에 발표한 새로운 프로그래밍 언어이다. 현재는 GitHub(https://github.com/golang/go)를 통해 오픈 소스 형태로 개발이 이루어지고 있다. Go의 컴파일러 및 실행 환경의 소스 코드는 3-조항 BSD 라이선스를 따르고 있어 저작권 정보 관리 등의 최소한의 조건을 만족하면 복제 및 수정, 재배포를 포함한 자유로운 이용이 가능하다.

세상에는 이미 다양한 프로그래밍 언어가 있는데 왜 Google은 굳이 새로운 언어를 개발한 것일까? 다른 프로그래밍 언어에 비해 너무 간단해 보이는 문법은 대체 무엇을 위한 것인가? 최신 프로그래밍 언어들이 제공하고 있는 객체 지향적 기능과 예외 처리 등의 기능이 포함되지 않은 이유는 무엇인가? 이렇게 당연하게 떠오르는 의문들은 Go를 배워나가면서, 또 Go의 장점을 깨닫게 되면서 점차 사라지게 될 것이다.

Go는 [간결성]을 중심으로 [가독성], [생산성], [빠른 속도] 등의 많은 장점을 가지고 있는 프로그래밍 언어이다. 처음 Go를 접한다면 다른 프로그래밍 언어에 있는 많은 기능들이 없는 것에 매우 당황할 수밖에 없을 것이다. 하지만 실제로 작고 실용적인 프로그램을 Go를 이용해 만들어 보면서, 개발이나 프로그램 실행의 효율성에 관점에서 볼 때 이러한 기능들이 꼭 필요한 것은 아니라는 것을 깨닫게 될 것이다.

Go를 배워보기 위해 이 책을 펼친 독자 여러분도 꼭 실제로 돌아가는 프로그램을 만들어 보길 바란다. 그것이 Go를 배울 수 있는 가장 효율적인 방법이기 때문이다.

Go의 특징

소프트웨어를 만들 때, 어떤 프로그래밍 언어를 사용하느냐는 매우 중요한 문제이다. 개발자라면 개발의 효율성과 실행 속도, 실행 환경 등의 다양한 요소를 고려하여 가장 효율적인 것을 선택하고 싶을 것이다. 다른 프로그래밍 언어와 비교하여 Go는 어떠한 특징이 있을까? 지금부터 Go의 큰 특징들을 하나씩 알아보기로 하자.

네이티브 코드로 컴파일

Go는 컴파일 언어이다. Java나 C#과 같이 각 플랫폼의 차이를 극복하기 위한 가상머신(VM)은 존재하지 않는다. Go는 Go 프로그램이 동작하는 CPU와 OS에 적합한 네이티브 코드를 그때그때 생성한다.

이것은 Go 프로그램의 실행에 있어서 런타임과 같은 특별한 실행환경이 필요하지 않다는 것을 의미한다. Go 프로그램을 빌드하여 생성한 실행 파일은 특별한 준비과정 없이 그대로 작동된다.

또한 네이티브 코드로 실행되기 때문에 가상머신이나 인터프리터를 필요로 하는 프로그래밍 언어들에 비해 오버헤드가 적고 빠르게 동작한다.

멀티 플랫폼에서 동작

Go의 가장 큰 특징은 위에서 이야기한 네이티브 코드의 장점과 멀티 플랫폼에서 구동이 가능하다는 장점을 동시에 갖고 있다는 것이다.

C나 C++ 등의 프로그래밍 언어도 멀티 플랫폼에서 동작한다고 말할 수 있지만, OS와 CPU의 차이를 흡수하기 위해서는 전처리를 위한 다수의 코드를 추가하는 등의 상당한 노력이 필요하다.

Go에서는(물론 예외는 존재하지만) OS와 CPU에 의한 실행 환경의 차이를 거의 완벽하게 없애버렸다. Go에서 권장하는 방식으로만 프로그램을 작성한다면 프로그램이 실행되는 플랫폼의 차이에 대해서는 생각할 필요가 거의 없다. 또한 각 실행 환경에서 실행되는 프로그램을 하나의 컴파일 환경에서 생성할 수 있는 크로스 컴파일 기능도 갖추고 있기 때문에 다양한 환경에서 작동하는 프로그램을 간단하게 만들 수 있다.

OS에 독립적

이것이 Go의 가장 야심적인 측면이라고 할 수 있다. Go는 OS에서 제공하는 가장 기본적인 공유 라이브러리도 사용하지 않는 독립적인 실행 파일을 생성한다.

거꾸로 생각해 보면 이것은 다양한 OS에서 API 등을 통해 제공하는 기본적인 기능들을 활용하지 않고 오롯이 모든 기능을 구현하여 사용한다는 것이다. 그 결과로 모든 Go 프로그램들은 기능이 많아질수록 실행 파일의 크기가 커진다. 모든 기능이 프로그램 내부에 포함되어 있어야 하기 때문이다.

하지만 이것은 최근 PC에 탑재된 메모리의 용량 등을 고려하면 큰 문제가 되지 않는다. 또한 공유 라이브러리의 버전이 바뀌면서 발생할 수 있는 동작 불량 등의 문제를 원천적으로 봉쇄할 수 있다는 장점도 있다. 그리고 단일 실행 파일로 생성, 동작되는 특성 상 배포를 할 때에도 실행 파일만 복사하면 되므로 다른 프로그래밍 언어에서는 보기 힘든 장점을 갖추고 있다.

가비지 컬렉팅

Go는 현대 프로그래밍 언어에서는 필수라고 여겨지는 가비지 컬렉팅 기능을 제공한다. Go는 C와 많이 닮아 있는 언어이지만, C보다 자료형(타입, Type)의 신뢰성을 높이고, 메모리 조작을 안전하게 할 수 있도록 설계되어 있다.

C로 프로그램을 만들 때 자주 발생하는 문제에는 잘못된 메모리 해제에 의한 메모리 누수, 충분히 메모리를 확보하지 않고 의도하지 않은 메모리 영역에 접근하여 발생하는 오버플로우 등이 있다. Go에서는 가비지 컬렉팅을 지원하여 하위 레벨 수준의 메모리 조작에 의한 문제를 방지하고 있다.

병렬 처리

최근 프로그래밍 언어들의 과제 중 하나는 "효율적이고 안전한 병렬 처리" 기능을 지원하는 것이라고 할 수 있다. 단일 CPU 코어의 성능 향상이 한계에 도달함에 따라, 최근의 CPU는 하나의 칩에 여러 개의 코어를 가지고 있는 것이 당연시되고 있다. 기존 프로그래밍 언어의 기능만으로 여러 개의 CPU와 코어를 효율적으로 이용하는 것은 쉽지 않은 일이고, 또한 성능을 최대로 끌어내기 위해서는 고도의 전문 지식이 필요하다.

다양한 프로그래밍 언어들이 이를 위해 노력하고 있는 가운데 Go는 "Go 루틴(Go routine)"이라는 병렬처리의 구조를 만들어냈다. Go 루틴은 OS가 제공하는 스레드보다 작은 단위로 동작하는 Go 고유의 실행 단위이다. 또한 Go는 각각의 Go 루틴이 안전하게 데이터를 공유할 수 있는 채널(Channel)이라는 데이터 구조를 결합하여 간단하고 효율적인 병렬 처리를 할 수 있도록 설계되어 있다.

이 책을 읽기 전에

이 책은 다른 프로그래밍 언어의 경험을 충분히 쌓은 개발자가 Go를 배운다는 전제 하에 구성되었다. 하지만 "다른 프로그래밍 언어의 경험"이라는 개념은 너무나 광범위하고 모호하다. 따라서 이 책에서는 사용자 수가 많은 주요 프로그래밍 언어의 경험자들이 Go를 어떻게 배울 것인가에 대한 간단한 지침을 제공하고자 한다.

C / C++

C와 C++로 프로그램을 만들어 본 경험이 있다면 Go를 익히는 것은 그리 어렵지 않을 것이다. Go는 C에서 다루는 자료형, 구조체, 포인터 등의 요소를 그대로 제공하고 있다. 이는 Go가 C와의 호환성을 중시하여 설계되었기 때문일 것이다.

한편 C의 자유도(위험한 작업을 실행할 가능성)에 비해서는 많은 제한이 걸려 있다. 예를 들어 Go는 포인터 타입을 가지고 있지만 포인터 연산은 지원하지 않는다. void*와 같은 범용 포인터도 지원하지 않는다. 프로그램을 다시 작성할 때 유용한 매크로도 이용할 수 없다. "이런 기능도 없이 어떻게 프로그램을 만들어?"라는 의문이 Go를 배우는 시작점이 될 것이다.

Go는 C를 완전히 대체할 수는 없지만 여러 가지 면에서 "향상된 C"라고 생각해 볼 수 있다. Go는 엄격하게 정의된 여러 가지 기본 자료형, 패키지에 따른 네임스페이스, 가비지 컬렉팅을 통한 메모리 관리 등 C만으로는 실현하기 어려운 여러 가지 기능을 제공한다.

C를 경험해 본 사람이라면 Go의 자료형과 문법을 익힌 다음 다양한 패키지를 이용한 실용적인 Go 프로그램을 꼭 작성해 보길 바란다. 한 번 Go의 개발 효율성을 경험하게 되면 다양한 영역에 응용할 수 있는 가능성을 볼 수 있을 것이다.

Java / C#

이 책을 보는 독자가 실제로 가장 많이 사용하는 언어는 아마 Java일 것이다. Java는 지난 10년 이상 기업 시스템에서부터 웹 시스템까지 다양한 영역에서 활용되었고, 이에 따라 Java를 다루는 개발자도 많아졌다.

또한 Windows 환경 중심의 관점에서 보면 C#(.NET 프레임워크 포함)도 Java와 마찬가지로 "가상 머신에서 실행되는 범용 프로그래밍 언어"이기 때문에 다양한 영역에서 많은 개발자를 보유하고 있다.

사실, "Java나 C# 개발자가 Go를 배워서 무슨 장점이 있는가?" 라는 질문에 대해

시원한 답변을 내기는 어렵다.

기능 상 Java, C#과 Go 사이에는 큰 차이가 있다. 그러나 프로그램의 실행 속도나 사용하기 좋은 분야, 개발의 효율성과 같이 개발에 적절한 프로그래밍 언어를 선택하기 위한 각 요소를 고려해 보면, Go를 반드시 사용해야만 하는 이유는 딱히 없다. 모처럼 새로운 프로그래밍 언어에 도전하려는데 쓸 곳이 없다니, 이게 무슨 말인가?

하지만 패러다임의 전환이라는 관점에서 보면 Java나 C# 개발자가 Go를 배울 이유는 충분하다.

Go는 객체 지향 프로그래밍 언어가 아니다. 객체 지향 프로그래밍의 이점을 당연하게 누리고 있는 개발자라면 가끔 답답함을 느낄 것이다.

하지만 이러한 객체 지향적 기능이 없어도 실용적 프로그래밍은 가능하다. 최근 다시 함수형 프로그래밍 언어가 각광받고 있는 것도, "객체 지향이 프로그래밍의 본질이 아니다"라는 인식이 확산되고 있기 때문일 것이다.

객체 지향이 틀렸다는 것이 아니라, 객체 지향이 아닌 패러다임으로 만들어진 프로그래밍 언어를 이용하면 경우에 따라서는 더 효율적인 결과를 얻을 수도 있다는 것이다. 이러한 인식은 앞으로 더 중요하게 받아들여질 것이다.

Java, C# 개발자가 더 넓은 프로그래밍 패러다임을 배우기 위해 Haskell과 같은 철저한 함수형 프로그래밍 언어를 배워보는 것도 즐거운 일일 것이다. Scala처럼 다양한 요소를 담은 멀티 패러다임 언어를 배워보는 것도 매력적일 것이다.

이처럼 다양한 선택지 중에서 Go도 충분히 매력적이다. Go는 언어 기능이나 문법 등의 요소를 극한까지 깎아낸 컴팩트한 프로그래밍 언어이기 때문이다. 기억할 것이 적으니 그만큼 빨리 실제로 프로그램을 만들 수 있는 것이다.

또한 Go는 Eclipse나 Visual Studio와 같은 IDE(Integrated Development Environment, 통합 개발 환경) 없이 자주 쓰는 텍스트 에디터만 가지고도 효율적으로 프로그래밍 및 빌드를 할 수 있도록 설계되어 있다. 이러한 프로그램이 필요 없는 만큼 개발에 필요한 비용을 줄일 수 있다.

이렇듯 Go는 다른 프로그래밍 언어에 비해 상대적으로 학습 장벽이 낮다. "지금까지와는 다른 패러다임으로 만들어진 프로그래밍 언어를 최소한의 비용으로 배워서 실전에 사용할 수 있다." 이 점이 바로 Go를 배우는 가장 큰 동기가 될 것이다.

PHP / JavaScript / Ruby /Python

최근 10년 이상 웹 시스템의 성장에 힘입어 LL(Lightweight Language)로 분류되는 프로그래밍 언어가 많이 사용되고 있다. 여기서 언급하는 프로그래밍 언어는 PHP, JavaScript, Ruby, Python 총 4가지이지만 미세한 차이를 제외하면 4개 언어 모두 동적 언어이고, 객체 지향적 요소를 가지고 있으며, 웹 시스템에 자주 이용되는 점 등 많은 공통점을 가지고 있다.

그리고 이들의 가장 큰 공통점은 스크립트 언어로서 컴파일 등의 절차를 거치지 않고 인터프리터 및 가상머신 등의 런타임에 의해 직접 해석, 실행된다는 것이다. 스크립트 언어는 변화무쌍한 웹 시스템의 세계에서 엄격한 프로그래밍 언어가 반드시 최적의 성능을 보장할 수 없는 상황에서 간편하게 개발하고 바로 실행해 볼 수 있기 때문에 많은 인기를 얻게 되었다.

이러한 스크립트 언어를 주로 사용하는 개발자가 Go를 배워서 무엇을 얻을 수 있을까?

우선 성능이다. Go는 네이티브 코드로 컴파일되어 실행되기 때문에 일반적인 스크립트 언어보다(처리 내용에 따라 달라질 수 있지만) 10배~100배 높은 성능을 가진다. 스크립트 언어가 영역을 넓혀가고 있는 것은 사실이지만, 스크립트 언어로 모든 문제를 해결할 수는 없다. Go를 배움으로써 스크립트 언어로 풀기 어려운 문제에 대한 해결책을 찾을 수 있을 것이다.

또한 스크립트 언어에서 대부분 감추어져 있는 프로그램의 하위 레벨에서의 동작 방식을 이해하는데도 도움이 될 수 있다. Go를 사용해서 최대한의 성능을 내려면 스택(Stack), 힙(Heap)과 같은 메모리 영역에 대한 지식이 필요하기 때문이다.

초보자가 C를 배울 때 가장 어려움을 느낀다는 포인터에 대해서도 배울 필요가 있다. 스크립트 언어라면 다소 쉽게 다룰 수 있는 수치형, 부동소수점 기반의 수치형, 문자열 등 기본적인 자료형에 대해서도 보다 정확한 지식을 갖추어야 할 것이다.

이렇게 말하면 배울 생각이 들지 않을지도 모른다. 하지만 충분한 가치가 있다고 말하고 싶다. Go는 C의 실행 속도와 Python의 개발 속도의 장점을 모두 갖추기 위해 설계된 언어이다. 자료형에 엄격한 형식이 있지만 대부분의 경우 형식에 대한 설명을 생략할 수 있고, 스크립트 언어와 같이 간단하게 프로그래밍할 수 있다.

일반적으로 프로그램을 컴파일할 때에는 다양한 설정과 준비를 필요로 하지만 Go는 작성한 프로그램을 간단하게 실행할 수 있고, 복잡한 설정이 필요 없는 빌드 환경을 구축할 수 있다. 프로그램의 하위 레벨에서의 동작 방식은 이렇게 프로그램을 만들면서 자연스럽게 체화되는 것이다.

스크립트 언어는 간편하지만 런타임 버전과 라이브러리 버전의 차이, Linux에서는 작동하는데 Windows에서는 되지 않는 등 환경에 의해 좌우되는 경우가 많아 이동성에 지장을 받는 경우가 있다. 이러한 문제들도 Go를 이용하면 거의 해결할 수 있다.

스크립트 언어와는 조금 다르지만 실용성이 높은 간편한 언어를 익혀 더 많은 과제를 해결할 수 있는 개발자가 되어 보자.

이 책의 구성

이 책은 총 7장으로 구성되어 있다. 설명하고자 하는 항목이 여러 장이나 절에 분산되지 않도록 신경써서 배치하였으므로 1장부터 쭉 읽어나가면 될 것이다. 각 장은 다음과 같이 구성되어 있다.

1장 개발 환경

Go의 개발 환경을 구축하기 위한 기본적인 절차에 대해 설명한다. Windows, OS X, Linux 등 사용하는 환경에 따라 Go의 개발 환경을 구축하는 방법에 대해 알아본다.

2장 프로그램의 구성과 실행

자세한 설명에 들어가기 전에 간단하게 프로그램의 실행 방법 및 구성 방법에 대해 알아본다. 이는 3장 이후의 예제 코드들을 실제로 동작시킬 때 필요한 지식이다.

3장 Go 언어 기초

이 책에서 가장 많은 비중을 차지하고 있는 장이다. Go의 연산자 및 제어 구문 등의 문법 요소, 변수와 함수의 정의 방법, 기본 자료형에 대한 설명 등 다양한 내용이 수록되어 있다. Go가 현대 프로그래밍 언어의 하나로써 어떻게 설계되어 있는지를 알아보자.

4장 참조형

참조형은 Go의 특징적인 요소 중 하나이다. 일반적인 프로그래밍 언어에서의 가변 배열(Dynamic array), 연관 배열(Associative array) 등의 자료구조를 Go에서 사용하는 방법에 대해 알아본다. 또한 Go 고유의 자료구조인 채널에 대해서도 알아본다.

5장 구조체와 인터페이스

Go 프로그래밍의 중심이라고 할 수 있는 구조체에 대해서 알아본다. 또한 주로 사용되는 구조체에 대한 설명과 구조체와 같이 사용되는 일이 잦은 포인터, 구조체를 포함한 Go의 자료형에 유연성을 제공하는 인터페이스에 대해 알아본다.

6장 Go 툴

Go에는 잘 만들어진 유용한 툴들이 준비되어 있다. 이러한 툴들을 잘 활용하면 Go 프로그래밍의 생산성을 비약적으로 높일 수 있다. 주로 빌드(Build) 툴을 중심으로 효율적인 툴의 사용법에 대해 알아본다.

7장 Go 패키지

Go의 매력 중 하나는 잘 설계된 패키지들이다. 이 장에서는 Go에 포함된 여러 가지 기본 패키지 중에서 프로그래밍에서 자주 사용되는 패키지들에 대해서 설명한다. 날짜와 시간, 수학, 문자열 처리, 정규식, HTTP 처리 등 다방면에 걸쳐 있기 때문에 목차를 이용해 찾아볼 수 있도록 구성하였다.

권말부록(표준 라이브러리 카탈로그)

Go 공식 웹사이트의 packages 페이지(https://golang.org/pkg/)에 있는 Standard Library의 각 패키지의 Overview(개요)를 번역, 재구성하였다. 구현하고자 하는 기능을 지원하는 패키지를 찾을 때 이용할 수 있다.

<Go 공식 웹사이트의 packages는 Google 사에 의해 생성 및 공유되며, 번역 및 재구성본은 크리에이티브 커먼즈 저작자 표시 3.0 Unported를 따른다.>

이 책에서 사용한 Go 버전

이 책에서는 2016년 2월 17일에 출시된 Go 1.6버전을 사용한다. 이 책에서 사용된 예제 코드 등은 모두 1.6 버전에서 검증되었다. 지난 몇 년 동안 Go의 안정성이 높아졌으므로 약간 이전이나 이후의 버전을 사용해도 큰 문제는 없겠지만, 이 책을 처음으로 Go를 사용해 보는 것이라면, 꼭 1.6 버전 이상을 사용하기 바란다.

차례

Chapter 6 Go 툴

Chapter 7 Go 패키지

Appendix 표준 라이브러리 카탈로그

Chapter

1

개발 환경

1.1 시작하기

이 장에서는 Go 개발 환경을 구축하는 방법에 대해 설명한다. Go는 Windows, Linux, OS X 등의 OS에서 모두 동작하지만 환경마다 설치하는 방법이 조금씩 다르다. 또 OS에 따라서는 32비트, 64비트 판이 나누어지기도 하지만 설치 과정에서의 큰 차이는 없다. 이 장에서는 별다른 언급이 없다면 64비트 판을 설치하는 것을 전제로 한다.

1.2 공식 홈페이지

Go 개발 환경 구축을 위해서는 우선 Go를 다운받아야 한다. [The Go Programming Language]가 Go의 공식 홈페이지이다(그림 1.1). 이 사이트에서는 Go 뿐만 아니라 Go에 관련된 각종 문서, 웹 브라우저에서 임의의 코드를 실행시켜볼 수 있는 기능도 제공한다.

1.3 Go 다운로드

Go 다운로드 페이지에서 각 OS 환경에 맞는 바이너리 파일을 다운로드한다(그림 1.2).

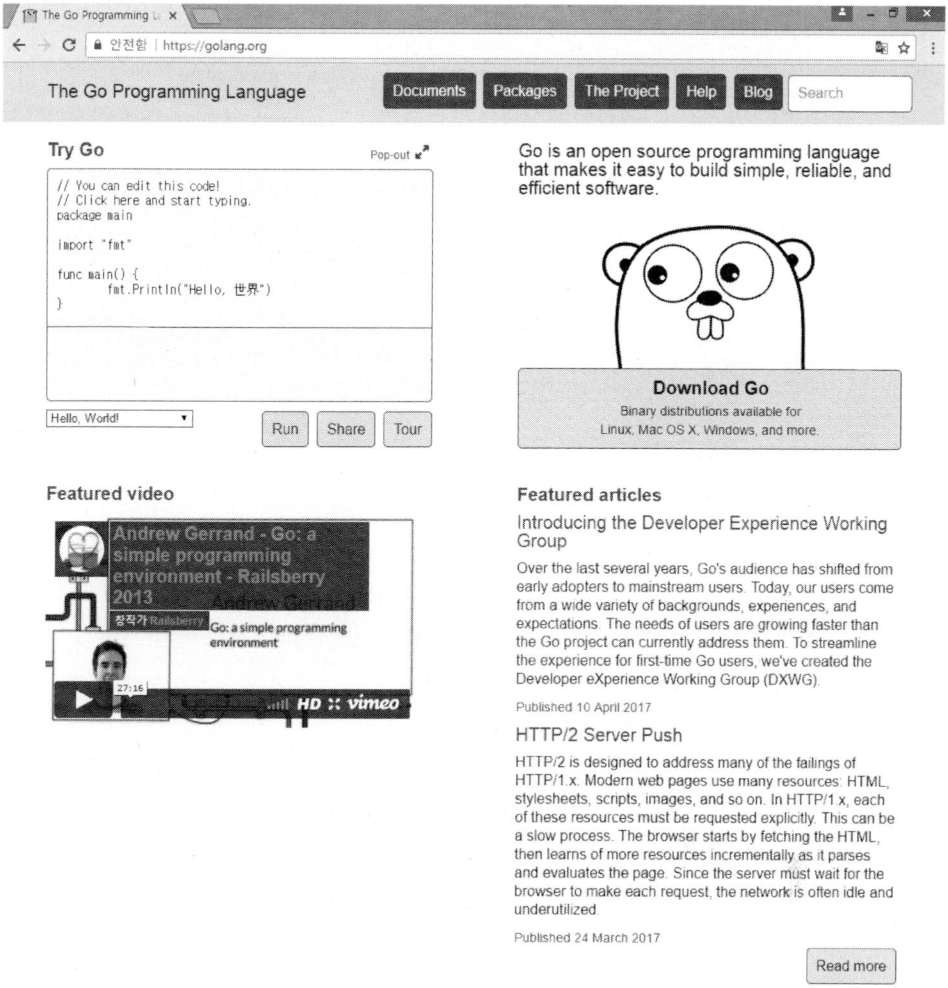
The Go Programming L
안전함 | https://golang.org
The Go Programming Language
Documents
Packages
The Project
Help
Blog
Search
Try Go
Pop-out
// You can edit this code!
// Click here and start typing.
package main
import "fmt"
func main() {
fmt.Println("Hello, 世界")
}
Hello, World!
Run
Share
Tour
Go is an open source programming language that makes it easy to build simple, reliable, and efficient software.
Download Go
Binary distributions available for
Linux, Mac OS X, Windows, and more.
Featured video
Andrew Gerrand - Go: a simple programming environment - Railsberry 2013
창작가 Railsberry
Go: a simple programming environment
27:16
HD vimeo
Featured articles
Introducing the Developer Experience Working Group
Over the last several years, Go's audience has shifted from early adopters to mainstream users. Today, our users come from a wide variety of backgrounds, experiences, and expectations. The needs of users are growing faster than the Go project can currently address them. To streamline the experience for first-time Go users, we've created the Developer eXperience Working Group (DXWG).
Published 10 April 2017
HTTP/2 Server Push
HTTP/2 is designed to address many of the failings of HTTP/1.x. Modern web pages use many resources: HTML, stylesheets, scripts, images, and so on. In HTTP/1.x, each of these resources must be requested explicitly. This can be a slow process. The browser starts by fetching the HTML, then learns of more resources incrementally as it parses and evaluates the page. Since the server must wait for the browser to make each request, the network is often idle and underutilized.
Published 24 March 2017
Read more

[그림 1.1] Go 홈페이지

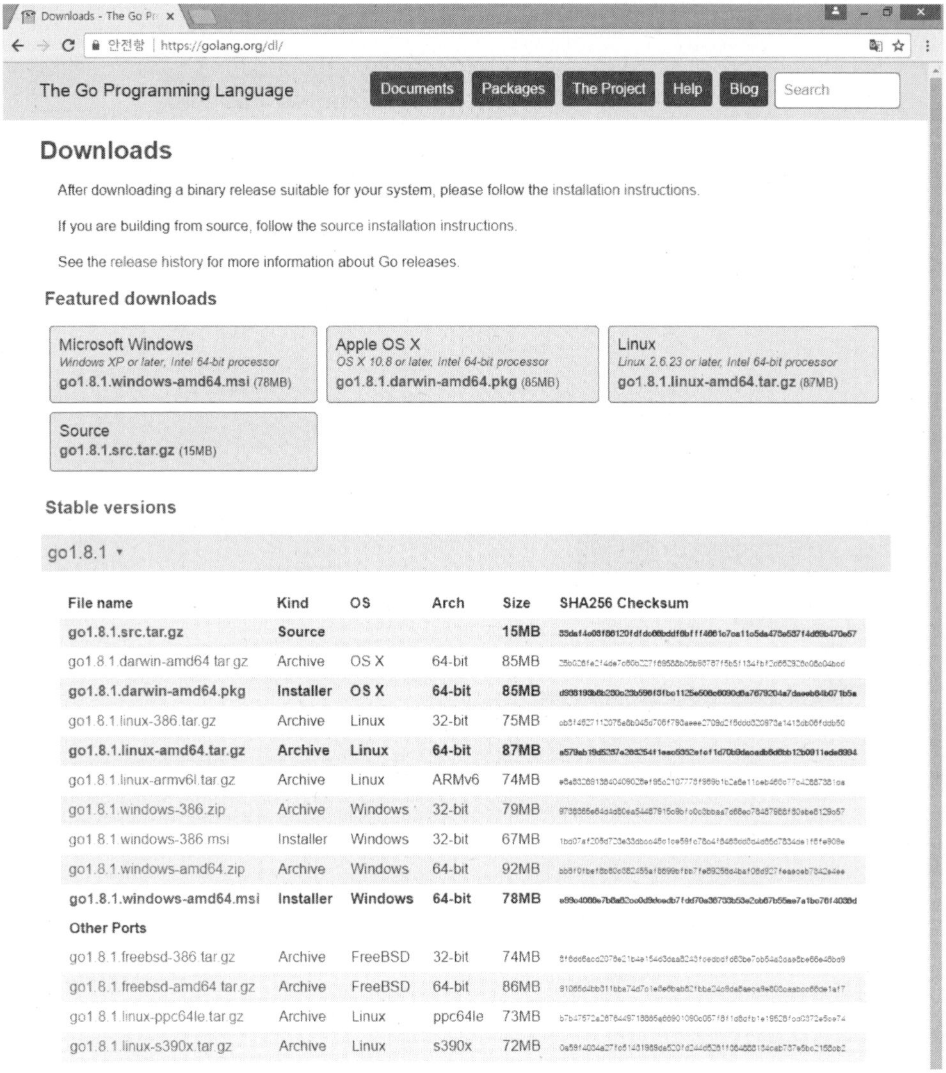

[그림 1.2] Go 다운로드

각 바이너리 파일 이름은 다음과 같은 규칙을 따른다.

```
[go(go의 버전).(OS).(CPU구조)((옵션)OS버전).압축파일의 확장자]
```

사용하는 환경에 맞는 바이너리 파일을 다운받도록 하자.

또, Go를 설치하기 위해 Go의 소스 코드를 빌드할 때 Linux의 경우 각 배포판마다 제공되는 패키지를 이용하는 등 여러 가지 방법을 사용할 수 있다. 배포판의 버전에 따라 다소 차이는 있을 수 있지만 Go의 설치 방법에 따른 동작의 차이는 없으므로 마음에 드는 방법을 선택하자. 이 책에서는 공식으로 제공되는 바이너리 파일을 이용한 설치 방법을 기준으로 설명한다.

1.4 Windows에서 설치

MSI 인스톨러를 이용한 설치

Windows는 쉽게 Go를 설치할 수 있는 MSI 인스톨러가 제공된다. 다운로드 페이지에서 go1.6.windows.amd64.msi처럼 확장자가 msi인 파일을 다운로드하면 된다.

다운로드한 MSI 인스톨러를 실행시키자(그림 1.3). 이 화면은 Windows 7에서의 설치 화면이다. Next를 클릭하여 다음으로 진행하자.

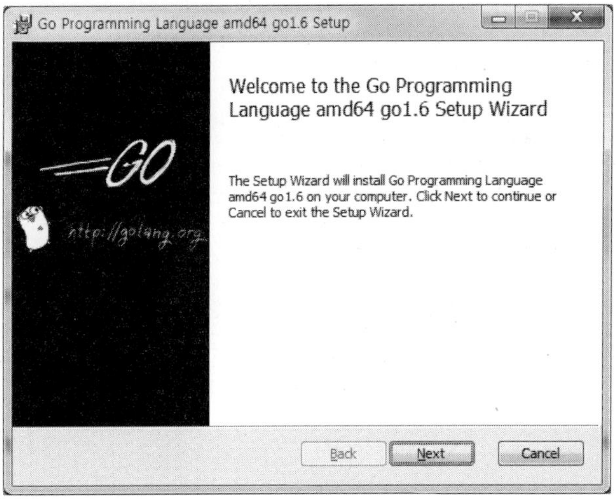

[그림 1.3] MSI 인스톨러 실행화면

라이센스의 내용을 확인하고, 동의하면(I accept the terms in the License Agreement)에 체크하고 Next를 클릭한다(그림 1.4).

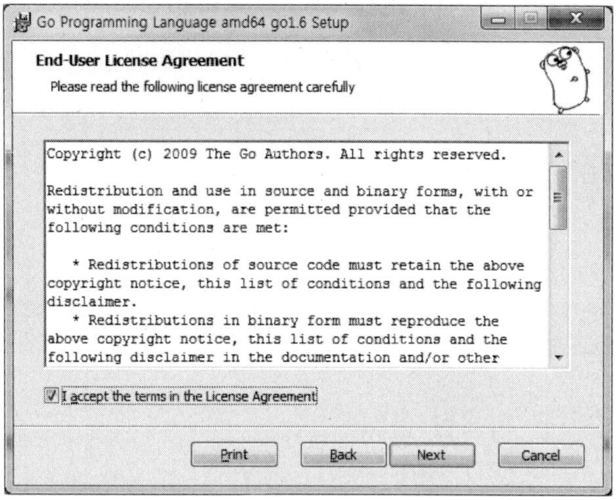

[그림 1.4] EULA 확인 화면

설치 전 경로를 지정하는 화면이 나타난다(그림 1.5). 기본 경로로 C:\go\이 설정되어 있다. [Change] 버튼을 클릭해서 임의의 경로를 지정할 수도 있다. [Next]를 클릭한다.

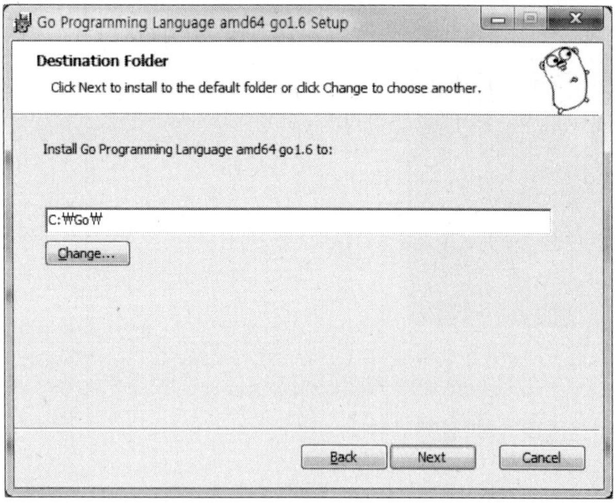

[그림 1.5] 설치 경로

지금까지의 설정에 문제가 없다면 [Install]을 클릭해서 설치를 시작한다(그림 1.6).

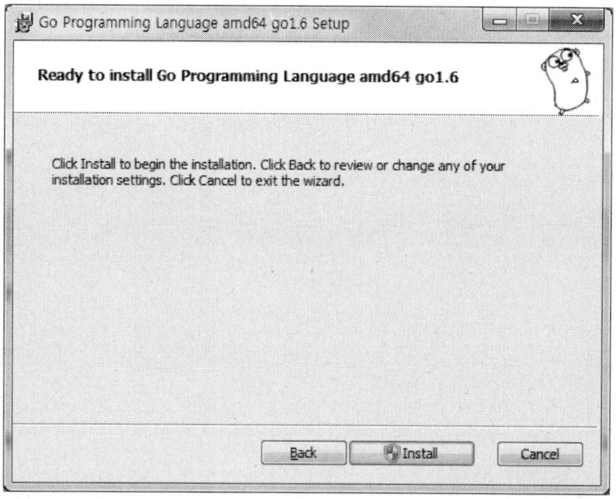

[그림 1.6] 설치 화면

ZIP 파일을 이용한 설치

MSI 인스톨러를 사용하지 않고 ZIP 파일에 압축된 Go를 설치할 수도 있다. 이 경우 다운로드 페이지에서 go1.6.windows.zip과 같이 확장자가 zip으로 된 파일을 다운로드한다. Windows는 기본적으로 ZIP 형식을 지원하기 때문에 탐색기에서 간단하게 ZIP 파일을 열 수 있다(그림 1.7). 파일 안의 go 폴더를 임의의 장소에 복사하면 Go의 설치는 끝난다.

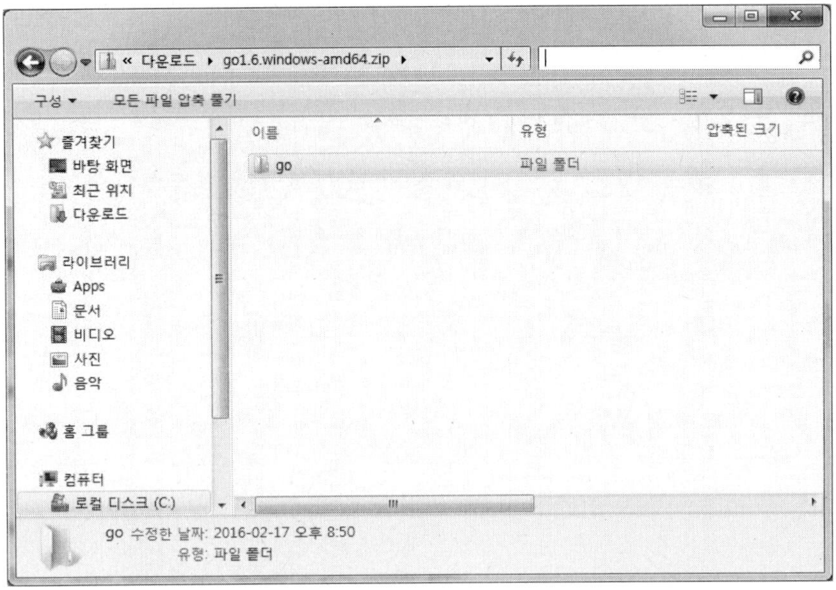

[그림 1.7] Go 설치용 ZIP 파일

환경 변수 설정

Go에는 명령 프롬프트 상에서 실행되는 각종 툴이 포함되어 있다. Windows 환경에서 이 툴들을 사용하기 위해서는 환경 변수를 설정해야 한다.

■ PATH

우선 PATH 환경 변수의 설정 방법에 대해 알아보자.[1] PATH는 명령 프롬프트에서 입력되는 명령들이 사용하는 실행 파일들이 있는 폴더의 목록이다. PATH가 제대로 설정되어 있지 않으면 명령 프롬프트에서 Go의 툴을 실행할 수 없다.

Windows의 시작 메뉴나 작업 표시줄에 있는 검색 박스 등을 통해 [환경 변수]를 검색하면 해당하는 기능이 표시된다. 여기서 [계정의 환경 변수 편집]을 선택하자(그림 1.8).

Windows의 환경 변수를 설정하는 편집화면이 열린다(그림 1.9). [사용자에 대한 사용자 변수]와 [시스템 변수]의 2가지 블록으로 나누어져 있다. [사용자 변수]에는

1) MSI 인스톨러를 사용했을 경우에는 모든 설정이 이미 되어 있을 수도 있다. PATH 환경 변수의 내용을 꼭 확인하도록 하자.

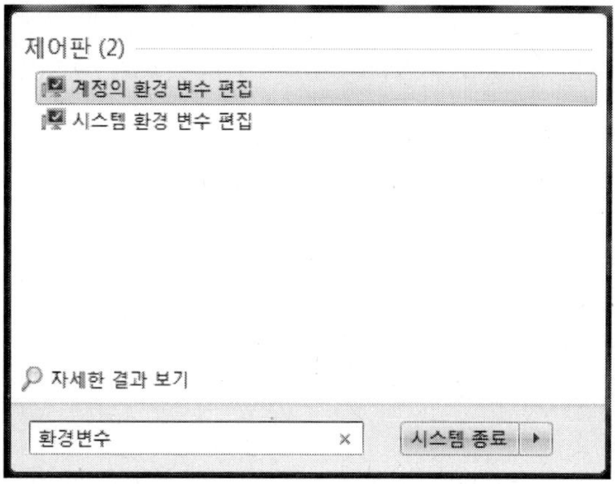

[그림 1.8] 환경변수 편집 기능 검색 결과

로그인되어 있는 유저에게 적용되는 환경 변수, [시스템 변수]에는 Windows 환경 전체가 공유하는 환경 변수가 설정되어 있다. Go의 툴들은 Windows 환경 전체에 공유해도 문제가 없으므로 [시스템 변수]에 설정하도록 한다.

[시스템 변수]의 PATH는 미리 정의되어 있으므로, 선택한 다음 [편집]을 클릭한다(그림1.9).

[그림 1.9] 환경 변수 편집

PATH를 살펴보면 다음과 같이 세미콜론(;)으로 구별된 여러 개의 폴더(디렉토리)의 경로가 등록되어 있다.

```
[폴더 1];[폴더 2];[폴더 3]; ...
```

Go를 C:\Go에 설치하였다면, Go 폴더의 아래에 있는 bin 폴더의 위치를 PATH에 추가해주어야 한다.

```
C:\Go\bin;[폴더 1];[폴더 2];[폴더 3]; ...
```

여기서는 알기 쉽게 PATH의 가장 앞 부분에 위치를 추가해 보자(그림 1.10).

Go를 다른 곳에 설치하였다면 C:\Go\bin이 아닌 설치한 곳의 bin 폴더의 위치를 지정해주어야 한다. 수정이 끝났다면 [확인]을 클릭하여 설정을 저장한다.

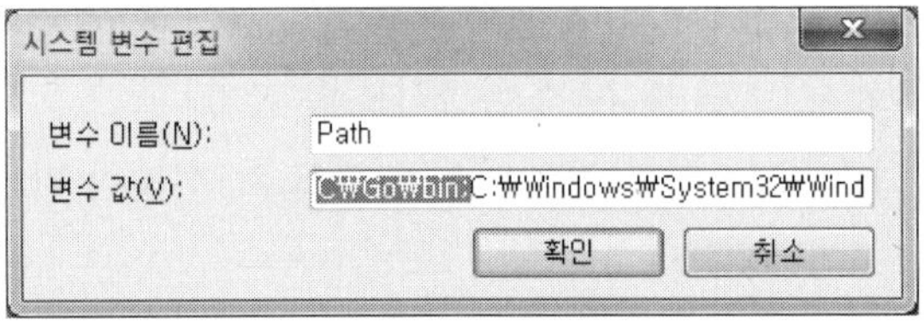

[그림 1.10] 환경 변수 수정

이제 제대로 설정되었는지 명령 프롬프트에서 확인해 보자. 명령 프롬프트를 새로 열어 go version 명령을 실행해 보자(그림 1.11).

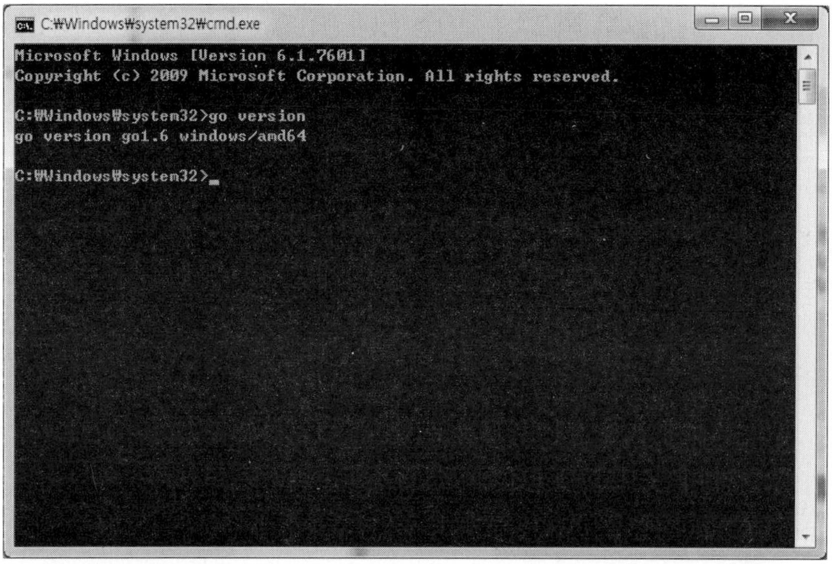

[그림 1.11] Go 버전 확인

Go의 버전 정보가 표시되면 PATH의 설정이 완료된 것이다. 잘 동작하지 않는 경우 환경 변수의 설정을 다시 한 번 확인하도록 하자.

■ GOPATH

Go는 외부 라이브러리가 있는 폴더의 경로를 알기 위해 GOPATH 환경 변수를 추가로 이용한다. 이 환경 변수가 설정되지 않은 경우 Go의 툴 일부를 사용할 수 없다. 지금 여기서는 빈 폴더를 만들어서 그 경로를 GOPATH로 설정하기로 한다.

GOPATH로 설정할 폴더는 임의의 장소라도 상관이 없지만 홈 폴더의 아래에 만드는 것이 가장 무난하다. 우선 로그인한 사용자의 홈 폴더 아래에 go라는 새로운 폴더를 만들고, 그 경로를 GOPATH로 설정한다(그림 1.12).

[그림 1.12] 새 환경 변수 GOPATH 설정하기

1.5 OS X에서 설치

패키지를 사용한 설치 방법

Mac OS X 환경에서 Go를 설치하기 위해서는 다운로드 페이지에서 go1.6.darwin-amd64.pkg처럼 확장자가 pkg인 파일을 다운로드한다. 다운로드한 패키지 파일을 Finder로 열어, 인스톨러를 실행한다(그림 1.13). [계속]을 클릭하여 진행하자.

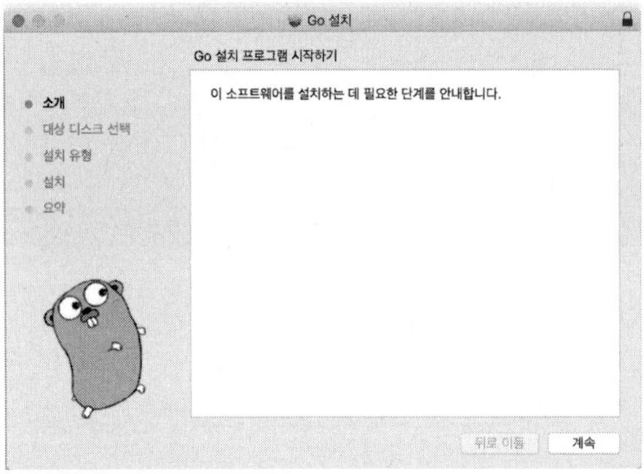

[그림 1.13] Go의 설치

설치방법을 선택하는 화면이 나온다. 다른 선택지는 없고 [이 컴퓨터의 모든 사용자용으로 설치]를 선택하고 [계속]을 클릭한다(그림 1.14).

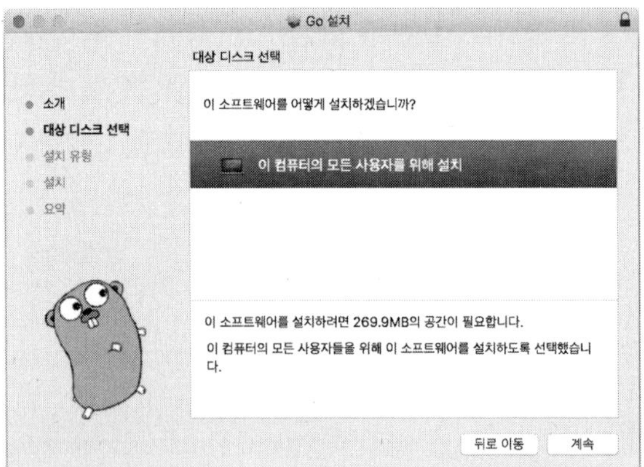

[그림 1.14] 설치 방법 선택

확인 화면이 표시된다. [설치]를 클릭하여 진행하자(그림 1.15).

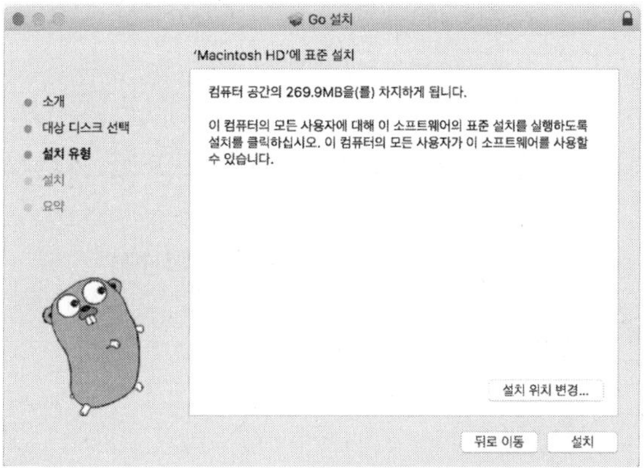

[그림 1.15] 표준 설치

로그인한 사용자의 비밀번호를 요구하면 입력한다(그림 1.16).
인증이 완료되면 설치가 시작된다.

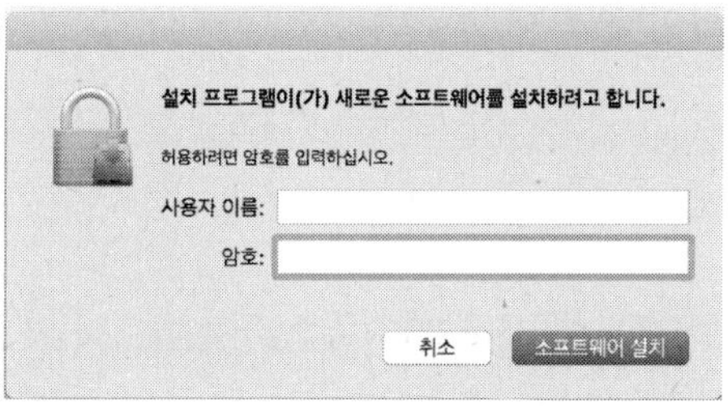

[그림 1.16] 비밀번호 입력

이렇게 설치가 완료되었다(그림 1.17). 패키지를 설치하는 과정에서 특히 주의할 사항은 없다.

[그림 1.17] 설치 완료

Go 설치가 끝났다. 그런데 Go는 어디에 설치되어 있는 것일까? 패키지를 사용하여 설치하였다면 Go는 usr/local/go 폴더에 설치되어 있을 것이다. [터미널] 어플리케이션을 실행시켜서 확인해 보자.

```
$usr/local/go/bin/go version
go version go1.6 darwin/amd64
```

go version 명령을 실행하는데 성공했다면 /usr/local/go에 정확하게 설치된 것이다.

패키지를 이용한 설치 이후의 설정은 Linux 설치 과정과 크게 다르지 않으므로 지금 이후의 설정은 1.6 Linux 환경에서의 설치의 [환경변수 설정] 부분을 참조하도록 하자.

1.6 Linux에서 설치

들어가기 전에

개발 환경으로 Linux를 사용하는 경우 사용하는 배포판에 따라 설치 방법이 조금씩 다르다. 모든 Linux 배포판의 경우를 다룰 수는 없으므로 이 책에서는 비교적 새로운 Linux 배포판에서 일반적인 설치 방법을 사용해서 Go를 설치하는 과정을 소개한다.

설치

다운로드 페이지에서 go1.6.linux-[CPU 아키텍쳐].tar.gz 파일을 다운받아서 설치를 진행한다. [CPU 아키텍쳐]는 64비트 OS라면 [amd64], 32비트 OS라면 [386]을 선택하자.

우선 다운로드한 파일이 있는 디렉토리로 이동하여 압축 파일을 해제한다. 완료하면 go라는 디렉토리가 만들어진다. 이 디렉토리에 Go의 파일들이 들어 있다.

```
$ tar xf go1.6.linux-amd64.tar.gz
```

go 디렉토리를 /usr/local의 아래에 버전 이름을 추가하여 이동시키자. Go의 버전이 1.6일 경우 /usr/local/go1.6로 이동시킨다.

그 후에 디렉토리의 심볼릭 링크를 /usr/local/go로 설정한다. 이 것을 수행하기 위해서는 root 권한을 일시적으로 획득하는 sudo 명령을 사용해야 하고, sudo 명령을 사용할 수 없는 경우 별도의 명령을 통해 root 권한을 획득해야 한다.

```
$ sudo mv go /usr/local/go1.6
$ sudo ln -s /usr/local/go1.6 usr/local/go
```

이 명령을 실행하면 다음과 같이 파일들이 /usr/local 디렉토리 아래에 이동된다.

```
usr/
local/
  go -> /usr/local/go1.6
  go1.6/
   api/
```

```
  bin/
  blog/
  doc/
  ...
```

Go가 /usr/local/go에 설치되어 있다면 Go의 다른 버전(예를 들면 1.6과 1.5.3)을 동시에 설치하여 서로 전환하면서 사용할 수 있다. 다른 버전의 Go로 전환하려면 /usr/local/go의 링크를 바꾸기만 하면 된다.

```
usr/
local/
  go -> /usr/local/go1.6 # 1.6 버전을 사용 중
  go1.6/
  ...
  go1.5.3/
  ...
```

이제 Go가 제대로 설치되었는지 확인해 보자.

```
$ /usr/local/go/bin/go version
go version go1.6 linux/amd64
```

/usr/local/go/bin/go와 같이 전체 경로를 입력하고 go version 명령을 실행해 보자. Go의 버전 정보가 출력되면 성공이다.

환경 변수의 설정 방법

■ PATH

Go의 툴들을 실행하기 위해 /usr/local/go/bin/go와 같이 전체 경로를 입력하는 것은 성가신 일이다. 이를 해결하기 위해 환경변수 PATH에 디렉토리 /usr/local/go/bin을 추가해 보자.

로그인 쉘의 환경 변수를 편집하기 위해서는 홈 디렉토리에 있는 설정 파일을 수정해야 한다. 여기서는 많은 Linux 배포판에서 기본으로 사용하고 있는 로그인 쉘인 bash를 사용한다고 가정한다. 일반적으로 bash의 환경 변수 값을 수정하기 위

해서는 홈 디렉토리의 .bash_profile이라는 파일을 수정하면 된다.[2)]

다음의 설정을 .bash_profile 파일의 끝에 추가하고 저장하자.

```
#계정의 환경 변수 PATH의 앞부분에 /usr/local/go/bin을 추가
PATH = "/usr/local/go/bin:$PATH"
#변수를 export하여 갱신
export PATH
```

.bash_profile은 사용자가 로그인할 때 1번만 읽기 때문에, 파일을 수정하기만 해서는 설정이 바로 반영되지 않는다. 로그인 쉘이나 데스크탑 환경에서 완전히 로그아웃을 한 다음 다시 로그인하면 새로운 설정이 반영된다. 조금 과격한 방법이지만

```
$ . .bash_profile
```

과 같이 [.] 명령을 실행하여 강제적으로 .bash_profile 파일을 다시 읽어 들이는 방법도 있다. 그러나 다시 로그인한 것과 동일하게 동작하지 않을 가능성이 있으므로, 어디까지나 간단하게 시험해 보는 정도로 이용하도록 하자.

설정이 제대로 되었다면 다음과 같이 go version 명령을 직접 실행할 수 있어야 한다.

```
$ go version
go version gox.x.x linux/amd64
```

■ GOPATH

Windows에서의 설치 과정에서 설명했던 것과 마찬가지로 환경 변수 GOPATH에 외부 라이브러리가 있는 디렉토리의 경로를 설정해야 한다. 이 변수가 설정되지 않으면 Go의 툴 일부를 사용할 수 없게 된다. 여기서도 아까와 같이 빈 디렉토리를 만들고, 그 경로를 GOPATH로 설정하기로 한다. 우선 홈 디렉토리의 아래에 GOPATH로 설정할 디렉토리를 하나 만든다.

```
$mkdir ~/go
```

---

2) OS X를 처음 설치했을 경우에는 .bash_profile 파일이 없기 때문에, 빈 파일을 만들어야 한다. 또 Linux 배포판 중 Ubuntu에서는 예외적으로 .profile 파일이 같은 역할을 수행한다.

PATH를 수정할 때와 마찬가지로 다음의 내용을 .bash_profile 파일에 추가한다. 파일을 수정한 후에는 로그아웃을 한 다음 다시 로그인을 해서 변경된 설정을 반영시켜야 한다.

```
GOPATH="$HOME/go"
export GOPATH
```

다음과 같이 GOPATH가 설정되었다면 설치 작업은 끝이 난다.

```
$ env | grep GOPATH
OPATH=/home/[사용자 이름]/go
```

1.7 SCM 연동

최근 소프트웨어 개발 과정에서는 소스 코드의 버전 관리에 SCM(Source Code Management) 툴을 이용하는 것을 전제로 하고 있고, 이제는 상식이라고 해도 과언

COLUMN GOPATH는 어디로 설정하는 것이 좋을까?

결론부터 말하자면, 어디라도 크게 상관은 없다. 이 책에서는 예를 들어 $HOME/go로 설정하였지만 사용자가 수정할 수 있는 디렉토리라면 아무 위치를 지정해도 상관이 없고, 디렉토리의 위치에 따라 발생하는 문제도 없다. 지금까지의 예시 그대로 하지 않아도 관리의 편의성 등 각자의 목적에 따라 마음에 드는 곳에 지정하면 된다.

다만 어느 정도 Go에 익숙해지기 전까지는 GOPATH로 Go 전용의 빈 디렉토리를 사용하는 것이 좋다. 누군가는 홈 디렉토리자체를 GOPATH로 지정하는 경우도 있는데 이것도 나름 합리적이라고는 할 수 있지만 목적이 다른 여러 파일들이 한 디렉토리에 섞여 있어 구별이 잘 되지 않기 때문에, Go에 익숙하지 않다면 피하는 것이 좋다.

이 아니다.

예전에는 CVS나 Subversion과 같은 SCM을 이용했지만, 최근에는 Git(https://git-scm.com/)이나 Mercurial(https://www.mercurial-scm.org/)과 같은 분산형 버전 관리 시스템 형태의 SCM을 사용하는 곳이 늘어나고 있다. 또, 이를 바탕으로 개발자의 코드 리뷰나 협업을 지원하는 것을 목적으로 하는 GitHub(https://github.com/)나 Bitbucket(https://bitbucket.org/)과 같은 서비스도 개발자들이 많이 이용하고 있다.

이러한 시기에 만들어진 Go는 기본 기능 단계에서 SCM이나 그 기능을 활용한 서비스와 연동하는 것을 가정하고 있다. 실제 프로그래밍 언어에서 여러 가지의 외부 서비스와 연동하는 방법이 포함되어 있는 것은 그리 놀라운 일은 아니다. 표1.1에 Go의 툴로 이용할 수 있는 서비스와 SCM들을 나타내었다.

〈표 1.1〉 Go가 지원하는 서비스와 SCM

서비스	SCM	URL
GitHub	Git	https://github.com/
bitbucjet	Git, Mercurial	https://bitbucjet.org/
Google.code	Git, Mercurial, Subversion	https://code.google.com/
Launchpad	Bazaar	https://launchpad.net/
IBM DevOps Services	Git	https://hub.jazz.net/

Go는 이러한 서비스들에 모두 잘 어울리지만, 그 중에서 가장 중요한 것은 Go의 많은 패키지가 호스팅되어 있는 GitHub일 것이다. GitHub는 최근에 유명 오픈소스 프로젝트에서 널리 이용되고 있고, Git을 바탕으로 한 협업 서비스를 제공한다. Go로 소프트웨어를 개발한다면 Git을 필요로 할 기회가 많을 것이다.

Git이 없더라도 Go로 프로그래밍을 할 수는 있지만, 외부 패키지를 포함하는 등의 일부 작업이 불편해진다. 이 책에서는 외부 패키지를 설치할 때 Git이나 GitHub를 사용한다는 것을 전제로 하고 있다. Go 개발 환경과 함께 Git 환경을 구축해보는 것도 좋을 것이다.

1.8 개발 환경에 대하여

Go 자체의 툴과 소스 코드를 작성하기 위한 텍스트 에디터만 있다면 최소한의 개발 환경은 갖춰졌다고 할 수 있다. 그렇지만 편리한 툴의 지원 없이 프로그램을 작성하는 것은 사실 쉽지 않다.

아쉽게도 Go는 그 역사가 얼마 되지 않아 IDE 등의 지원이 충분하지는 않다. Go가 더 많은 사람이 이용하는 프로그래밍 언어로 성장한다면 유용한 툴도 많이 늘어날 것이다.

그렇다고 툴이 아예 없는 것은 아니다. 여기서는 집필시점(2015년 12월)에 이용 가능한 툴에 대해 소개하고자 한다.

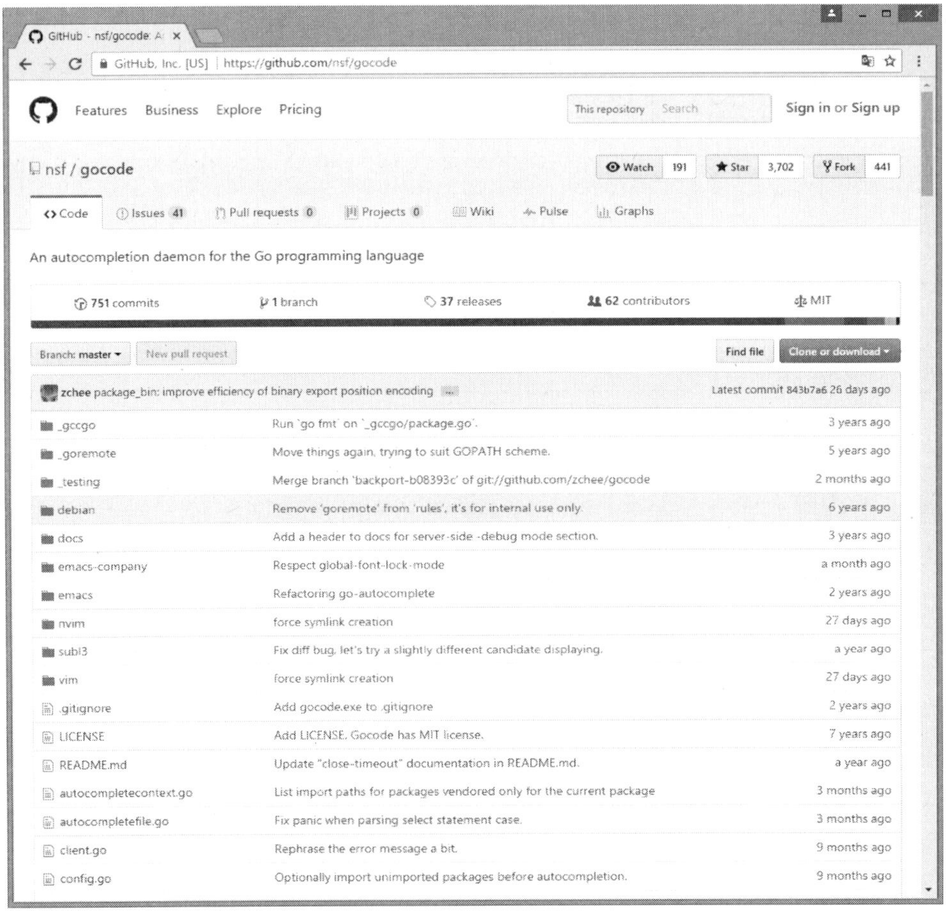

[그림 1.18] gocode - GitHub

gocode

gocode(https://github.com/nsf/gocode)는 GitHub에서 개발된 Go 프로그래밍에 자동완성 기능을 구현한 명령줄(Command Line) 기반 툴이다(그림 1.18). gocode는 단독으로 사용할 수는 없고 IDE와 같은 외부의 어플리케이션에 탑재되어 자동 완성 기능을 손쉽게 이용할 수 있도록 작성되어 있다.

Go 설치 및 환경 변수 설정이 완료되었다면 gocode의 설치는 간단하다.

go get 명령은 외부의 프로그램을 GOPATH에서 설정한 디렉토리에 다운로드하고 자동으로 빌드하는 편리한 툴이다. GOPATH에 설정한 디렉토리 내의 bin 디렉토리에서 gocode가 설치된 것을 확인할 수 있다.

```
$ go get github.com/nsf/gocode
```

Windows 환경이라면 파일 이름이 gocode.exe일 것이다(그림 1.19). gocode를 설치하는 것은 이것으로 끝이다.

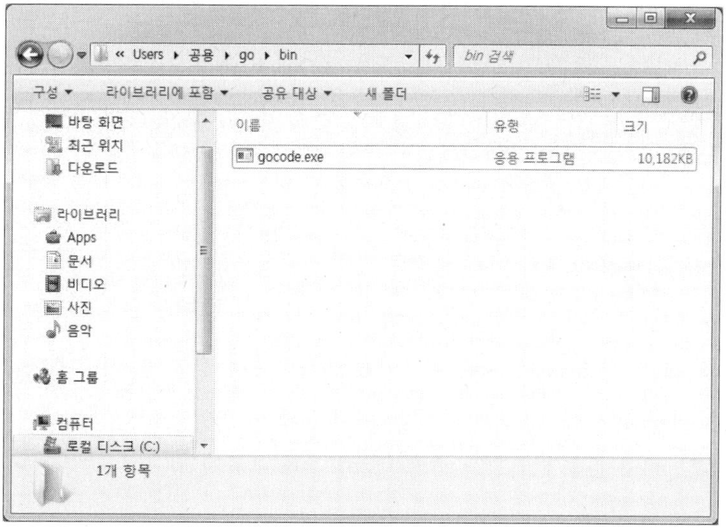

[그림 1.19] gocode.exe

GoClipse

Eclipse는 주로 Java 개발에 이용되지만 플러그인을 설치하여 다른 프로그래밍 언어도 편리하게 사용할 수 있다. GoClipse(https://goclipse.github.io/)는 Eclipse의 플러그인으로 개발되고 있는 Go의 개발 환경이다(그림 1.20).

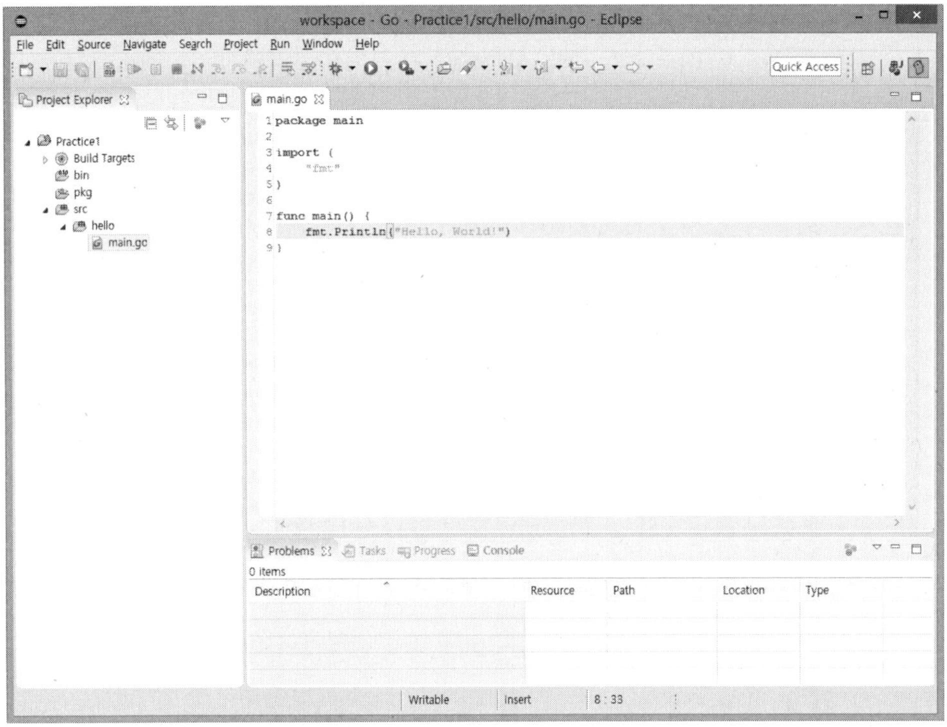

[그림 1.20] GoClipse on Eclipse

Eclipse를 자주 사용하는 개발자라면 유용한 선택지가 될 것이다. gocode를 사용하여 자동완성 기능도 이용할 수 있고, 브레이크 포인트와 같은 디버그 기능 등 IDE를 사용할 때 최소한으로 필요한 기능이 구현되어 있다.

Atom

Atom(https://atom.io/)은 GitHub에서 개발하고 있는 다기능 텍스트 에디터이다. 크로스 플랫폼에 대응하고, 공개된 여러 가지의 패키지를 간단하게 설치할 수 있고, 개인화 기능이 뛰어난 것이 특징이다(그림 1.21).

[그림 1.21] Atom Editor

Go의 문법 하이라이트도 기본으로 제공하고 go-plus(https://github.com/joefitzgerald/go-plus) 등의 패키지를 이용하여 Go 프로그래밍의 생산성을 크게 높일 수 있다. 또한 활발하게 개발이 진행되고 있는 프로그램이므로 좋은 선택지가 될 수 있다.

Visual Studio Code

Microsoft의 Visual Studio Code(https://code.visualstudio.com/)는 기본적으로 30개 이상의 프로그래밍 언어를 지원하며, Go도 지원한다(그림 1.22).

Windows, Linux, OS X 등 멀티 플랫폼 상의 개발을 위해 장기적으로 보급되면 좋은 개발 플랫폼으로 성장할 것으로 보인다.

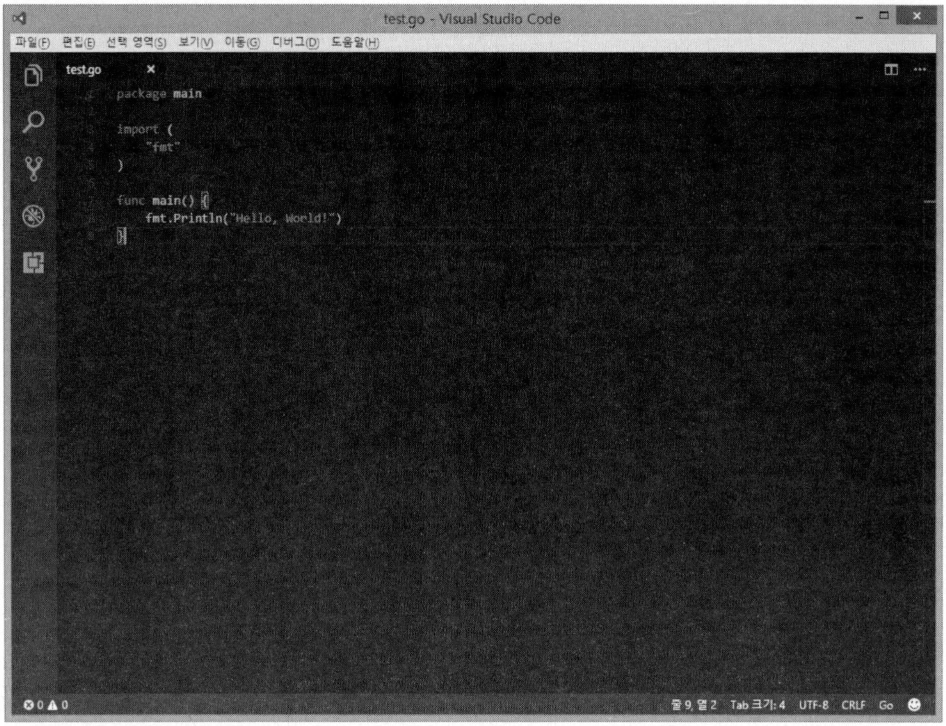

[그림 1.22] Visual Studio Code

Emacs / Vim

오랜 기간 널리 개발자에게 사랑받고 있는 텍스트 에디터인 Emacs와 Vim으로도 플러그인을 설치하여 Go 프로그래밍에 이용할 수 있다. 이 2개의 에디터는 개인화 기능이 뛰어난만큼 세부 설정이 어렵다는 단점이 있지만, 익숙해진다면 생산성을 극한으로 끌어올릴 수 있는 개발 환경을 만들 수 있다.

그림 1.23은 Emacs에서 gocode를 사용하여 자동완성 기능(입력지원)을 사용하는 모습이다.

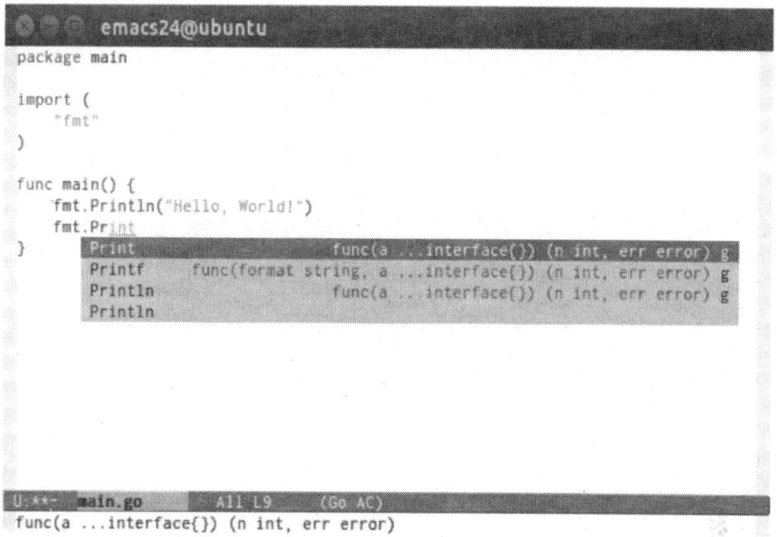

[그림 1.23] gocode and Emacs

Chapter

2

프로그램의 구성과 실행

~ Go 프로그램의 작성법과 빌드, 실행, 패키지 작성

2.1 시작하기

이 장에서는 기본적인 Go 프로그램의 작성 방법과 실행 방법에 대해 알아본다. 다음 장에 등장하는 예제 코드들을 실제로 작동시킬 때 필요한 지식들이다. 개발 환경에 Go가 설치되어 있고 제대로 동작한다고 가정한다.

2.2 텍스트 에디터와 인코딩

텍스트 에디터만 있어도 Go 프로그램은 작성할 수 있다. 단, UTF-8 인코딩으로 텍스트 파일을 편집할 수 있어야 한다. Go에서는 프로그램에서 사용할 수 있는 텍스트 인코딩을 UTF-8로 제한하고 있기 때문이다. ASCII 범위의 문자를 이용할 때에는 별 문제가 없지만, 한국어(일본어)를 포함한 멀티 바이트 문자를 이용하는 경우 UTF-8 인코딩은 필수이다.

2.3 Go 프로그램의 간단한 실행 방법 및 작성

go run

Hello World 프로그램을 Go로 작성하면 다음과 같다.

```
package main

import (
    "fmt"
)

func main() {
    fmt.Println("Hello, World!")
}
```

이 프로그램을 hello.go라는 파일명으로 저장하고, 파일이 있는 디렉토리에서 콘솔을 열고 실행을 해보도록 하자. 실행 명령은 다음과 같다. 화면에 "Hello, World!"가 나오면 성공이다.

```
$ go run hello.go
Hello, World!
```

Go는 기본적으로 컴파일을 전제로 한 프로그래밍 언어이지만, go run 명령을 통해 빌드 프로세스를 숨기고 직접 프로그램을 실행할 수 있다.

```
go run [파일 경로]
```

Go 파일의 경로만 써주면 간단하게 Go 프로그램을 실행할 수 있다.

다음은 Hello World 프로그램의 소스 코드를 보면서 Go 프로그램의 작성 방법을 알아보도록 하자.

패키지(package)

```
package main
```

Go에서는 변수, 함수와 같은 모든 프로그램의 요소들은 어떤 "패키지"에 속하게 되어 있다. 그러므로 프로그램의 작성할 때에는 패키지 선언부터 시작한다. "package main"이라는 선언은 이하의 소스 코드가 main 패키지에 관련된 것임을 의미한다.

또 Go에서는 하나의 파일에는 하나의 패키지에 대해서만 작성할 수 있다. 하나의 파일에 여러 개의 패키지 선언이 있으면 컴파일 오류가 발생한다.

가져 오기(import)

```
import (
    "fmt"
)
```

다음은 프로그램에서 사용하는 패키지를 불러오기 위한 import 선언이다. Go에서 제공하는 유용한 라이브러리들은 모두 고유한 이름을 가진 패키지로 구성되어 있다. 특별히 필요한 패키지가 없다면 import 선언은 생략할 수 있다. 예제 코드에서는 문자열 입출력에 대한 기능을 가지고 있는 fmt 패키지를 프로그램에 추가하였다.

COLUMN 참조하지 않은 패키지

Go에서는 불필요한 선언을 허용하지 않는다. 예를 들어 다음과 같은 프로그램을 실행하려고 하면 컴파일 오류가 발생한다.

```
package main

import (
    "fmt" // 사용하지 않은 패키지
)

func main() {
    /* 특별히 아무 것도 하지 않음 */
}
```

go run으로 프로그램을 실행해 보면 다음과 같은 오류 메시지가 출력된다. 이 컴파일 에러는 fmt 패키지가 프로그램에 추가되었지만 사용되지 않았기 때문에 발생한 것이다.

```
# command-line-arguments
./main.go:4: imported and not used: "fmt"
```

당장 사용하지 않는 패키지를 미리 추가해놓을 수 없다는 점은 프로그램의 완성도를 높이는 데에는 도움이 될 것이다. 하지만 Go 프로그래밍을 배우는 입장에서는 이러한 오류가 자주 발생한다. 그럴 때에는 import 선언에서 패키지 이름 앞에 _(밑줄 문자)를 붙여주면 컴파일 오류를 발생하지 않게 할 수 있다.

```
package main

import (
  _ "fmt" // 당장 사용되지 않는 패키지를 추가
)

func main() {
  /* 특별히 아무 것도 하지 않음 */
}
```

_가 붙은 패키지는 사용 여부를 확인하지 않기 때문에, 일시적으로 컴파일러에 의한 검사를 우회할 수 있다. 그러나 이 기능은 정확하게는 사용하지 않은 패키지를 강제로 프로그램에 포함시키기 위한 기능이고, 컴파일러의 검사를 무시하기 위해 있는 기능은 아니다.

엔트리 포인트(Entry Point)

```
func main() {
  fmt.Println("Hello, World!")
}
```

마지막 블록은 프로그램의 본체라고 할 수 있는 main 함수의 정의 부분이다. Go 프로그램의 엔트리 포인트(실행 시작점)는 main 패키지의 main 함수로 정해져 있다. 위의 main 함수에서는 지정된 문자열 끝에 줄바꿈(개행) 문자(\n)을 추가하여 표준 출력(Stdout)으로 출력하는 fmt 패키지의 Println 함수를 호출하여 "Hello, World!"라는 문자열을 출력하도록 하였다.

2.4 프로그램 빌드

go 빌드

지금부터는 hello.go 파일을 컴파일하여 하나의 실행 파일로 만들어 보자. Go build 명령은 파라미터로 받은 go 파일을 실행 파일 형식으로 컴파일한다.

```
$ go build -o hello hello.go
```

-o 옵션을 통해 실행 파일의 이름을 지정할 수 있다. Windows에서 빌드할 경우 실행 파일 이름에 확장자 .exe를 붙여주지 않으면 실행 파일로 인식되지 않으니 다음과 같이 빌드해야 한다.

```
C:\Users\user> go build -o hello.exe hello.go
```

빌드에 성공하면 hello.go 파일이 있는 디렉토리에 hello 실행 파일이 만들어진다(Windows라면 hello.exe). 빌드된 파일을 실행하면 Go 소스 코드를 go run으로 실행시켰을 경우와 같은 출력을 얻을 수 있다. Go에서는 이렇게 매우 간단하게 실행 파일을 만들어낼 수 있다.

```
$ ./hello
Hello, World!
```

Go 실행 파일

컴파일이 성공하였으니 실행 파일을 한 번 살펴보자. 그림 2.1은 Linux에서의 예시 화면이다.

소스 코드에 해당하는 hello.go 파일의 크기는 78바이트밖에 되지 않지만, 컴파일을 통해 만들어진 실행 파일의 크기는 1.6메가바이트나 된다. 1장에서 말한 것과 같이 Go는 OS에서 기본적으로 제공하는 라이브러리조차 사용하지 않아 Go 런타임 본체와 모든 패키지의 모든 기능이 실행 파일에 포함되기 때문이다.

Linux에서는 readelf 명령을 사용해서 실행 파일 안의 심볼 정보를 확인해볼 수 있다. Hello 프로그램의 심볼 정보를 readelf 명령으로 살펴본 일부를 그림에 나타내

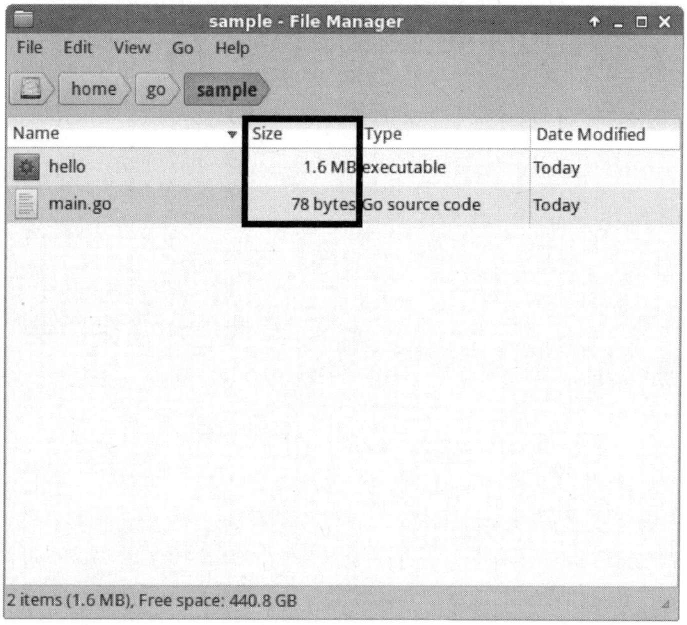

[그림 2.1] Go의 실행파일

었다.

```
$ readelf -s hello
(중략)
1720: 0000000000459f50 256 FUNC GLOBAL DEFAULT 1 fmt.newPrinter
1721: 000000000045a050 144 FUNC GLOBAL DEFAULT 1 fmt.(*pp).free
1722: 000000000045a0e0 32 FUNC GLOBAL DEFAULT 1 fmt.(*pp).Width
1723: 000000000045a100 32 FUNC GLOBAL DEFAULT 1 fmt.(*pp).Precision
1724: 000000000045a120 128 FUNC GLOBAL DEFAULT 1 fmt.(*pp).Flag
1725: 000000000045a1a0 80 FUNC GLOBAL DEFAULT 1 fmt.(*pp).add
1726: 000000000045a1f0 480 FUNC GLOBAL DEFAULT 1 fmt.(*pp).Write
1727: 000000000045a3d0 240 FUNC GLOBAL DEFAULT 1 fmt.Fprintln
1728: 000000000045a4c0 224 FUNC GLOBAL DEFAULT 1 fmt.Println
1729: 000000000045a5a0 288 FUNC GLOBAL DEFAULT 1 fmt.getField
1730: 000000000045a6c0 32 FUNC GLOBAL DEFAULT 1 fmt.tooLarge
1731: 000000000045a6e0 320 FUNC GLOBAL DEFAULT 1 fmt.parsenum
1732: 000000000045a820 1536 FUNC GLOBAL DEFAULT 1 fmt.(*pp).unknownType
1733: 000000000045ae20 2032 FUNC GLOBAL DEFAULT 1 fmt.(*pp).badVerb
1734: 000000000045b610 112 FUNC GLOBAL DEFAULT 1 fmt.(*pp).fmtBool
```

```
1735: 000000000045b680 288 FUNC GLOBAL DEFAULT 1 fmt.(*pp).fmtC
1736: 000000000045b7a0 640 FUNC GLOBAL DEFAULT 1 fmt.(*pp).fmtInt64
1737: 000000000045ba20 160 FUNC GLOBAL DEFAULT 1 fmt.(*pp).fmt0x64
1738: 000000000045bac0 288 FUNC GLOBAL DEFAULT 1 fmt.(*pp).fmtUnicode
(이하 생략)
```

중간에 fmt.Println이라는 함수 이름이 보인다. 그리고 Println 이외에 fmt 패키지에 속한 다른 함수들의 이름도 확인할 수 있다.

Go는 이러한 방식으로 프로그램이 사용하는 패키지를 그대로 실행 파일에 통합시킨다. Go 실행 파일의 크기가 큰 것은 이 때문이다.

2.5 패키지와 구성

앞에서는 하나의 파일로 구성된 간단한 "Hello, World!" 프로그램을 만들었지만, 실전에서는 더 많은 소스 코드를 여러 파일에 나눠서 관리하는 것이 일반적이다.

Go는 패키지 단위로 소스 코드를 파일이나 디렉토리에 나눠서 프로그램을 작성할 수 있다. 여기에서는 Go 이외의 툴을 이용하지 않는 기본적인 응용 프로그램의 구성 방법을 알아보기로 한다.

프로그램의 구조

다음은 가상의 응용 프로그램 zoo의 구성도이다.

```
zoo
 ├──── animals
 │      ├──── elephant.go
 │      ├──── monkey.go
 │      └──── rabbit.go
 └──── main.go
```

응용 프로그램 이름과 같은 이름을 가진 zoo 디렉토리 안에 main 패키지의 정의가 있는 main.go 파일과 새로 정의한 animals 패키지를 위한 animals 디렉토리가 있다.

animals 디렉토리 안에는 동물의 종류에 따라 elephant.go, monkey.go, rabbit.go 등 총

3개의 파일이 들어 있다. 내용은 다음과 같다.

■ zoo/animals/elephant.go

```
package animals

func ElephantFeed() string {
  return "Grass"
}
```

■ zoo/animals/monkey.go

```
package animals

func MonkeyFeed() string {
  return "Banana"
}
```

■ zoo/animals/rabbit.go

```
package animals

func RabbitFeed() string {
  return "Carrot"
}
```

3개의 파일로 나누어져 있기는 하지만, 각각의 패키지 선언에서 볼 수 있듯이 모두 animals 패키지에 대해 정의하고 있다. 이러한 방식으로 하나의 패키지를 여러 개의 소스 코드들을 통해 정의할 수 있다.

3개로 나누어진 소스 코드들을 다음과 같이 하나의 파일에 다 집어넣더라도 같은 결과를 얻을 수 있다.

```
package animals

func ElephantFeed() string {
  return "Grass"
}

func MonkeyFeed() string {
  return "Banana"
}
```

```
func RabbitFeed() string {
  return "Carrot"
}
```

여기서는 동물의 종류라는 의미에 따라 소스 코드를 분리하였지만, 일반적으로 파일 구성은 자유롭게 할 수 있다. 관리가 쉽고 구조가 명확한 형태로 구성하도록 하자.

animals 패키지에는 총 3개의 함수가 정의되어 있다(표 2.1 참조). 이 함수들은 모두 고정 문자열을 리턴하는 간단한 함수이다.

〈표 2.1〉 함수와 동물과 먹이의 관계

동물	함수	먹이
코끼리	ElephantFeed	"Grass"
원숭이	MonkeyFeed	"Monkey"
토끼	RabbitFeed	"Carrot"

main.go의 내용은 다음과 같다.

■ zoo/main.go

```
package main

import (
  "fmt"

  "./animals"
)

func main() {
  fmt.Println(animals.ElephantFeed())
  fmt.Println(animals.MonkeyFeed())
  fmt.Println(animals.RabbitFeed())
}
```

"Hello, World!" 프로그램에서 사용한 fmt 패키지와 새로 정의한 animals 패키지를 추가하였다. import 선언으로 추가된 패키지는 일반적으로 환경 변수 GOPATH에 지정된 디렉토리에서 검색되지만 ./animals처럼 상대 경로로 바로 추가할 수도 있다.

또한 패키지의 이름이 그대로 디렉토리의 이름이 되도록 구성하는 것이 좋다. 이름이 다르더라도 작동은 하지만, 혼동을 피하기 위해 삼가도록 하자.

main 함수에서는 animals 패키지 내의 모든 함수를 호출한다. 각 동물의 먹이를 문자열로 받아 그대로 표준 출력으로 출력한다.

```
fmt.Println(animals.ElephantFeed())
fmt.Println(animals.MonkeyFeed())
fmt.Println(animals.RabbitFeed())
```

main.go 파일이 있는 디렉토리에서 go run 명령을 통해 프로그램을 실행시켜 보자. Animals 패키지의 함수들이 제대로 작동하는 것을 알 수 있다.

```
$ go run main.go
Grass
Banana
Carrot
```

프로그램 빌드

go run으로 실행에 성공했으니 이번에는 빌드를 해보자. main.go 파일이 있는 디렉토리에서 다른 옵션 없이 go build 명령을 실행한다.

```
$ go build
```

빌드에 성공하면 그림 2.2와 같이 실행 파일 zoo(Windows에서는 zoo.exe)가 만들어진다.

여기서 주목할 점은 실행 파일에 자동으로 zoo라는 이름이 붙어있다는 것이다.

go build 명령은 별도로 이름을 지정하지 않으면 현재 디렉토리의 이름을 실행 파일의 이름으로 설정한다. 그리고 빌드 대상을 지정하지 않으면 현재 디렉토리에 .go 파일을 모두 빌드 대상으로 삼는다. Animals 패키지는 import 명령을 통해 빌드 대상으로 추가된 것이다. go에서 권장하는 빌드 구성을 따르면 이렇게 최소한의 노력으로 실행 파일을 만들 수 있는 것이다.

한편, 다음과 같이 main 패키지의 main 함수를 포함하는 파일을 지정하여 빌드할 수도 있다. 이 경우 실행 파일의 이름은 main(Windows에서는 main.exe)이 된다.

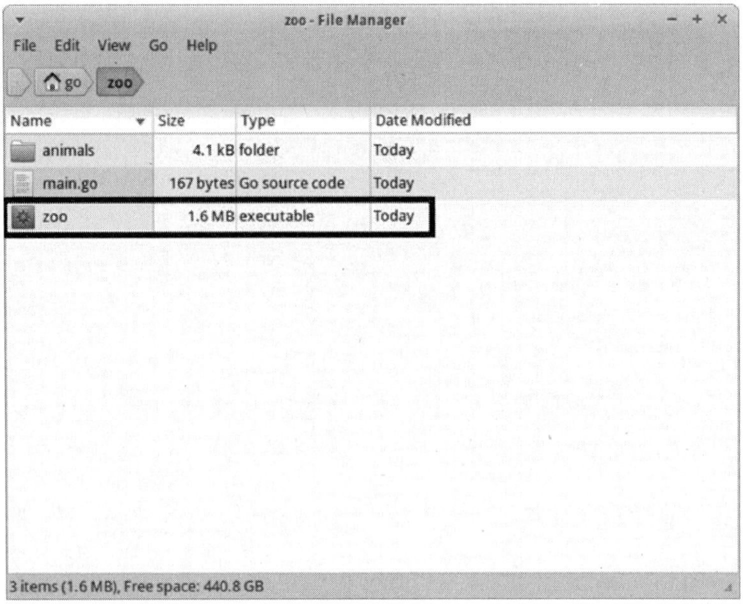

[그림 2.2] 빌드를 통해 만들어진 실행 파일 zoo

```
$ go build main.go
```

또한 Windows에서 go 명령 줄 파라미터에서 파일 경로 구분 기호로 /(슬래시)를 사용할 수 있다. \(역슬래시)를 사용할 수도 있지만 OS 간 공통성을 위해서 슬래시를 사용할 것을 권장한다.

```
$ go build -o bin/zoo.exe main.go
```

당연한 이야기지만 "Hello, World!" 프로그램과 같이 실행 파일이 만들어질 경로를 -o 옵션으로 주는 것도 가능하다. 위의 명령을 실행하면 bin 디렉토리 아래에 zoo.exe라는 이름으로 실행 파일이 생성된다.

main 패키지 나누기

animals 패키지와 마찬가지로 main 패키지도 여러 개의 go 파일로 나눌 수 있다.

```
zoo
├──── animals
│      ├──── elephant.go
│      ├──── monkey.go
│      └──── rabbit.go
├──── app.go
└──── main.go
```

main.go와 같은 위치에 app.go라는 파일을 추가한다. app.go도 응용 프로그램의 이름을 문자열로 리턴하는 함수 AppName만을 포함한 간단한 파일이다.

■ zoo/app.go

```
package main

func AppName() string {
    return "Zoo Application"
}
```

main.go의 main 함수에 정의된 함수를 호출하는 부분을 추가한다. 같은 main 패키지 내의 함수이므로 main.AppName()과 같이 패키지를 지정할 필요가 없다는 것에 주목하자.

■ zoo/main.go

```
package main

import (
    "fmt"

    "./animals"
)

func main() {
    fmt.Println (AppName ()) /* 함수 AppName 호출 */

    fmt.Println(animals.ElephantFeed())
    fmt.Println(animals.MonkeyFeed())
    fmt.Println(animals.RabbitFeed())
}
```

그런데, 이렇게 하고 go run을 실행하면 오류가 발생한다.

```
$ go run main.go
# command-line-arguments
./main.go:10: undefined: AppName
```

AppName이라는 함수가 정의되지 않았다는 메시지가 나온다. go run 명령은 옵션으로 지정된 main.go만 실행 대상으로 간주하고, app.go는 무시하기 때문이다.

app.go 파일을 포함하여 실행하려면 다음과 같이 main 패키지에 대해 정의한 파일들을 열거하거나, *.go와 같이 와일드카드를 이용하여 실행 대상을 설정하면 된다.

```
$ go run main.go app.go
  (또는)
$ go run *.go
```

그러나 go build의 경우는 약간 다르다.

```
$ go build
```

app.go 파일을 추가한 후, 다른 옵션 없이 go build 명령을 수행해도 문제없이 빌드는 진행된다. go build 명령은 대상을 지정하지 않으면 현재 디렉토리에 있는 모든 go 파일을 빌드 대상에 포함시키기 때문이다.

main.go만을 옵션으로 주어 go build 명령을 실행해 보면, go run의 경우와 마찬가지로 app.go가 무시되는 것을 볼 수 있다. go build 명령은 빌드 대상을 특정하지 않으면 "go build *.go" 동작을 수행한다고 생각하면 될 것이다.

```
$ go build main.go
# command-line-arguments
./main.go:13: undefined: AppName
```

패키지 및 디렉토리

app.go를 추가한 디렉토리에 foo.go 등의 적당한 파일을 추가하고, main 패키지 이외의 패키지를 정의해 보자.

■ zoo/foo.go

```
package foo
```

이 상태에서 빌드해 보자.

```
$ go build
can't load package: package .: found packages app.go (main) and foo.go (foo) in ↙
/home/user/golang/zoo
```

(↙ : 지면 관계로 나누어져 있음. 이하 동일)

오류가 발생하여 빌드에 실패하였다. 현재 디렉토리의 go 파일에서 여러 개의 패키지가 발견되었기 때문이다.

이 예에서 알 수 있듯이 Go 언어에는 하나의 디렉토리에는 하나의 패키지 정의만을 두어야 한다. 여러 개의 패키지 정의를 한 디렉토리에 정의하는 것은 원칙적으로 불가능하다고 알아두자.

Go 프로그래밍의 빌드 과정이 최소한의 명령으로 가능한 것은 이처럼 단순한 규칙이 숨어있기 때문이다.

패키지 테스트

Go 역시 현대 프로그래밍 언어답게 표준 패키지의 기능을 테스트하기 위한 기능이 포함되어 있다. 위에서 만든 animals 패키지를 테스트하는 프로그램을 만들어 보자.

animals 패키지 테스트를 위해 animals_test.go라는 파일을 추가하자. Go는 .go 파일을 go 소스 코드 파일로 취급하듯이 _test.go로 끝나는 파일을 패키지 테스트용 파일로 인식한다.

```
zoo
 ├──── animals
 │       ├──── animals_test.go
 │       ├──── elephant.go
 │       ├──── monkey.go
 │       └──── rabbit.go
 ├──── app.go
 └──── main.go
```

animals_test.go의 내용은 다음과 같다.

■ zoo/animals/animals_test.go

```
package animals

import (
	"testing"
)

func TestElephantFeed(t *testing.T) {
	expect := "Grass"
	actual := ElephantFeed()

	if expect != actual {
		t.Errorf("%s != %s", expect, actual)
	}
}

func TestMonkeyFeed(t *testing.T) {
	expect := "Banana"
	actual := MonkeyFeed()

	if expect != actual {
		t.Errorf("%s != %s", expect, actual)
	}
}

func TestRabbitFeed(t *testing.T) {
	expect := "Carrot"
	actual := RabbitFeed()

	if expect != actual {
		t.Errorf("%s != %s", expect, actual)
	}
}
```

여기서는 표준 패키지 testing을 사용한다. TestElephantFeed와 같이 이름이 Test로 시작하는 함수가 테스트의 단위를 나타낸다. 여기에서는 animals 패키지에 정의된 3개의 함수에 대한 테스트 함수를 정의한다. 자세한 문법에 대해서는 여기서 다루지 않지만, 단위 테스트를 해본 경험이 있다면 어떤 테스트를 하고 있는지는 어렴풋이 알 수 있을 것이다.

또한 여기서는 animals_test.go 파일에 모든 테스트 함수를 작성하였지만 테스트용 go 파일도 관리하기 쉬운 단위로 나눌 수 있다.

테스트 실행

go test 명령에 animals 디렉토리를 지정하면 테스트가 시작된다. 패키지 테스트가 성공하면 다음과 같은 결과를 얻을 수 있다.

```
$ go test ./animals
ok _/home/user/golang/zoo/animals 0.002s
```

이것만으로는 알 수 있는 정보가 부족하기 때문에 옵션 -v를 붙여보자. 개별 테스트가 진행되는 자세한 내용을 볼 수 있다.

```
$ go test -v ./animals
=== RUN TestElephantFeed
--- PASS: TestElephantFeed (0.00s)
=== RUN TestMonkeyFeed
--- PASS: TestMonkeyFeed (0.00s)
=== RUN TestRabbitFeed
--- PASS: TestRabbitFeed (0.00s)
PASS
ok _/home/user/golang/zoo/animals 0.002s
```

다음은 의도적으로 단위 테스트를 실패하게 만들어 보자. ElephantFeed 함수가 리턴할 문자열을 다음과 같이 바꿔 보자.

```
func ElephantFeed() string {
  return "Noodle"
}
```

이렇게 한 뒤에 테스트를 다시 수행해 보자.

```
$ go test -v ./animals
=== RUN TestElephantFeed
--- FAIL: TestElephantFeed (0.00s)
```

```
    animals_test.go:12: Grass != Noodle
=== RUN TestMonkeyFeed
--- PASS: TestMonkeyFeed (0.00s)
=== RUN TestRabbitFeed
--- PASS: TestRabbitFeed (0.00s)
FAIL
exit status 1
FAIL _/home/user/golang/zoo/animals 0.002s
```

ElephantFeed 함수를 수정한 것이 테스트에서 발견되었다. TestElephantFeed 함수의 실행 결과과 "FAIL"이라고 나타나는 것을 볼 수 있다. 또한 단 하나의 테스트가 실패하더라도 테스트 전체가 "FAIL"로 나타나는 것을 알 수 있다.

main 패키지 테스트

마지막으로 main 패키지도 테스트해 보자. App.go와 같은 위치에 app_test.go 파일을 추가한다.

```
zoo
 ├──── animals
 │      ├──── animals_test.go
 │      ├──── elephant.go
 │      ├──── monkey.go
 │      └──── rabbit.go
 ├──── app.go
 ├──── app_test.go
 └──── main.go
```

AppName 함수의 테스트 내용은 다음과 같다.

■ zoo/app_test.go

```
package main

import (
  "testing"
)

func TestAppName(t *testing.T) {
```

```
    expect := "Zoo Application"
    actual := AppName()

    if expect != actual {
        t.Errorf("%s != %s", expect, actual)
    }
}
```

이어서 테스트를 수행해 보자.

```
$ go test -v
=== RUN TestAppName
--- PASS: TestAppName (0.00s)
PASS
ok _/home/user/golang/zoo 0.002s
```

현재 디렉토리에 패키지가 있다면, 다른 파라미터 없이 go test 명령만으로도 테스트를 수행할 수 있다. AppName이 제대로 동작하고 있는지 여부가 테스트를 통해 확인되었다.

COLUMN Go가 인식하는 파일 형식

Go 프로그램의 구조 및 빌드 방법에 대해 살펴보면서 작업 하나하나가 심플하게 설계되어 있는 것을 알게 되었을 것이다. 한 디렉토리에서는 하나의 패키지만 정의해야 하고, .go 파일은 Go 프로그램 파일로 간주하고, _test.go로 끝나는 파일은 테스트 파일로 간주하는 등 다소 극단적으로 보이는 규칙들을 통해 콘솔 상에서 빌드 과정을 단순화시키고 있다. 이것은 Go의 강점 중 하나라고 할 수 있다.

사실 Go에서 중요하게 생각하는 확장자는 .go뿐만이 아니다. C와 C++와 같은 다른 프로그래밍 언어와의 연계를 위해 .go 이외에도 예약된 확장자가 있다. 그 목록을 표 2.2에 수록하였다. 당장 필요한 지식은 아니지만, Go에서 특정 확장자가 의미를 가진다는 것 정도로만 이해하도록 하자.

〈표 2.2〉 Go가 인식하는 확장자

확장자	파일의 내용
.go	Go 소스 파일
.c, .h	C 소스 파일
.cc, .cpp, .cxx, .hh, .hpp, .hxx	C++ 소스 파일
.m	Objective-C 소스 파일
.s, .S	어셈블러 소스파일
.swig, .swigcxx	SWIG 정의 파일
.syso	시스템 오브젝트 파일

Chapter

3

Go 언어 기초

변수, 자료형, 연산자, 함수, 상수, 스코프, 제어문, Go 루틴

3.1 주석

1행 주석

Go에서는 2가지 방법으로 주석을 작성할 수 있다. 우선 1행 주석은 //로 시작하여 그 행의 끝까지 주석으로 쓰는 방법이다.

```
// 행 끝까지 주석

var i int    // 문(statement) 뒤에 쓰인 주석
```

범위 주석

또 다른 방법은 /*로 시작하여 */으로 끝나는 범위에 주석을 작성하는 방법이다. 이 방법을 이용하면 여러 행에 걸쳐서 주석을 작성할 수 있다.

```
/*
  이런 방법으로
  여러 줄의
  주석을
  작성할 수 있다
*/

var i int  /* 한 줄이라도 상관없음 */
```

하지만 C와 Java 등에서 자주 볼 수 있는 주석 안의 주석은 허용되지 않는다.

```
/*
  /* 주석 안의 주석 */
*/
```

이렇게 주석이 중첩되면 Go에서는 컴파일 오류가 발생한다. 디버깅 등을 위해 코드의 넓은 부분을 일시적으로 주석 처리할 때 원래 있던 주석과 겹쳐서 오류가 발생할 수 있으니 주의하자.

3.2 문장(Statement)

세미콜론 생략

Go에서 각각의 문장(Statement)은 세미콜론(;)으로 구분된다. 잠시 앞 장의 "Hello, World!" 프로그램을 살펴보자.

```
package main

import (
  "fmt"
)

func main() {
  fmt.Println("Hello, World!")
}
```

뭔가 이상하지 않은가? 각각의 문장이 세미콜론으로 구분된다고 했는데, 이 코드에서는 세미콜론을 찾아볼 수 없다.

사실 Go는 모든 세미콜론을 생략할 수 있도록 설계되어 있다. 이 "Hello, World!" 프로그램은 컴파일러에 의해 다음과 같이 해석된다.

```
package main;

import (
  "fmt"
);

func main() {
  fmt.Println("Hello, World!");
};
```

각 문장의 끝에 세미콜론이 붙은 것을 볼 수 있다. Go 컴파일러는 각 행의 마지막을 살펴보고 문장의 끝이라고 판단되면 자동으로 세미콜론을 삽입한다. 문장을 구별하는 세미콜론이 존재하지만 눈에 보이지 않을 뿐인 것이다.

물론 개발자가 직접 세미콜론을 붙인다면 다음과 같이 모든 문장을 한 줄에 작성하는 것도 가능하다.

```
package main; import ("fmt"); func main() {fmt.Println("Hello, World!"); };
```

읽기 어려운 코드를 일부러 만드는 것이 아니라면 별로 의미가 없는 행동이긴 하지만, 문장을 세미콜론으로 구분할 수 있다는 것을 알 수 있다. Go에서 권장하는 방식에 따라 프로그래밍을 한다면 일부러 세미콜론을 사용할 일은 거의 없다고 봐도 무방하다.

세미콜론을 생략할 때 주의사항

Go 프로그램을 작성할 때 세미콜론을 일부러 사용할 필요는 없다. 하지만 문장의 끝에 자동으로 세미콜론이 삽입될 때 한 가지 주의할 것이 있다.

```
// 변수 a는 문자열 3개를 가지는 배열
a := [3]string {"홍길동", "전우치", "성춘향"}
```

위 코드에서는 문자열을 3개 가지는 배열을 a라는 이름으로 정의하고 있다. 문법이 약간 어색하지만 배열의 요소로 3개의 문자열("홍길동", "전우치", "성춘향")을 가지는 것을 보면 짐작할 수 있을 것이다.

또한, 프로그램을 만들다 보면 배열의 각 요소의 값을 명시적으로 지정할 때 다음과 같이 여러 행으로 나누어서 보기 좋게 만드는 것을 종종 볼 수 있다. Go에서도 충분히 가능하다.

```
// 변수 a는 문자열 3개를 가지는 배열
a := [3]string{"홍길동",
        "전우치",
        "성춘향"}
```

좀 더 행 수를 늘려서 만들어 보자. 그러면 이렇게 될 것이다.

```
// 변수 a는 문자열 3개를 가지는 배열
a := [3]string {
  "홍길동",
  "전우치",
  "성춘향" // ← 여기에서 컴파일 오류가 발생한다
}
```

갑자기 컴파일 오류가 발생했다. 바로 앞 코드와 비교해 보면 공백이나 개행(줄바꿈) 정도의 차이만 있을 뿐이다. 어디서 오류가 발생한 것일까?

결론부터 말하자면 이 오류는 문자열 "성춘향" 뒤에 자동으로 세미콜론이 삽입되었기 때문에 발생한 것이다.

```
// 변수 a는 문자열 3개를 가지는 배열
a := [3]string{
   "홍길동",
   "전우치",
   "성춘향"; // ← 문장의 끝이라고 판단하여 자동으로 세미콜론이 삽입됨
}
```

Go 컴파일러는 각 행이 왼쪽 중괄호({) 나 콤마(,)로 끝나는 경우를 제외하면 모든 행의 끝을 문장의 끝으로 판단한다. 그 결과 예기치 않은 위치에 세미콜론이 삽입되어 하나의 문이 2개로 나누어져 버린 것이다.

Go는 배열의 요소를 나열할 때 마지막 요소 뒤에 행이 계속됨을 나타내는 콤마(,)를 넣을 수 있다. 이렇게 하면 발생한 컴파일 오류를 해결할 수 있다.

```
// 변수 a는 문자열 3개를 가지는 배열
a := [3]string{
   "홍길동",
   "전우치",
   "성춘향", // ← 마지막 요소 뒤에 콤마 추가
}
```

Go의 문법은 비교적 자유도가 높아 보이지만, 문법에 따라 세미콜론을 생략했는데 개발자의 의도와 벗어난 동작을 하기도 한다. 다른 언어에서는 자주 볼 수 없는 일이므로 반드시 알아두자.

COLUMN 무엇을 중요시할 것인가

세상에는 많은 프로그래밍 언어가 존재한다. 왜 이렇게 많은 프로그래밍 언어가 만들어졌을까? 그것은 각각의 프로그래밍 언어가 서로 다른 목적을 가지고 있기 때문이다.

C는 OS나 시스템 그 자체를 기술하기 위해 만들어진 언어이다. C는 애매모호한 자료형과 복잡한 메모리 관리 등의 문제가 있지만 여전히 Windows, Linux, OS X 등의 OS를 기술하는 핵심 언어이다.

왜 현대적인 프로그래밍 언어로 OS를 새로 만들지 않는 것일까? 아직 C를 완전히 대체할 수 있는 프로그래밍 언어가 존재하지 않기 때문이다. C는 CPU, 메모리 등 일반적인 컴퓨터를 가장 효율적으로 조작할 수 있는 프로그래밍 언어이다. 고전적인 약점이 많지만, 프로그래밍의 목적에 가장 부합하기 때문에 계속 사용되는 것이다.

이처럼 각각의 프로그래밍 언어는 설계 방식과 목적에 따라 큰 차이가 있다. Java와 C#은 다양한 플랫폼에서 동일한 동작을 하는 프로그램을 만들기 위해 거대한 라이브러리와 빠른 VM을 가지고 있다. PHP, Python, Ruby와 같은 스크립트 언어는 속도, 엄밀성보다는 간편함과 편의성을 중시하여 설계되어 있다.

그럼 Go는 어떤 목적을 가지고 있을까?

Go는 C의 속도와 스크립트 언어의 간편함을 모두 얻는 것을 그 목적으로 한다. 네이티브 코드로 정적 컴파일을 하고, 객체 지향적 기능 등에서 발생하는 오버헤드를 줄여 고속성을 확보했다. 그리고 자료형 추론을 통해 변수의 자료형 지정을 최소화시키고, 문법 요소를 최소화시켜 컴파일 속도를 빠르게 하여 간편한 프로그래밍을 가능하게 하였다.

이렇게 Go는 어찌 보면 서로 반대되는 목표를 만족시키려고 하고 있다. 그리고 그 결과로 곳곳에서 이상한 동작이 나타나곤 한다. 세미콜론을 생략해서 발생하는 문제가 그 중 하나일 것이다. 그렇다면 Go는 개발자들의 예상을 벗어나는 이러한 것들을 왜 방치하고 있는 것일까?

문장의 구분 기호를 생략하면서 코드의 표현력을 확보하는 것은 기술적으로 그렇게까지 어려운 일은 아니다. Go는 컴파일러의 파싱(parsing) 기능을 가볍게 유지하기 위해 이러한 방식을 사용했다. 개발자에게 약간의 혼란을 주면서까지 컴파일 속도를 빠르게 유지하려고 하는 것이다. 이러한 이상한 동작마저도 언어의 목적에 부합한, 의도된 설계인 것이다. 실제로 Go의 컴파일 속도는 매우 빠른 편이고, 이는 코드 수정→테스트 실행이라는 사이클을 빠르게 만든다. 즉, Go는 코드의 표현력을 높이는 것보다 컴파일 속도를 빠르게 하는 것이 궁극적으로 개발자에게 도움이 되는 것이라고 판단한 것이다.

앞서 기술한 이야기지만, 프로그래밍 언어는 각자의 목적을 달성하기 위해 설계되어 있기 때문에 Go의 방향성이 맞다 혹은 틀렸다고 판단하는 것은 무의미하다. Go를 배울 때 다른 언어에서 배운 지식을 활용할 수 없다거나 독특한 설계 방식에 당황하는 일이 앞으로 많을 것이다. 하지만 이 또한 명확한 목적을 위해 설계된 것이라고 생각해 본다면, 왜 이렇게 설계되어 있는가에 대한 의문도 조금씩 풀릴 것이고 더 효율적으로 Go의 장점을 익힐 수 있을 것이다.

3.3 미리 정의된 식별자

표 3.1은 Go에서 미리 정의된 식별자(Pre-declared Identifiers)를 나타낸 것이다.

〈표 3.1〉 Go에서 미리 정의된 식별자

식별자의 종류	식별자
자료형	bool byte complex64 complex128 error float32 float64 int int8 int16 int32 int64 rune string uint uint8 uint16 uint32 uint64 uintptr
상수	true false iota
null값	nil
함수	append cap close complex copy delete imag len make new panic print println real recover

주의해야 할 점은 이러한 식별자들이 Go 내부에서 미리 정의되어 사용되고 있

지만, 대부분의 경우 본인이 만든 함수나 변수의 이름으로도 사용될 수 있다는 것이다. int를 함수 이름으로 사용할 수도 있고, true라는 이름을 가진 변수를 만들 수도 있다. 물론, 미리 정의된 식별자와 같은 이름을 가진 함수와 변수는 가능하면 사용하지 않는 것이 좋다.

3.4 예제 코드 읽는 법

이 장 이후로는 상세한 예제 코드가 수록되어 있다. 예제 코드는 설명하는 내용에 따라 프로그램 전체가 될 수도 있고, 프로그램의 작은 부분이 될 수도 있다. 이 책의 예제 코드는 다음과 같이 작성되었다.

프로그램 전체를 포함한 예제 코드

package main으로 시작하는 예제 코드는 원칙적으로 프로그램 전체를 포함하고 있다. 즉 코드의 내용을 그대로 임의의 파일(예를 들면 main.go)에 저장하고 go run 명령을 실행할 수 있다.

```
package main

import (
    "fmt"
)

func main() {
    /* 단독으로 실행 가능한 프로그램 */
}
```

단, 프로그램을 실행했을 때 여러 줄의 출력(표준 출력이나 표준 오류 출력)이 존재하는 경우 그 내용을 예제 코드 하단에 출력 결과를 정리하여 표기하기도 하였다. 아래 예제 코드의 경우 /*출력 결과*/ 의 앞부분까지가 프로그램 본체에 해당한다.

```
package main
```

```
import (
    "fmt"
)

func main() {
    /* 무엇인가를 출력하는 프로그램 */
}
/*출력 결과*/
1행 출력
2행 출력
3행 출력
```

프로그램의 일부를 추출한 예제 코드

```
n := 1
fmt.Println(n)
```

이 책에서 등장하는 다수의 예제 코드는 단독으로 실행할 수 없는 프로그램의 작은 부분이다. 예를 들어 위의 예제 코드는 다음과 같은 프로그램에서 main 패키지의 main 함수에 포함된 내용 일부를 추출한 것이다.

```
package main

import (
    "fmt"
)

func main() {
    /* 아래 두 줄을 추출함 */
    n := 1
    fmt.Println(n)
}
```

또한 예제 코드에 fmt.[함수명]이라는 표현이 있다면 프로그램에 import "fmt"라는 fmt 패키지를 추가하는 선언이 자동으로 포함되어 있다고 생각하자. 자주 사용되는 fmt.[함수명]에 대해서는 다음 절에서 설명하기로 한다. 예제 코드의 구현에 fmt 이외의 패키지가 필요할 때에는 그 이유를 서술하였다.

예제 코드에 포함된 주석

다음과 같이 예제 코드 안에서 주석을 이용하여 프로그램의 상세한 동작을 표현하기도 한다.

```
n := 1 + 2 + 3 // n == 6
```

n:= 1+2+3 뒤의 주석 n==6은 프로그램의 상세한 동작을 표현하기 위해 보충된 부분이다. 여기서는 변수 n의 값이 6임을 나타낸다.

또한, 다음과 같은 방식도 존재한다.

```
s:=Golang() // s=="Go 언어"
Golang() // =="Go 언어"
```

1번째 행은 Golang 함수를 호출한 결과를 변수 s에 대입하는 예제 코드이다. // s== "Go 언어"라는 주석은 변수 s의 값이 "Go 언어"라는 문자열이라는 것을 의미한다. 2번째 행은 Golang 함수의 리턴 값이 "Go 언어"라는 문자열임을 의미한다. 여기서는 변수 대입 등을 생략하여 단순화하여 표현하였다.

fmt.Println 함수와 같이 콘솔에 그 결과가 출력되는 경우에는 // => [출력 내용]과 같은 형식으로 출력 내용을 나타내었다. 다음 예제 코드의 주석은 "Hello, World!"라는 문자열이 콘솔에 출력된다는 의미이다.

```
fmt.Println("Hello, World!") // => "Hello, World!"
```

3.5 fmt 패키지

Go 언어의 자세한 문법에 대해 설명하기 전에 예제 코드에 자주 등장하는 fmt 패키지에 대해서 잠시 알아보자.

fmt.Println

fmt.Println 함수는 문자열의 마지막에 개행 문자를 추가하여 표준 출력으로 출력한다. 텍스트를 간단하게 1행으로 출력하기 위해 사용한다.

```
// 문자열에 개행 문자를 추가하여 표준 출력으로 출력한다.
fmt.Println("Hello, Golang!") // => "Hello, Golang!"
```

또한 이 함수는 여러 개의 파라미터를 취할 수 있다. 이 경우 각각의 문자열 사이를 공백으로 이어서 출력한다.

```
fmt.Println("My", "name", "is", "Gildong") // => "My name is Gildong"
```

fmt.Printf

fmt.Printf 함수는 형식 지정자를 포함한 서식 문자열과 그에 따른 파라미터를 이용해 생성한 문자열을 표준 출력으로 출력한다. 다음 예제 코드에서는 %d의 형식과 삽입된 위치에 따른 결과를 나타내었다.

```
// 10진수 형식의 숫자 5를 %d부분에 삽입
fmt.Printf("값=%d\n",5) // =>"값=5"
```

형식 지정자에는 여러 가지 종류가 있다. 삽입할 곳이 여러 개 있는 경우 이와 같은 수의 파라미터를 사용하여야 한다. 하지만 파라미터의 수가 다르더라도 런타임 오류가 발생하지는 않는다. 형식 지정자의 수보다 파라미터의 수가 적을 때에는 형식 지정자의 위치에 MISSING이라는 문구가 나타나고, 많을 때에는 EXTRA라고 표시되기 때문에 오류를 쉽게 찾아낼 수 있다.

```
// 여러 가지 숫자에 대한 형식 지정자
fmt.Printf("10진수=%d 2진수=%b 8진수=%o 16진수=%x\n",17,17,17,17)
// =>"10진수=17 2진수=10001 8진수=21 16진수=11"

// 파라미터가 적을 때
fmt.Printf("%d년%d월%d일\n",2015,12)
// =>"2015년12월%!d(MISSING)일"

// 파라미터가 많을 때
fmt.Printf("%d년%d월%d일\n",2015,12,25,17)
// =>"2015년12월25일%!(EXTRA int=17)"
```

%v, %#v, %T와 같은 형식 지정자는 Go의 다양한 자료형을 보기 쉽게 해주기 때문에 디버깅 등에 굉장히 유용하게 사용할 수 있다. 널리 알려진 printf류 함수들이 이용하는 표준 포맷과 호환성은 다소 부족하지만 Go 프로그램 개발 시 편리한 기능을 가지고 있다.

```
// %v는 다양한 자료형의 데이터를 표현한다
fmt.Printf("숫자=%v 문자열=%v 배열=%v\n",5,"Golang",[...]int{1,2,3})
// =>"숫자=5 문자열=Golang 배열=[123]"

// %#v는 데이터와 자료형에 따른 문법 표현을 같이 나타낸다
fmt.Printf("수치값=%#v 문자열=%#v 배열=%#v\n",5,"Golang",[...]int{1,2,3})
// =>"수치값=5 문자열="Golang" 배열=[3]int{1,2,3}"

// %T는 데이터의 자료형을 나타낸다
fmt.Printf("숫자=%T 문자열=%T 배열=%T\n",5,"Golang",[...]int{1,2,3})
// =>"숫자=int 문자열=string 배열=[3]int"
```

print, println

print, println 함수는 디버깅 등에 유용하게 사용할 수 있다. 프로그램 동작 중 변수의 값 등을 확인하고 싶을 때 간편하게 사용할 수 있다.

이 함수들은 파라미터로 주어진 문자열을 표준 오류 출력에 출력한다. fmt.Println 함수는 표준 출력에 문자열을 출력하므로 구별하여 사용하도록 하자.

```
func main(){
  print("Hello,World!") // "Hello,World!"를 출력
  println("Hello,World!") // "Hello,World!"에 개행 문자를 추가하여 출력
}

/*출력 결과*/
Hello,World!Hello,World!
```

print, println 함수도 여러 개의 파라미터를 받을 수 있다. 각각의 파라미터는 공백으로 구별되어 출력되므로 여러 값의 내용을 정리하고 확인할 때 도움이 될 것이다.

```
println(1, 2, 3) // => "1 2 3"
```

3.6 변수

시작하기

Go에서 모든 변수는 자료형(타입)을 가지고 있다. 변수의 자료형은 크게 "수치형", "참조형", "포인터형"의 3종류로 나눌 수 있다.

"수치형"은 C나 Java의 수치형과 같이 정수나 실수 등 값 자체를 저장하는 변수이다.

"참조형"은 조금 특수한 형태로 Go에서는 "슬라이스", "맵", "채널"이라는 3개의 자료형 중 하나를 가리키는 자료형이다.

마지막으로 "포인터형"은 C를 배우는 사람들 사이에서 악명높은 그 포인터를 의미한다. 포인터는 값이나 함수 등이 메모리 상에서 차지하는 부분을 그 주소 값을 통해 간접적으로 표현하는 방법이다. C의 포인터에 대해서 충분히 알고 있다면 Go에서도 쉽게 이용할 수 있겠지만 Go를 통해 포인터를 처음 접한다면 확실히 이해될 때까지 실습을 해보는 것이 좋다.

변수의 정의 방법

명시적 변수 정의

Go 프로그래밍에서 변수를 정의하는 방법에는 명시적인 방법과 암묵적인 방법이 있다. 우선 명시적인 방법에 대해 살펴보자.

```
// int 타입의 변수 n을 정의
var n int
```

예약어 var의 뒤에 변수의 이름(식별자)을 쓰고, 마지막으로 변수의 자료형을 지정한다. 이 예제 코드는 int 타입의 변수 n을 정의한 것이다. 이처럼 예약어 var을 사용할 경우 변수의 이름과 자료형을 모두 명시적으로 지정하여 변수를 정의해야 한다.

동일한 자료형의 변수라면 다음과 같이 여러 개를 한꺼번에 정의할 수도 있다. 다음 예제 코드에서는 변수의 자료형을 하나만 지정하고 각각의 변수를 정의하고 있다.

```
// int 타입의 변수 x, y, z를 정의
var x,y,z int
```

다음과 같이 var 다음의 내용을 괄호로 묶어서 다른 자료형의 변수도 한꺼번에 정의할 수도 있다. 이렇게 하면 변수를 정의하는 블록을 찾기 쉬워진다.

```
// int 타입의 변수 x, y와 string 타입 변수 name을 정의
var (
  x, y int
  name string
)
```

정의된 변수에 = 연산자를 이용하여 값을 대입할 수 있다. 자료형에 알맞다면 다른 값을 다시 대입하는 것도 가능하다. 하지만 다른 자료형의 값을 대입하려고 하면 컴파일 오류가 발생한다.

```
var n int
n = 5
// n == 5
n = "string" // 컴파일 오류
```

또 Go에서는 좌변과 우변에 여러 개의 변수와 값을 나열하여 각각의 변수에 값을 한꺼번에 대입할 수도 있다. 좌변의 변수 이름과 우변의 값의 수는 동일해야 하며 개수가 다를 경우 컴파일 오류가 발생한다.

```
x, y = 1, 2
// x == 1, y == 2
x, y = 1, 2, 3 // 컴파일 오류
```

암묵적 변수 정의

명시적인 방법과는 달리 암묵적인 방법을 이용하면 변수를 정의할 때 자료형 지정을 할 필요가 없다.

```
// int 타입 변수 i를 정의하고 값 1을 대입
i := 1
```

이와 같이 := 연산자를 이용하면 변수의 자료형 정의와 값 대입을 한꺼번에 수행할 수 있다. 자료형을 지정하는 부분은 어디에도 없지만, 위와 같이 정수 1을 값으로 대입하면 변수 i의 자료형은 암묵적으로 int 타입으로 결정된다. 이러한 기능을 일반적으로 자료형 추론이라고 한다.

다음의 예제 코드에서 볼 수 있듯이 Go는 논리값, 정수, 실수, 문자열 등을 이용하기 위한 문법을 제공하고 있다. Go의 장점 중 하나는 이렇게 := 연산자를 이용하여 자료형 지정을 생략할 수 있다는 것이다.

```
// bool 타입의 변수 b를 정의하고 논리값 true를 대입
b:=true
// int 타입 변수 i를 정의하고 정수 1을 대입
i:=1
// float64 타입 변수 f를 정의하고 실수 3.14을 대입
f:=3.14
// string 타입 변수 s를 정의하고 문자열 abc를 대입
s:="abc"
```

함수의 리턴값을 이용하여 변수를 암묵적으로 정의할 수도 있다. 다음 예제 코드에서는 int 타입의 값 1을 리턴하는 one 함수를 정의하고, 그 함수의 리턴값을 변수 n에 직접 대입한다.

이 경우 함수의 리턴값의 자료형이 그대로 변수의 자료형이 된다. 즉 변수 n은 int 타입으로 결정된다.

```
func one() int {
  return 1
}
n := one() // int 타입의 변수 n이 정의되고, 값으로 1이 대입된다.
```

암묵적인 정의를 이용할 때에는 주의할 점이 있다. 변수에 대한 암묵적인 정의를 이용해서 값을 대입하는 것은 단 한 번만 가능하다. 따라서 다음 예제 코드에서는 컴파일 오류가 발생한다.

```
i:=1 // int 타입 변수 i를 정의하고 1을 대입
i:=2 // 컴파일 오류
```

:= 연산자로 변수에 값을 대입한다고 생각해서는 안 된다. := 연산자는 변수를 정의하는 기능을 수행할 뿐이다. 변수의 자료형을 생략할 수 있다는 장점과는 별개로, 초깃값 대입을 바로 할 수 있다는 장점은 부수적인 것이라고 생각하는 것이 좋다.

또한 var를 이용하여 명시적인 방법으로 변수를 정의하더라도 다음 예제 코드와 같이 변수 i가 여러 번 정의되면 컴파일 오류가 발생한다. 명시적인 방법이든 암묵적인 방법이든 같은 변수를 여러 번 정의해서는 안 된다.

```
var i int  // int 타입 변수 i를 정의
var i int  // 컴파일 오류
```

하지만 연산자 =를 이용하여 변수에 값을 다시 대입하는 것은 아무런 문제가 없다. 변수에 다른 값을 다시 대입할 때에는 = 연산자만 사용하도록 하자.

```
var i int  // int 타입 변수 a를 정의
a=1 // 변수 a에 1을 대입
a=2 // 변수 a에 2를 대입

b:=1 // int 타입 변수 b를 정의하고 1을 대입
b=2 // 변수 b에 2를 대입
```

var를 이용한 암묵적인 정의

다소 변칙적인 방법이지만, 다음과 같은 표현도 가능하다.

```
var a = 1 // int 타입 변수 a에 1을 대입
```

:= 연산자를 사용하는 다음 예제 코드와 비교해 보면 확실히 중복되어 있는 느낌이다.

```
a := 1
```

하지만 다음과 같이 여러 개의 변수를 암묵적인 방법으로 정의하는 경우,

```
// var를 이용하여 여러 변수 정의
var (
```

```
    n = 1
    s = "string"
    b = true
)

// 암묵적인 정의를 이용하여 여러 변수를 정의
n := 1
s := "string"
b := true
```

var를 이용하는 것이 변수를 정의하는 블록을 눈에 띄게 할 수 있기 때문에 보다 바람직한 작성 방법이라고 할 수 있을 것이다. 여러 변수를 한꺼번에 정의할 때에는 가능한 한 var로 정리하는 것을 권한다.

COLUMN 변수 정의 지침

Go 프로그램에서 변수를 정의할 때 명시적인 방법과 암묵적인 방법이 있다는 것을 알게 되었을 것이다. 이 두 방법은 어떻게 구별해서 사용하는 것이 좋을까?

결론부터 말하자면, 가능하다면 자료형을 생략하는 것이 좋다. 일반적으로 정적인 자료형을 사용하는 프로그래밍 언어는 프로그램의 무결성을 확보할 수 있지만, 프로그램 전역에서 복잡한 자료형 지정이 필요하다는 단점 또한 존재한다.

Go는 여러 가지 방법을 통해 명시적인 자료형 지정을 생략할 수 있게 설계되어 있다. 자료형 추론을 적극적으로 활용하여 정적 자료형의 장점을 누리면서 개발 효율을 높이는 것이 바람직한 선택이라고 할 수 있을 것이다.

자세히 알아보기

패키지 변수

Go에서 변수는 정의된 위치에 따라 2가지로 나누어진다. 어떤 함수 안에 정의된 변수는 지역 변수이고, 함수 바깥에 정의된 변수는 패키지 변수가 된다. 지역 변수와 달리 패키지 변수는 문자 그대로 패키지에 속한 변수이다. 다음 프로그램을 보자.

```
package main

import (
    "fmt"
)

/* n은 패키지 변수 */
var n = 100

func main() {
    /* 패키지 변수 n의 값에 1을 더하여 출력 */
    n = n + 1
    fmt.Printf("n=%d\n", n)
}
```

패키지 변수 n은 main 패키지 안의 어디서든 참조할 수 있다. main 함수에서는 함수 내부에서 패키지 변수 n의 값을 참조하여 그 값에 1을 더하여 표준 출력으로 출력한다.

패키지 변수는 지역 변수와 달리 프로그램 전체에서 하나의 값이 공유된다. Go에는 전역 변수가 존재하지 않는다. 하지만 패키지 변수를 프로그램의 다양한 위치에서 참조할 수 있다는 것은 전역 변수와 같은 위험성을 가지고 있다는 것을 의미하므로, 이용에 주의해야 할 것이다.

참조되지 않은 변수

Go는 정의된 변수의 참조 여부를 엄격하게 확인한다. 다음의 예제 코드에서는 3개의 변수 a, b, c를 정의하였지만, 실제로 참조하여 사용된 것은 a뿐이다.

```
funcmain(){
    a:=1
    b:=2 // 참조되지 않음
    c:=3 // 참조되지 않음

    fmt.Println(a) // 변수 a의 값을 출력
```

```
}
```

이 프로그램을 실행하려고 하면 컴파일 오류가 발생한다.

```
$ go run main.go
# command-line-arguments
./main.go:9: b declared and not used
./main.go:10: c declared and not used
```

변수 b와 c에 대해서 각각 정의되었지만 사용되지 않았다는 오류 메시지가 표시된다. 이렇듯 Go의 컴파일러는 정의된 변수에 대해서는 아주 엄격하다. Go 프로그래밍에 익숙해지기 전에는 종종 볼 수 있는 오류이다. 하지만 이렇게 엄격하게 변수를 검사하는 것으로 큰 장점 하나를 얻을 수 있다. 아래의 코드를 한 번 살펴 보자.

```
m, n := 1, 2
fmt.Printf("m=%d,n=%d \n", m, m)
```

위 예제 코드는 변수 m, n을 정의하여 각각의 값을 출력하는 프로그램인데 잘못된 곳이 있다. fmt.Printf 함수에 파라미터로 n을 넣어야 할 곳에 m이 들어가 있다. 다소 쉬운 실수이지만, 프로그래밍을 자주 하는 사람도 의외로 많이 범하는 실수이다. 어떤 프로그래밍 언어는 이러한 문제에 대해서 경고를 보내기도 하지만, 경고가 많아지면 지나치기도 쉬워진다. Go 프로그래밍을 할 때에는 변수 확인을 엄격하게 하는 것에 익숙해질 필요는 있지만, 그렇게 함으로써 범하기 쉬운 실수를 최대한 방지할 수 있다.

3.7 기본 자료형

Go의 기본 자료형

Go는 정적인 자료형을 사용하는 언어이다. 모든 변수는 하나의 자료형에 속하고, 다른 자료형 간의 연산 등 대부분의 문제는 컴파일 과정에서 검출된다. 기본 자료형을 이용하면서 필요에 따라 특별한 자료형을 정의해 나가는 것이 Go 프로그래밍의 핵심이다.

Go에서 기본적으로 제공하는 자료형에 대해서 살펴보도록 하자.

논리값

bool 타입은 논리값을 표현하는 자료형이다. 참을 나타내는 상수 true와 거짓을 나타내는 false 중 하나의 값을 가진다.

```
var b bool // bool 타입 변수 b를 정의
b=true // 변수 b에 true를 대입
```

자료형 추론을 이용하여 변수를 정의하는 것도 물론 가능하다.

```
b : = false // bool 타입의 변수 b를 정의하고 false를 대입
```

수치 자료형

Go에서는 명확하게 정의된 여러 가지의 수치 자료형을 제공한다. 예를 들어 int64 타입은 부호가 있는 64비트 정수를 의미한다. 이렇게 자료형을 명확하게 정의함으로써 C에서 int 타입이 32비트 환경과 64비트 환경에서 나타내는 정수가 변하는 것과 같은 혼란을 줄였다.

하지만 환경에 따라 변화하는 자료형도 기본적으로 정의되어 있고, 이 또한 중요한 요소이기 때문에 환경에 의존하는 것을 완전히 배제하고 있지는 않다.

정수 자료형(정수형)

우선 부호가 있는 정수를 위한 자료형은 표 3.2와 같이 4종류가 있다.

〈표 3.2〉 부호 있는 정수형

자료형	크기	부호	최솟값	최댓값
int8	8비트	있음	-128	127
int16	16비트	있음	-32768	32767
int32	32비트	있음	-2147483648	2147483647
int64	64비트	있음	-9223372036854775808	9223372036854775807

부호가 없는 정수에 대한 자료형도 마찬가지로 8비트에서 64비트까지 총 4종류가 정의되어 있다(표 3.3 참조). 자료형 이름 앞의 u는 unsigned(부호 없음)을 나타낸다. 또한 byte는 uint8 타입의 별명으로서 정의되어 있다. 바이트 단위로 처리하는 프로그램에서는 byte라는 이름을 사용하는 것이 보다 알기 쉬울 것이다.

〈표 3.3〉 부호 없는 정수형

자료형	크기	부호	최솟값	최댓값
uint8	8비트	없음	0	255
uint16	16비트	없음	0	65535
uint32	32비트	없음	0	4294967295
uint64	64비트	없음	0	18446744073709551615

지금까지 명확하게 정의된 정수 자료형들에 대해서 설명하였는데, Go에는 환경에 의존하는 변수도 있다(표 3.4 참조).

〈표 3.4〉 환경에 의존하는 정수 자료형

형태	32비트 환경	64비트 환경	부호
int	32비트	64비트	있음
uint	32비트	64비트	없음
uintptr	?	?	없음

int 및 uint는 환경에 의존하는 정수형 변수이다. 집필 시점(2015년)에 Go는 32비트용 Go와 64비트용 Go의 2종류가 제공되고 있다. 32비트용 Go라면 이들은 32비트 정수를 나타내며, 64비트용 Go라면 64비트 정수를 나타낸다.

uintptr은 특수한 형태로, 포인터 값을 그대로 저장하는 데 충분한 크기의 부호 없는 정수라고 정의되어 있다. 이는 CPU나 OS에 따라 포인터가 사용하는 메모리 주소의 크기가 다양하기 때문에 이러한 방식으로 구현되어 있는 것으로 추정된다.

이러한 환경에 의존하는 정수 자료형을 사용할 때에는 주의사항이 몇 가지 있다.

다음 예제 코드는 변수 n을 정의하여 부호 있는 64비트 정수로 표현 가능한 최대의 정수 값을 대입한 것이다.

```
n := 9223372036854775807 // 부호 있는 64 비트 정수로 표현 가능한 최댓값
```

64비트용 Go에서는 아무런 문제가 없는 코드이지만, 32비트용 Go에서 컴파일하려고 하면 오류가 발생한다. 32비트용 Go에서 int 타입으로 표현할 수 없는 크기의 정수이기 때문이다.

또한, 64비트용 Go에서 int는 64비트의 부호가 있는 정수형이다. 하지만 같은 형태의 데이터를 가지는 int64 타입의 변수의 값도 직접 대입할 수 없다. 표현할 수 있는 범위는 동일하지만 형태가 다르기 때문이다. Go는 암묵적인 자료형 변환을 허용하지 않는다.

```
var (
  n1 int
  n2 int64
)
n1 = 1
n2 = n1 // 컴파일 오류
```

정수 데이터 표현

Go에서 정수를 입력하는 방법은 다음 예제 코드와 같이 3종류가 있다.

```
// 10진수 정수 표현
123
// 8진수 정수 표현
0755
// 16진수 정수 표현
0x0719BEEF
```

0으로 시작하는 정수는 8진수, 0x로 시작하는 정수는 16진수로 인식된다. 16진수 표기에 사용하는 x와 그 뒤의 영문자(a~f)는 대소문자를 따지지 않고, 섞여 있더도 상관없다. 조금 극단적인 예이지만 0XdEaDbEeF라고 써도 16진수 정수로 올바르게 인식된다.

자료형 변환(캐스팅)

Go는 암묵적인 자료형 변환을 허용하지는 않지만 명시적으로는 자료형 변환이 가능하다. 우선 간단한 정수형 변수 정의를 살펴보자.

```
n : = 17 // int 타입 변수 n을 정의하고 17을 대입
```

이 예제 코드에는 한 가지 중요한 사실이 숨어 있다. 정수를 이용하여 암묵적으로 정의된 변수는 자료형이 int 타입으로 정해진다는 것이다. 부호 없는 정수는 이것만으로는 표현할 수 없다. 이것을 자료형 변환으로 해결할 수 있다.

Go에서 자료형 변환을 하기 위해서는 다음과 같이 자료형(값)의 형태로 쓰면 된다.

```
n : = uint (17) // uint 타입의 변수 n을 정의하고 17을 대입
```

```
n:=1 // int 타입
b:=byte(n) // byte 타입으로 변환
i64:=int64(n) // int64 타입으로 변환
u32:=uint32(n) // uint32 타입으로 변환
```

정수 자료형 변환에 의한 문제와 랩어라운드(wrap around)

byte 타입은 uint8 타입의 별명으로 정의되어 있기 때문에, uint8 타입과 마찬가지로 0부터 255 사이의 정수를 표현할 수 있다.

정수형 변수에 표현할 수 없는 범위의 값을 대입하려고 하면 컴파일 오류가 발생한다. 이는 컴파일 시점에서 자료형과 값이 일치하지 않는 것이 확인되기 때문이다.

```
b := byte(256) // 컴파일 오류
```

방법을 살짝 바꾸어 보자. 이번에는 int 타입 변수 n을 만든 다음, byte 타입으로 형 변환을 시도한다.

```
n := 256
b := byte(n) // ?
```

이번에는 컴파일 에러가 발생하지 않았다. 변수 b에는 어떤 값이 들어있을까?

정답은 0이다. 오류가 발생하지 않았기 때문에 정상적으로 동작한 것은 알 수 있지만, 왜 정수 256이 0으로 바뀐 것일까? 이것은 2진수의 비트열을 생각해보면 이해할 수 있다. 8비트 정수는 8자리의 2진수로 표현할 수 있다. 부호 없는 정수라면 10진수와 2진수는 표 3.5와 같이 변환 가능하다. 10진수 255를 2진수로 표현하

면 모든 숫자가 1로 되어있는 것을 볼 수 있다.

〈표 3.5〉 8비트로 표현 가능한 정수의 2 진수 표현

10진수	2진수
0	0000 0000
1	0000 0001
2	0000 0010
3	0000 0011
4	0000 0100
~	~
254	1111 1110
255	1111 1111

정수 255에 1을 더한 256을 2진수로 표현하면 9번째 자리로 자리올림이 발생하고, 뒤의 8자리는 모두 0이 된다. 10진수로 표현하자면 9999에 1을 더하면 만의 자리로 자리올림이 일어나고, 나머지 4자리는 모두 0으로 변하는 것과 같은 이치이다.

```
255 = 0 1111 1111
256 = 1 0000 0000
```

255와 256 사이에서 8비트로 표현이 불가능한 상황이 되었다. 이러한 상태를 오버플로우라고 한다. Go는 오버플로우가 발생한 경우 그 연산 결과를 이처럼 랩어라운드시킨다.[1)]

당연한 이야기지만, 자료형 변환뿐만 아니라 연산에 의해서도 랩어라운드는 발생한다. byte 타입 정수 255에 1을 더하면 연산 결과는 256이 되고, 랩어라운드가 발생하여 결과는 0이 될 것이다.

```
b := byte(255)
b = b + 1 // b == 0
```

1) 랩어라운드 동작에 대한 정확한 표현이 없어 설명하기는 어렵지만, 순환의 의미라고 생각하면 편할 것이다.

그렇다면 음의 정수를 부호 없는 정수로 변환하면 어떻게 될까?

```
n := -1
b := byte(n) // b == 255
```

이와 같이 음의 정수 -1을 byte 타입으로 변환한 결과는 255이다.

부호 있는 정수와 부호 없는 정수의 차이를 생각해 보면, 이 자료형 변환의 결과를 이해하기 쉬울 것이다. Go에서 음의 정수는 2의 보수로 표현된다. 표 3.6과 같이 정수 -1은 부호 없는 정수 255와 동일한 비트열로 표현된다. 정수 -2는 부호 없는 정수 254와 비트열이 같다.

〈표 3.6〉 부호 있는 정수형과 부호 없는 정수형의 표현 차이

진수	부호 있음	부호 없음
-2	1111 1110	---- ----
-1	1111 1111	---- ----
0	0000 0000	0000 0000
1	0000 0001	0000 0001
~	~	~
127	0111 1111	0111 1111
128	---- ----	1000 0000
~	~	~
254	---- ----	1111 1110
255	---- ----	1111 1111

이렇게 살펴보면 부호 있는 정수를 부호 없는 정수로 변환하는 과정은 원래 값의 비트열을 가지고 그대로 부호 없는 정수로 표현하는 것임을 알 수 있다.

byte 타입의 정수에 255를 더한 연산과 -1을 더한 연산은 완전히 같은 결과를 가진다. 따라서 8비트 크기의 수치 표현에서는 부호 있는 -1과 부호 없는 255 사이의 관계와 같이 각각의 절댓값을 더하면 256(2의 8제곱)이 되는 보수 관계가 성립한다.

```
b1 := byte(255)
b2 := b1 + byte(255) // b2 == 254
```

랩어라운드를 해결하기 위한 방법

Go에서는 정수형의 연산에 있어서 오버플로우의 가능성을 고려하여 프로그래밍을 할 필요가 있다. x < x + 1이 항상 참이라고 가정할 수 없다는 것이다.

조금 극단적인 예를 들어보자. uint32 타입이 표현할 수 있는 정수의 최댓값은 대략 43억 미만이므로, 4억 + 40억이라는 연산을 수행하여 결과를 표시해보도록 한다. 랩어라운드에 의해 1억 조금 넘는 값이 결과로 나온 것을 볼 수 있다. 이렇게 버그의 원인이 될 수도 있는 작동을 방지하려면 어떻게 해야 할까?

```
ui_1 := uint32(400000000)
ui_2 := uint32(4000000000)
sum := ui_1 + ui_2
fmt.Printf("%d + %d = %d \n", ui_1, ui_2, sum)
// => "400000000 + 4000000000 == 105032704"
```

Go의 표준 패키지 중 하나인 math 패키지는 주로 수학에 관련된 기능을 포함하고 있고, 환경과 상관없이 각 정수의 최솟값과 최댓값과 같은 상수들이 정의되어 있다. import를 이용해 패키지를 추가하면 이 상수를 확인해볼 수 있다.

```
package main

import (
  "fmt"
  "math"
)

func main() {
  fmt.Printf("uint32 max value = %d\n", math.MaxUint32)
}
/* 출력 결과 */
unit32 max value = 4294967295
```

예제 코드를 실행하면 uint32 타입의 최댓값이 "4294967295"인 것을 알 수 있다.

```
MaxInt8 = 1<<7 - 1
MinInt8 = -1 << 7
MaxInt16 = 1<<15 - 1
MinInt16 = -1 << 15
```

```
MaxInt32 = 1<<31 - 1
MinInt32 = -1 << 31
MaxInt64 = 1<<63 - 1
MinInt64 = -1 << 63
MaxUint8 = 1<<8 - 1
MaxUint16 = 1<<16 - 1
MaxUint32 = 1<<32 - 1
MaxUint64 = 1<<64 - 1
```

math 패키지에 정의된 이러한 상수들을 이용하면 정수형 변수의 오버플로우에 대해 효과적으로 대처할 수 있다.

다음 예제 코드와 같이 정수형 변수의 연산을 하기 전에 오버플로우가 발생할 가능성을 확인하게 하면, 랩어라운드로 인해 발생하는 문제를 방지하면서 프로그램을 만들 수 있다.

```
func doSomething(a, b uint32) bool {
  if (math.MaxUint32 - a) < b {
    // 오버플로우가 발생하므로 false
    return false
  } else {
  // 오버플로우 문제 없음
    sum := a + b
     (중략)
    return true
  }
}
```

COLUMN 환경에 의존하는 정수형 변수

Go에서 제공하는 정수 자료형을 보면서 왜 환경에 의존하는 정수형 변수가 있는지 의문을 가진 독자들이 많을 것이다.

환경에 의존하지 않는 정수 자료형을 다양하게 정의하고 있음에도 불구하고, i:=1과 같은 간단한 관용구로 정의된 변수는 무조건 int 타입으로 취급해 버린다. Java에서는 int 타입은 부호 있는 32비트 정수, long 타입은 부호 있는 64비트 정수와 같이 기본 자료형을 자세히 규정하고 있기 때문에 환경에 의존하는 요소는 존재하지 않는다. Go는 어째서 환경에 의존한 자료형과 기본 자료형을 같이 사용하는 것일까?

가장 큰 이유는 실행 성능의 향상일 것이다. 32비트 CPU를 이용하여 가장 효율적으로 계산할 수 있는 수는 32비트 정수까지이며, 64비트 정수를 계산할 때에는 계산 성능이 저하되는 것이 일반적이다. 64비트 CPU라면 64비트 정수를 계산할 때 연산 속도가 떨어지지 않는다. 이렇듯 CPU와 OS에 따라 가장 효율적으로 연산 가능한 정수 크기의 한계는 다르다. 프로그램이 실행되는 플랫폼에서 가장 효율적으로 계산할 수 있는 유연한 int 타입을 자연스럽게 많이 이용하게 함으로써 각 플랫폼의 능력을 최대한 끌어올릴 수 있게 설계되어 있는 것이 아닐까.

물론 환경에 의존하는 정수형 변수를 너무 많이 사용하면 그것대로 문제가 생길 수 있다. 오버플로우가 발생할 수 있는 곳에서는 명시적으로 정의된 자료형을 사용하여 의도와 다른 동작을 방지하는 것이 중요하다. 환경에 의존하는 정수 자료형의 장점과 단점을 잘 파악하여 효율적이고 안전한 Go 프로그래밍을 해보도록 하자.

실수 자료형(실수형, 부동소수점형)

Go에는 크기가 다른 2종류의 실수 자료형이 정의되어 있다.

〈표 3.7〉 Go에서 제공하는 실수 자료형

자료형	내용	Java / C #에서 지원하는 기본 형식
float32	IEEE-754 32 비트 부동 소수점	float
float64	IEEE-754 64 비트 부동 소수점	double

float32와 float64는 각각 단정도(Single-precision) 부동소수점형 실수, 배정도(Double-precision) 부동소수점형 실수를 저장하기 위한 기본 자료형이다. Java 및 C# 등과 마찬가지로 IEEE 754 표준을 따르고 있다. 그리고 앞에서 잠시 살펴본 math 패키지에는 실수 자료형에 대해서도 표현 가능한 수치의 범위를 나타내는 상

수가 포함되어 있다.

```
MaxFloat32        = 3.40282346638528859811704183484516925440e+38
          // 2**127 * (2**24 - 1) / 2**23
SmallestNonzeroFloat32 = 1.401298464324817070923729583289916131280e-45
          // 1 / 2**(127 - 1 + 23)

MaxFloat64        = 1.797693134862315708145274237317043567981e+308
          // 2**1023 * (2**53 - 1) / 2**52
SmallestNonzeroFloat64= = 4.940656458412465441765687928682213723651e-324
          // 1 / 2**(1023 - 1 + 52)
```

암묵적으로 정수형 변수를 정의하면 int 타입이 되지만, 실수는 float64 타입이 된다. 이는 32비트용 Go든 64비트용 Go든 똑같이 작동한다. float32 타입 값을 얻기 위해서는 다음과 같이 명시적 자료형 변환이 필요하다.

```
i:=1 // int 타입
f64:=1.0 // float64 타입
f32:=float32(1.0) // float32 타입
```

실수형의 변수는 임의의 실수를 저장하는 자료형이지만 연산이 불가능한 특수한 값을 가지고 있는 경우도 있다. 다음 예제 코드와 같이 1.0을 0.0으로 나누는 경우 +Inf(양의 무한대), -1.0을 0.0으로 나누면 -Inf(음의 무한대), 0.0을 0.0으로 나누면 NaN(Not A Number, 수학적으로 표현할 수 없음) 이라는 값을 얻을 수 있다.

```
zero:=0.0
pinf:=1.0/zero // +Inf: 양의 무한대
ninf:=-1.0/zero // -Inf: 음의 무한대
nan:=zero/zero // NaN: Not A Number
```

실수 데이터의 표현

다음의 예시는 Go의 공식 홈페이지에서 발췌한 실수의 입력 방법들이다. 소수점으로 구별된 숫자를 입력하면 실수 값을 입력할 수 있다. 임의의 수 뒤에 e(E도 가능)를 붙여 지수를 표현하는 것도 가능하다.

```
0.
```

```
72.40
072.40 // == 72.40
2.71828
1.e+0
6.67428e-11
1E6
.25
.12345E+5
```

e 뒤의 정수는 10을 기수로 한 지수를 나타낸다. 지수가 2이면 10의 제곱이 되어 1.0 × 100이 되어 100이 된다. 지수가 -2라면 10의 마이너스 제곱이 된다.

```
1.0e2 // == 100
1.0e+2 // == 100
1.0e-2 // == 0.01
```

실수 자료형의 정밀도

실수 자료형은 폭넓은 수치를 다룰 수 있는 편리한 자료형이지만 표현할 수 있는 수치의 정확성에 대해 알아둘 필요가 있다.

아래는 소수점 이하의 폭이 큰 실수 1.0000000000000000을 0.0000000000000001씩 늘려서 값을 표시하는 단순한 프로그램이다.

```
package main

import "fmt"

func main() {
  fmt.Printf("value = %v \n", 1.0000000000000000)
  fmt.Printf("value = %v \n", 1.0000000000000001)
  fmt.Printf("value = %v \n", 1.0000000000000002)
  fmt.Printf("value = %v \n", 1.0000000000000003)
  fmt.Printf("value = %v \n", 1.0000000000000004)
  fmt.Printf("value = %v \n", 1.0000000000000005)
  fmt.Printf("value = %v \n", 1.0000000000000006)
  fmt.Printf("value = %v \n", 1.0000000000000007)
  fmt.Printf("value = %v \n", 1.0000000000000008)
  fmt.Printf("value = %v \n", 1.0000000000000009)
}
```

출력 결과는 다음과 같다.

```
value = 1
value = 1
value = 1.0000000000000002
value = 1.0000000000000002
value = 1.0000000000000004
value = 1.0000000000000004
value = 1.0000000000000007
value = 1.0000000000000007
value = 1.0000000000000009
value = 1.0000000000000009
```

1.0000000000000001은 1이 되고, 1.0000000000000003은 1.0000000000000002로 바뀐 것을 볼 수 있다.

실수 자료형은 그 자료형이 가지는 정밀도의 한계를 넘는 값을 저장하려고 하면 정밀도에 맞게 반올림될 수 있다. float64 타입이라면 64비트로 표현할 수 있는 실수형 값으로 자동으로 대체된다.

이전 예제 코드를 수정하여 같은 숫자를 모두 float32 타입으로 변환하면 어떤 결과가 나올까?

```
fmt.Printf("value = %v \n", float32(1.0000000000000000))
fmt.Printf("value = %v \n", float32(1.0000000000000001))
fmt.Printf("value = %v \n", float32(1.0000000000000002))
fmt.Printf("value = %v \n", float32(1.0000000000000003))
fmt.Printf("value = %v \n", float32(1.0000000000000004))
fmt.Printf("value = %v \n", float32(1.0000000000000005))
fmt.Printf("value = %v \n", float32(1.0000000000000006))
fmt.Printf("value = %v \n", float32(1.0000000000000007))
fmt.Printf("value = %v \n", float32(1.0000000000000008))
fmt.Printf("value = %v \n", float32(1.0000000000000009))
```

```
value = 1
value = 1
value = 1
value = 1
value = 1
value = 1
```

```
value = 1
value = 1
value = 1
value = 1
```

float64 타입으로도 표현이 불가능한 숫자들을 더 정밀도가 낮은 float32 타입으로 표현하려고 했기 때문에, 당연하지만 모두 1로 값이 바뀌어버렸다. 실수 자료형의 정밀도를 고려하지 않으면 이렇게 의도하지 않은 결과를 얻을 수 있다.

다음 예제 코드에서 볼 수 있듯이 float32 타입의 정밀도는 float64 타입의 대략 절반 정도인 것을 알 수 있다. 실수형 변수를 사용할 때에는 표현할 수 있는 값의 정밀도를 고려할 필요가 있다.

```
float32(1.0) / float32(3.0) // == 0.33333334
float64(1.0) / float64(3.0) // == 0.3333333333333333
```

실수에서 정수로 변환

실수형 변수에서 정수형 변수로 자료형을 변환할 수 있다. 이 때 실수형 변수의 값 중 소수 부분은 0으로 처리된다.

```
f := 3.14
n := int(f) // n == 3
```

음의 실수를 변환한 경우에도 소수 부분은 0으로 처리된다.

```
f := -3.14
n := int(f) // n == -3
```

COLUMN float32 타입과 float64 타입 비교

Go에서 사용할 수 있는 실수 자료형에는 단정도 부동소수점형(float32)과 배정도 부동소수점형(float64)이 있다. 이 두 가지 자료형은 어떻게 구분해서 사용해야 할까?

결론부터 말하자면 float32 타입은 사용하지 않는 것이 좋다. 실수형 변수를

암묵적으로 정의할 때 float64 타입으로 지정되는 것으로 알 수 있듯이, Go는 자연스럽게 float64 타입을 사용하도록 설계되어 있다.

예전에는 연산 비용이 큰 배정도 부동소수점의 사용을 최대한 자제하고 단정도 부동소수점을 사용하는 것이 상식이었다. 하지만 CPU가 진화한 현재에는 큰 의미가 없는 생각일지도 모른다. 굳이 정밀도가 낮은 float32 타입을 사용한다고 해도 프로그램이 빨라지지도 않는다. 명확한 의도가 없다면 가능한 높은 정밀도를 가지는 실수 자료형을 사용하는 것이 좋다.

그러나 메모리 사용의 효율이라는 관점에서 본다면 float32 타입도 선택할 이유가 있다. float32 타입과 float64 타입은 자료형의 이름에서 볼 수 있듯이 메모리를 차지하는 크기가 2배 차이난다. 정확도가 다소 떨어지더라도 많은 실수값들을 계산하고 메모리도 절약하는 프로그램을 만들려고 한다면 float32 타입을 선택하는 것이 최선의 선택일지도 모른다.

복소수 자료형

Go는 복소수를 위한 자료형도 기본으로 제공한다. 복소수는 허수단위 i를 이용하여 a + bi의 형태로 표현된다. a와 b는 임의의 실수가 들어가고 a를 실수부, b를 허수부라고 표현한다.

복소수 자료형은 complex64 타입과 complex128 타입 두 가지가 있다(표 3.8). 이들은 복소수의 실수부와 허수부의 부동소수점 정밀도에 따라 구분되어 있다.

〈표 3.8〉 Go의 복소수 자료형

자료형	실수부	허수부
complex64	float32	float32
complex128	float64	float64

복소수형의 암묵적인 변수 정의에 대한 예제 코드이다. 복소수의 형태에서 +기호는 표현의 일부이지 연산자가 아니라는 것에 유의하자.

```
c := 1.0 + 3i // complex128 타입 변수 c를 정의하고 1.0 + 3i를 대입
```

또한 미리 정의된 complex 함수를 이용하여 복소수 값을 생성할 수도 있다. 실수 값의 파라미터 2개를 받아 각각 실수부와 허수부에 대입한 복소수 값을 리턴한다.

```
c := complex(1.0, 3) // c == 1.0 + 3i
```

복소수 데이터 표현

다음은 Go의 공식 홈페이지에서 발췌한 복소수 표현의 예시이다. 복소수의 실수부, 허수부 모두 실수와 같은 형식으로 표현할 수 있다.

```
0i
011i // == 11i
0.i
2.71828i
1.e+0i
6.67428e-11i
1E6i
.25i
.12345E+5i
```

복소수의 실수부와 허수부

Go에는 복소수에서 실수부의 값을 얻기 위한 real 함수와 허수부의 값을 얻기 위한 imag가 정의되어 있다. 각각의 함수는 복소수 파라미터를 받아 복소수의 실수부와 허수부를 실수 형태로 리턴한다.

```
c := 1.3 + 4.2i

real(c) // == 1.3
imag(c) // == 4.2
```

룬(rune)형

Go에는 룬(Rune)이라는 생소한 기본 자료형이 존재한다. 자료형의 이름은 rune이다. 이 자료형은 Go에서 문자를 표현하는 자료형이다. 보다 정확하게는 유니코드(Unicode)의 코드 포인트를 나타내는 특수한 정수 자료형이다. rune은 int32 타입의 별명으로 정의되어 있기 때문에 rune 타입의 값은 부호 있는 32비트 정수와 같다.

```
r := '松'
fmt.Printf("%v", r) // => "26494"
```

룬 데이터는 작은 따옴표(' ')로 둘러싸인 유니코드 문자로 구성된다. 이렇게 출력을 시켜보면 내용이 단순한 정수로 되어 있다는 것을 알 수 있다. 한자 '松'(소나무 송) 은 유니코드 포인트로 표현하면 26494(16진수로는 677E)이므로, 그 값이 정수로 나온 것이다.

다음은 Go 공식 홈페이지에서 발췌한 룬 데이터 표기 방법의 예시이다.

```
'a'
'ä'
'本{'
'\t'
'\000'
'\007'
'\377'
'\x07'
'\xff'
\u12e4'
'\U00101234'
'aa'    // 오류: 문자가 너무 많음
'\xa'   // 오류: 16진수의 자리수가 부족
'\0'    // 오류: 8진수의 자리수가 부족
'\uDFFF'    // 오류: 서로게이트 쌍이 누락됨
'\U00110000' // 오류: 올바른 유니코드 코드 포인트가 아님
```

역슬래시(\)로 시작하는 접두사를 추가하여 유니코드 문자를 문자 자체가 아닌 코드로 표현할 수도 있다(표 3.9 참조). 작은 유니코드 코드 포인트는 16비트 이내에서 표현할 수 있는 유니코드 포인트를 의미하고, 큰 유니코드 코드 포인트는 17비트 이상으로 표현할 수 있는 유니코드 코드 포인트를 의미한다. 모든 유니코드 코드 포인트를 8자리의 16진수로 표현하면 한 가지 모양으로 통일시킬 수 있지만 코드가 복잡해지기 때문에 나누어 놓은 것으로 보인다.

〈표 3.9〉 룬 데이터에서 사용하는 접두사

접두사	서식	예시
\	3자리 8진수	'A' == '\101'
\x	2자리 16진수	'A' == '\x41'
\u	4자리 16진수(작은 유니코드 코드 포인트)	'松' == '\u677E'
\U	8자리 16진수(큰 유니코드 코드 포인트)	'𩣆' == '\U000298C6'

또한 프로그램의 문자열 표현으로 자주 이용되는 이스케이프 문자도 지원한다.

```
\a  U+0007벨
\b  U+0008백스페이스
\f  U+000C피드
\n  U+000A개행,줄바꿈(LF)
\r  U+000D개행,줄바꿈(CR)
\t  U+0009수평탭
\v  U+000b수직탭
\\  U+005c역슬래시
\'  U+0027작은따옴표(rune 타입 데이터)
\"  U+0022큰따옴표(문자열 데이터)
```

\'은 룬 데이터에서만 사용할 수 있고, \"는 문자열 데이터에서만 사용할 수 있는 기능이다. 이 두 가지 이외의 것들은 룬, 문자열 데이터 모두에서 사용 가능하다.

COLUMN 유니코드와 서로게이트 쌍

유니코드는 원래 16비트로 표현할 수 있는 0~65535의 범위 내에 모든 문자 종류를 포함시키려고 하였다. 하지만 이 계획은 시간이 흐르면서 실현할 수 없게 되었고, 결국은 유니코드 문자 집합의 범위를 16비트 이상으로 늘리게 되었다. Go의 룬(rune) 자료형이 32비트의 정수로 문자를 나타내는 것은 계속 커지고 있는 유니코드 내의 문자 집합을 어떻게 프로그램에서 다룰 것인가에 대한 하나의 해답이 될 수 있다.

최근에 가장 많이 이용되고 있는 프로그래밍 언어 중 하나인 Java는 1995

년에 등장했다. 당시 Java는 가상머신에 의한 멀티 플랫폼, 가비지 컬렉팅 등의 기능을 가지고 있는 고급 프로그래밍 언어였다. 특히 Java 프로그램이 유니코드로 작성되고, 문자의 내부 표현을 UTF-16로 한다는 것은 놀라운 일이었다. 다국어 환경이 당연시되는 지금이라면 그리 놀라운 일이 아니지만, 문자열의 기반이 되는 char형의 크기를 16비트로 정의한 것은 당시 PC의 처리 성능을 고려할 때 결코 쉬운 일이 아니었다. 이렇게 다국어 환경과 국제화의 중요성을 의식한 Java가 웹 서비스나 기업 시스템에서 널리 이용된 것은 우연이 아닐 것이다.

하지만 시간이 흐르면서 문제가 발생하였다. 집필 시점인 2015년 현재 Java의 최신 버전인 Java 8은 유니코드 6.2버전을 지원한다. 유니코드 6.2버전에 포함되어 있는 문자의 수는 약 11만 개로 Java의 char형으로 표현할 수 있는 범위를 크게 넘어서 버렸다. 이러한 문제를 해결하기 위한 방법 중 하나가 서로게이트 쌍이라고 불리는 16비트 이상의 코드 포인트를 이용하는 것이다. 그 결과 Java의 char형은 문자를 나타내는 단위로는 약간 어중간한 위치가 되고 말았다. rune 타입 데이터의 예시에서 사용된 𩸽라는 문자를 Java에서 자주 사용하는 String#length 함수에 넣으면 2라는 값을 얻을 수 있다. 단순하게 char형 배열의 크기를 구하기만 하면 별 문제없이 문자열의 길이를 구할 수 있었던 Java의 설계 상 장점이 유니코드를 받아들이게 되면서 사라져버린 것이다.

이것은 Java의 설계에 결함이 있었기 때문이 아니다. 어찌 보면 이것은 20년이라는 긴 세월에 걸쳐 널리 이용되고 있는 프로그래밍 언어로서의 숙명이라고도 할 수 있을 것이다. 애초에 1995년에 프로그래밍 언어의 문자 자료형을 32비트로 설계한다는 것은 있을 수 없는 일이었다. 2009년에 발표된, 그나마 젊은 언어인 Go에서는 (아마도 char라는 역사적 명칭을 일부러 사용하지 않은 것 같다) 32비트 크기를 가지는 룬 데이터를 정의하였다.

물론 모든 유니코드 코드 포인트를 하나의 형태로 표현하는 방식이 장점만 있는 것은 아니다. 문자라는 단위를 취급하기 위한 메모리의 크기는 계속 증가하고 있고, 모든 프로그램이 11만 개의 코드 포인트를 다뤄야 할 필요는 없다. Go의 이러한 방식이 장점이 될지 단점이 될지는 시간에 흐름에 따라 차차 밝혀질 것이다.

문자열

Go의 문자열 자료형은 string 타입이다. 큰따옴표(" ")를 이용하여 문자열 데이터를 정의할 수 있다.

```
s:="Go 문자열"
fmt.Printf("%v",s) // =>"Go 문자열"
```

다음은 Go 공식 홈페이지에서 발췌한 문자열 데이터를 정의하는 방법들에 대한 예시이다. 역슬래시가 들어간 특수 문자의 표현 방법은 룬 데이터와 거의 같기 때문에, 자세한 내용은 생략한다.

```
"\n"
""
"Hello,world!\n"
"한글"
"\u65e5本\U00008a9e"
"\xff\u00FF"
"\uD800"       // 오류 : 서로 게이트 쌍이 누락됨
"\U00110000"  // 오류 : 올바른 유니코드 코드 포인트가 아님
```

RAW 문자열 데이터의 표현

Go에는 큰따옴표 이외에도 문자열 데이터를 표현할 수 있는 방법이 있다. 다음과 같이 역따옴표(``)로 둘러싼 범위 안의 문자열을 RAW 문자열 데이터라고 한다. RAW 문자열 데이터는 개행 문자를 유지하기 때문에 여러 줄에 걸친 문자열을 그대로 표현할 수 있다.

```
s:=`
Go의
RAW 문자열 데이터
여러 줄에 걸친
문자열
`
fmt.Printf("%v",s)
```

그뿐만이 아니다. 다음은 Go 공식 홈페이지에서 발췌한 RAW 문자열 데이터의 표현 방법에 대한 예시이다. 일반 문자열 데이터에서 \n은 개행을 의미하지만 RAW

문자열 데이터에서는 문자 그대로 \와 n이라는 두 글자로 처리된다. 포함된 문자에 대해 아무 처리도 하지 않기 때문에 RAW라는 이름이 붙은 것이라고 생각하면 이해하기 쉬울 것이다.

```
`abc` // "abc"와 같음
'\n
\n' // "\\n\n\\n"와 같음
```

3.8 배열

Go의 기본 자료형에 이어 지금부터는 기본 자료형을 응용한 배열에 대해 알아보자.

배열의 정의

다음 예제 코드에서는 크기가 5인 int 배열을 정의하고 있다.

```
a := [5]int{1, 2, 3, 4, 5}
fmt.Printf("%v", a) // => "[1, 2, 3, 4, 5]"
```

다른 프로그래밍 언어에서 배열 선언을 해봤다면 조금 이상하게 보이겠지만 자료형 의 이름이 [5]int이다. 자료형 이름 뒤의 {} 블록 안에 초깃값을 줄 수 있다.

배열의 요소를 참조하기 위해서는 [n]의 형태로 정수 형태의 인덱스를 지정하면 된다. 인덱스는 0부터 시작하므로 예제 코드에서 인덱스는 0~4 범위 내에 있다. 또한 인덱스에 음의 정수를 넣으면 오류가 발생한다.

```
a := [5]int{1, 2, 3, 4, 5}
a[0] // 1
a[1] // 2
a[2] // 3
a[3] // 4
a[4] // 5
a[5] // 오류:인덱스가 범위를 초과함
a[-1] // 오류:음수 인덱스는 허용되지 않음
```

중괄호로 둘러싸인 블록에 들어가는 초깃값들은 꼭 정의한 배열의 크기와 같을 필요는 없다. 다음 예제 코드와 같이 초깃값의 개수가 배열의 크기보다 작을 경우 나머지 요소의 값은 0으로 주어진다. 그러나 초깃값의 개수가 배열의 크기보다 클 경우에는 컴파일 오류가 발생한다.

```
a := [5]int{}          // a == [0, 0, 0, 0, 0]
a := [5]int{1, 2, 3} // a == [1, 2, 3, 0, 0]
a : = [5] int {1, 2, 3, 4, 5, 6} // 오류 : 배열의 크기보다 큼
```

int 타입 배열은 초깃값을 별도로 지정하지 않으면 0으로 주어진다. 명시적으로 정의한 경우와 초깃값 없이 암묵적으로 정의한 경우 모두 동일한 결과가 나오는 것을 확인할 수 있다.

```
var a [5]int // a == [0, 0, 0, 0, 0]
a := [5]int{} // a == [0, 0, 0, 0, 0]
```

Go에서는 정의된 모든 자료형에 대해 배열을 만들 수 있다. 또한 명시적으로 초깃값을 지정하지 않은 경우 각 자료형에서 0의 의미를 나타내는 값으로 초기화된다. bool 타입의 초깃값은 false, string 타입의 기본값은 " "(빈 문자열)이다.

```
ia := [3]int{}          // ia == [0, 0, 0]
ua := [3]uint{}         // ua == [0, 0, 0]
ba := [3]bool{}         // ba == [false, false, false]
fa := [3]float64{}      // fa == [0, 0, 0]
ca := [3]complex128{} // ca == [(0+0i), (0+0i), (0+0i)]
ra := [3]rune{}         // ra == [0, 0, 0]
sa := [3]string{}       // sa == ["", "", ""]
```

또한 정의할 의미가 없을지도 모르지만 다음과 같이 크기가 0인 배열도 정의할 수 있다.

```
a := [0]int{}
```

배열 크기의 생략

Go에서는 배열의 크기를 명시적으로 정의하지 않고 다음과 같이 ...으로 대체하여 생략할 수도 있다. 이 경우 초깃값의 개수가 배열의 크기가 된다. 하지만 자료형 이름이 [...]int가 되는 것은 아니다.

```
a1 := [...]int {1, 2, 3 }        // a1 == [3]int {1, 2, 3 }
a2 := [...]int {1, 2, 3, 4, 5 }  // a2 == [5]int {1, 2, 3, 4, 5 }
a3 := [...]int { }               // a3 == [0]int { }
```

배열에 값 대입하기

a [n] = v의 형식으로 배열의 요소에 값을 대입할 수 있다.

```
a1 := [...]int{1, 2, 3} // a == [1, 2, 3]
a[0] = 0
a[2] = 0
fmt.Printf("%v", a) // => "[0, 2, 0]"
```

요소의 자료형에 맞지 않는 값을 대입하면 컴파일 오류가 발생한다.

```
a := [...]int8{1, 2, 3}
A[0] = 256 // 오류 : int8에서 다룰 수 없는 정수
```

배열의 호환성

다음 예제 코드와 같이 요소의 자료형이 같더라도 크기가 다른 배열 간의 대입은 오류가 발생한다. 크기 차이만으로도 다른 배열로 취급되기 때문이다.

```
var (
   a1 [3]int
   a2 [5]int
)
a1 = a2 // 오류 : 크기가 같지 않은 대입식
```

당연한 이야기지만 크기가 같아도 자료형이 다르면 마찬가지로 다른 배열로 취

급되기 때문에 대입할 수 없다.

```
var (
   a1 [5]int
   a2 [5]uint
)
a1 = a2 // 오류 : 자료형이 같지 않은 대입식
```

크기와 자료형이 같은 배열끼리라면 서로 대입이 가능하다.

그러나 배열끼리의 대입에서는 주의해야 할 사항이 있다. 배열 대입에서는 모든 요소를 복사하게 된다. 다음 예제 코드에서 볼 수 있듯이 변수 a1과 a2가 가리키는 각각의 배열은 메모리 상에서 서로 다른 곳에 그대로 남아 있다. a1의 요소를 바꾸어도 a2에는 변화가 생기지 않는 것이다.

```
a1 := [3]int {1, 2, 3 }
a2 := [3]int {4, 5, 6 }

a1=a2 // a1에 a2를 대입

fmt.Printf("%v\n",a1) // =>"[4,5,6]" a1와 a2의 값은 같다

a1[0] = 0
a1[2] = 0

fmt.Printf("%v \n", a1) // => "[0, 5, 0]"
fmt.Printf("%v \n", a2) // => "[4, 5, 6]"
```

배열의 확장

지금까지 배열에 대해 살펴보면서 한 가지 의문이 생기지 않았는가? 배열에 공간이 부족해서 확장을 하려면 어떻게 해야 하는 것일까? Go의 배열은 크기까지 자료형에 포함되는 엄격한 자료형이다. 만약에 [5]int 배열을 확장할 수 있다고 하면 프로그램 중간에 [5]int 타입이었다가 [10]int 타입으로 바뀌거나 할 수 있고, 이는 잘 짜여진 자료형 시스템에는 도움이 되지 않을 것이다.

결론부터 말하자면 Go에서 배열의 확장이나 축소는 불가능하다. 크기는 정의할 때 고정된다. 그렇다면 가변 배열처럼 유연한 자료구조를 이용하려면 어떻게 해야

할까?

Go에서는 슬라이스(Slice)라는 자료구조가 가변배열과 같은 형태를 가지고 있다. 슬라이스에 대해서는 4장에 자세히 설명하겠지만, 배열과 유사한 점이 많은 특수한 자료구조이다. 배열과 슬라이스의 차이를 명확하게 알기 위해서라도, 이번 장에서 배열에 대해서 확실히 파악하고 넘어가도록 하자.

3.9 interface{}와 nil

이제 자료형 정의 뒤에 붙어있는 interface{}에 대해서 알아보자. 약간 이상하게 생겼지만 interface{}는 {} 부분도 포함된 하나의 자료형이다.

interface{} 타입은 Go의 모든 자료형과 호환되는 특수한 자료형이다. 지금까지 살펴본 int, float64, string 타입 등 모든 자료형과 호환 가능하다. 완벽하게 같지는 않지만 C의 범용 포인터나 Java와 C#에서 볼 수 있는 Object 클래스 등과 유사하다고 생각하면 될 것이다.

interface{} 타입은 일반적인 변수와 유사한 방법으로 정의할 수 있다. var을 이용하여 변수를 정의할 때, 예를 들어서 int 타입의 변수라면 초깃값은 0이 되겠지만, interface{} 타입의 초깃값은 무엇일까?

```
var x interface{}
fmt.Printf("%#v", x) // => "<nil>"
```

출력을 해보면 〈nil〉이라는 값이 나오는 것을 볼 수 있다. nil은 Go에서 구체적인 값이 없는 상태를 나타내는 특수한 값이다. Java나 C#에서의 null을 떠올리면 될 것이다.[2)]

모든 자료형과 호환 가능한 interface{} 타입을 이용하면 다음 예제 코드와 같이 여러 가지 형태의 값을 자유롭게 대입할 수 있다.

```
var x interface{}
```

2) nil이라는 이름은 Lisp에서 온 것으로, 원래는 거짓인 값을 의미한다. Ruby에서는 nil이 거짓을 나타내는 특수한 객체로 정의되어 있다.

```
x = 1
x = 3.14
x = '산'
x = "문자열"
x = [...]uint8{1, 2, 3, 4, 5 }
```

이처럼 interface{} 타입에는 여러 가지 형태의 값을 대입할 수 있지만, 일단 interface{} 타입의 변수에 값을 대입하고 나면 다음의 예시처럼 정수끼리의 덧셈 등 기본 자료형에서 사용할 수 있는 연산도 사용할 수 없게 된다. interface{} 타입은 어디까지나 모든 형태의 값을 표현할 수 있는 수단일 뿐이지 연산의 대상으로는 사용할 수 없다는 점을 기억하도록 하자.

```
var x, y interface{}
x, y = 1, 2
z := x + y // 오류 : 연산 불가
```

interface{} 타입이 대체 무엇을 위해 있는 것인지 지금 당장은 이해할 수 없겠지만, interface{} 타입은 Go의 유연성을 보장하는 아주 중요한 기능을 수행한다. 자세한 설명은 다음 장에서 하기로 하고, 여기에서는 다음과 같은 두 가지 특징에 대해서 알아두자.

- 모든 자료형과 호환 가능
- nil이라는 특수한 초깃값을 가짐

3.10 연산자

연산자의 종류

Go에서 사용할 수 있는 연산자를 표 3.10에 나타내었다.

〈표 3.10〉 Go의 연산자

종류	연산자
산술	+ - * / % & | ^ &^ << >>
비교	= = != < <= > >=
논리	|| &&
단항	+ - ! ^ * & <-

연산자의 우선순위는 표 3.11과 같다. 숫자가 클수록 우선순위가 높다.

〈표 3.11〉 Go의 연산자 우선순위

종류	연산자
5	* / % << >> & &^
4	+ - | ^
3	== != < <= > >=
2	&&
1	||

산술 연산자

산술 연산자 중 사칙 연산자(+, -, *, /)는 정수, 실수, 복소수에서 모두 사용할 수 있다. 하지만 나머지 연산자는 정수만 사용할 수 있다.

〈표 3.12〉 Go의 산술 연산자

산술 연산자	의미	사용 가능한 자료형
+	합	정수, 실수, 복소수, 문자열
-	차	정수, 실수, 복소수
*	곱	정수, 실수, 복소수
/	몫	정수, 실수, 복소수
%	나머지	정수
&	논리곱(AND)	정수
|	논리합(OR)	정수
^	배타적 논리합(XOR)	정수
&^	비트 클리어	정수
<<	왼쪽 비트 시프트	정수
>>	오른쪽 비트 시프트	정수

+의 경우 산술 연산자로 분류되어 있긴 하지만 문자열의 결합에 사용할 수도 있다.

```
s := "Taro" + " " + "Yamada"
fmt.Printf("%v", s) // => "Taro Yamada"
```

다음 예시와 같이 일반적인 프로그래밍 언어처럼 산술 연산을 할 수 있지만, 몫과 나머지에 대해서는 표 3.13과 같은 규칙이 있으므로 유의하도록 하자.

```
4 + 2 // 합 : 6
14 - 7 // 차 : 7
3 * 7 // 곱 : 21
12 / 4 // 몫 : 3
5 % 2 // 나머지 : 3
```

〈표 3.13〉 Go의 몫과 나머지

x	y	x/y	x%y
5	3	1	2
-5	3	-1	-2
5	-3	-1	2
-5	-3	1	-2

몫의 값이 0을 기준으로 반올림되는 것에 주의하도록 하자.

논리곱(AND)

논리곱(&)은 두 정수의 각 비트를 비교하여 모두 1이면 1, 그렇지 않으면 0이 되는 비트 연산을 수행한다(그림 3.1).

```
n := 165 & 155 // n == 129
```

	10진수	2진수
	165	1010 0101
AND	155	1001 1011
	129	**1000 0001**

[그림 3.1] 논리곱 예시

표 3.14에 각 비트 사이의 논리곱 관계를 나타내었다.

〈표 3.14〉 논리곱에 의한 비트 연산 결과

x	y	x AND y
0	0	0
1	0	0
0	1	0
1	1	1

논리합(OR)

논리합(|)은 두 정수의 각 비트를 비교하여 둘 중의 하나라도 1이면 1, 모두 0일 경우에만 0이 되는 비트 연산을 수행한다(그림 3.2).

```
n := 197 | 169 // n == 237
```

	10진수	2진수
	197	1100 0101
OR	169	1010 1001
	237	**1110 1101**

[그림 3.2] 논리합 예시

표 3.15는 각 비트 사이의 논리합 관계를 나타낸 것이다.

〈표 3.15〉 논리합에 의한 비트 연산 결과

x	y	x OR y
0	0	0
1	0	1
0	1	1
1	1	1

배타적 논리합(XOR)

배타적 논리합(^)은 두 정수의 각 비트를 비교하여 어느 한 쪽이 1일 경우에만 1, 그렇지 않으면 0이 되는 비트 연산을 수행한다(그림 3.3).

```
n := 92 ^ 137 // n == 213
```

	10진수	2진수
	92	0101 1100
XOR	137	1000 1001
	213	**1101 0101**

[그림 3.3] 배타적 논리합 예시

각 비트 사이의 배타적 논리합 관계는 표 3.16과 같다.

〈표 3.16〉 배타적 논리합에 의한 비트 연산 결과

x	y	x XOR y
0	0	0
1	0	1
0	1	1
1	1	0

비트 클리어(AND NOT)

비트 클리어(&^)는 그림 3.4와 같은 비트 연산을 수행한다. 지금까지 살펴본 논리곱, 논리합, 배타적 논리합은 좌우의 정수를 서로 바꾸어도 같은 결과를 얻을 수 있는 교환법칙이 성립하지만, 비트 클리어는 이것이 성립하지 않는다.

	10진수	2진수
	108	0110 1100
AND NOT	13	0000 1101
	96	**0110 0000**

[그림 3.4] 비트 클리어 예시

X &^ Y는 X AND(NOT Y)라는 2개의 비트 연산을 줄여서 표현한 것이다. NOT은 그림 3.5에서 볼 수 있듯이 정수의 각 비트를 반전시킨다. 부호의 유무에 따라 2개의 결과가 나오지만 비트의 순서는 동일하다.

	10진수	2진수
NOT	13	0000 1101
	242(-14)	**1111 0010**

[그림 3.5] NOT 13의 연산 결과

NOT 13은 부호 없는 정수형이라면 242라는 값을 가지게 되어 결국은 108 & 242 비트 연산이 수행되는 것이다. 결과는 그림 3.6과 같이 96이 된다.

	10진수	2진수
	108	0110 1100
AND	242	1111 0010
	96	**0110 0000**

[그림 3.6] 108 AND 242(=NOT 13)의 연산 결과

비트 클리어는 X &^ X와 같이 같은 정수 간에 수행하면 결과가 0이 된다.

```
1 &^ 1 // == 0
99 &^ 99 // == 0
255 &^ 255 // == 0
```

한편 NOT은 단항 연산자 ^로 표현할 수 있다. 이에 대한 자세한 내용은 단항 연산자 부분에서 다루고 있다.

```
n := ^uint8(13) // n == 242
n := ^int8(13) // n == -14
```

왼쪽 비트 시프트

왼쪽 비트 시프트는 정수의 각 비트 값의 위치를 지정된 칸만큼 왼쪽으로 옮기는 연산이다.

```
n := 1 << 1 // n == 2
```

표 3.17은 부호 없는 8비트 정수에서 왼쪽 비트 시프트가 어떻게 동작하는지를 나타낸 것이다.

〈표 3.17〉 왼쪽 비트 시프트의 예 1

비트 시프트	10진수	2진수
(원래의 수)	1	0000 0001
<<1	2	0000 0010
<<2	4	0000 0100
<<3	8	0000 1000
<<7	128	1000 0000
<<9	0	0000 0000

왼쪽 비트 시프트로 인해 넘어간 비트는 잘려 나가게 된다. 또한 1비트씩 왼쪽으로 비트 시프트를 하면 정수를 2배씩 증가시키는 연산과 같다는 것을 볼 수 있다. 부호 없는 정수 42에 대해서 왼쪽 비트 시프트를 수행하면 표 3.18과 같다.

〈표 3.18〉 왼쪽 비트 시프트의 예 2

비트 시프트	10진수	2진수
(원래의 수)	42	0010 1010
<<1	84	0101 0100
<<2	168	1010 1000
<<3	80	0101 0000
<<4	160	1010 0000
<<5	64	0100 0000
<<6	128	1000 0000
<<7	0	0000 0000

오른쪽 비트 시프트

오른쪽 비트 시프트는 왼쪽 비트 시프트와 반대로 각 비트 값의 위치를 오른쪽으로 정해진 만큼 오른쪽으로 옮기는 연산을 수행한다.

```
n := 1 >> 1 // n == 0
```

표 3.19는 부호 없는 8비트 정수에 대해 오른쪽 비트 시프트의 연산 결과를 나타낸 것이다.

〈표 3.19〉 오른쪽 비트 시프트의 예 1

비트 시프트	10진수	2진수
(원래의 수)	128	1000 0000
>>1	64	0100 0000
>>2	32	0010 0000
>>3	16	0001 0000
>>7	1	0000 0001
>>8	0	0000 0000

오른쪽 비트 시프트로 인해 넘어간 비트 역시 사라진다. 또한 1비트씩 오른쪽 비트 시프트를 수행하면 정수를 2로 계속 나누는 것과 같은 결과가 나타난다.

부호 없는 8비트 정수 218에 대해 오른쪽 비트 시프트를 수행하면 표 3.20과 같다.

〈표 3.20〉 오른쪽 비트 시프트의 예 2

비트 시프트	10진수	2진수
(원래의 수)	218	1101 1010
>>1	109	0110 1101
>>2	54	0011 0110
>>3	27	0001 1011
>>4	13	0000 1101
>>5	6	0000 0110
>>6	3	0000 0011
>>7	1	0000 0001

산술 연산자와 대입

X = X[산술 연산자]Y와 같은 대입문은 X[대입연산자]=Y로 줄여 쓸 수 있다.

```
n += 5      // n = n + 5
s += "에 대한 설명" // s = s + "에 대한 설명"
n *= 10     // n = n * 10
n &= x      // n = n & x
n <<= 3     // n = n << 3
```

비교 연산자

비교 연산자는 좌우로 2개의 값을 보고 논리값을 반환하는 연산을 수행한다.

```
1 == 1    // == true
5 >= 7    // == false
6 != 2    // == true
true != false // == true
```

비교 연산자의 의미는 표 3.21과 같다. 비교 연산자를 사용할 수 있는 대상은 서로 비교가 가능하거나, 순서가 있어야 한다.

〈표 3.21〉 Go의 비교 연산자

비교 연산자	의미	대상
==	같다	비교 가능
!=	같지 않다	비교 가능
<	작다	순서 있음
<=	작거나 같다	순서 있음
>	크다	순서 있음
>=	크거나 같다	순서 있음

지금까지 살펴본 기본 자료형에 대해서는 다음 표 3.22와 같이 쓸 수 있다.

〈표 3.22〉 기본 자료형과 비교 연산자

형태	비교 가능	순서 있음
논리값	○	-
정수	○	○
실수	○	○
복소수	○	-
문자열	○	○

논리 연산자

논리 연산자는 좌우의 논리값(true 또는 false)에 의해 계산된 논리값을 반환한다(표 3.23).

〈표 3.23〉 Go의 논리 연산자

논리 연산자	의미
&&	AND
||	OR

오른쪽 피연산자는 왼쪽 피연산자의 결과에 따라 연산이 수행되지 않을 수도 있다. 예를 들어 X||Y에서 X가 true일 경우 Y에 대해서는 연산을 수행하지 않는다. 또한 X&&Y에서 X가 false일 경우에도 Y에 대해서 연산은 수행되지 않는다.

표 3.24는 논리 연산자를 이용한 식들의 예시이다. Y의 연산 여부를 확인해보도록 하자.

〈표 3.24〉 논리 연산자 패턴

논리식	X	Y	결과	Y의 연산
X && Y	true	true	true	
X && Y	true	false	false	○
X && Y	false	true	false	
X && Y	false	false	false	
X || Y	true	true	true	
X || Y	true	false	true	
X || Y	false	true	true	○
X || Y	false	false	false	○

!(NOT)

단항연산자 !는 논리값을 반전시킨다. 다음과 같이 논리값 true를 false로, false를 true로 반전시킨다.

```
!true   // == false
!false  // == true
!(1 == 1) // == false
```

숫자에 대한 단항 연산자

숫자에 사용할 수 있는 단항 연산자는 표 3.25와 같다. 표에서 "연산"이라고 적혀있는 부분의 연산이 이루어진다.

〈표 3.25〉 숫자에 대한 단항 연산자들

단항 연산자	의미	연산	비고
+x	특별히 없음	0 + x	
-x	부호 반전	0 - x	
^x	비트의 보수	m ^ x	x가 부호 있는 정수일 경우 m의 모든 비트는 1, 부호 없는 정수일 경우는 -1

또한, 단항 연산자 ^는 정수에서만 사용할 수 있다.

```
^int8(16) // == -17
^uint8(16) // == 239
```

그리고 정수의 부호 여부에 따라 연산 결과가 다른 것에 유의하도록 하자.

3.11 함수

최근의 프로그래밍 언어 대부분은 객체 지향적 기능을 제공한다. 특히 클래스 기반 객체 지향을 지향하는 Java나 C#의 경우, 프로그래밍 과정이 클래스 정의와 같다고 해도 과언이 아니다.

이에 반해 객체 지향적 기능이 없는 Go에서는 함수를 정의하여 구조체를 만드는 것이 프로그래밍의 핵심 작업이라고 할 수 있다. Go에서는 구조체와 함수의 관계를 명확하게 하기 위한 메소드라는 특수한 함수 형태를 제공하고 있는데, 객체 지향 프로그래밍 언어의 메소드와는 다르기 때문에 주의가 필요하다.

여기에서는 Go의 함수에 대해 살펴보기로 한다.

함수 정의의 기본

2개의 int 타입 값을 더하는 간단한 함수를 정의해 보자.

```
// int 타입의 파라미터 a,b를 합한 값을 int 타입으로 리턴
func plus(x, y int) int {
  return x + y
}
```

함수를 정의할 때에는 예약어 func를 사용한다. func 뒤의 plus와 같이 함수 이름을 정할 수 있다.

그리고 괄호로 둘러싸인 부분이 파라미터들이다. int 타입의 파라미터 x와 y가 있는 것을 볼 수 있다.

파라미터 정의 뒤에는 리턴값의 자료형을 정의한다. 이후 중괄호로 둘러싸인 블록에 함수의 내용을 작성하면 된다. 함수의 내부에서 값을 리턴하려면 예약어 return을 사용한다.

Go에서 함수를 정의하는 방법에는 여러 가지가 있지만, 기본형은 다음과 같다.

```
func 함수이름 (파라미터) 리턴값 {
  함수 내용
}
```

plus 함수의 내용은 아주 간단하다. 파라미터로 받은 두 개의 정수를 합한 값을 return으로 돌려준다.

```
plus(1, 2) // == 3
```

이와 같이 함수를 호출하여 사용할 수 있다. 함수 이름 뒤에 괄호를 열어 파라미터를 입력하는 것이 일반적이다.

함수의 파라미터 정의

다음 예제 코드는 기본형에서 변형한 것이다. 파라미터 정의 부분을 유심히 살펴보자.

```
func plus(x, y int) int
```

x와 y라는 두 개의 파라미터가 정의되어 있지만 자료형을 정의하는 int가 하나만 있다. 이와 같이 연속으로 같은 자료형의 파라미터를 정의할 경우에는 마지막에 한 번만 써 주면 된다.

다음은 변수를 명시적으로 정의하는 것과 동일한 방법이다.

```
var x, y int
```

물론 다음 예제 코드와 같이 파라미터마다 자료형을 지정해도 아무런 문제는 없지만, 같은 단어가 반복되기 때문에 다소 보기 어려워질 수 있다. Go에서는 가능한 한 자료형 표기를 정리해두는 것이 좋다.

```
func plus(x int, y int) int
```

리턴값이 없는 함수

리턴값이 없는 함수도 당연히 정의할 수 있다. 다음 예제 코드와 같이 리턴값의 자료형 부분을 생략하면 된다.

```
func hello() {
    fmt.Println("Hello, World!")
    return
}
```

C와 Java와 같은 프로그래밍 언어에서는 함수나 메소드의 리턴값이 없을 때 void를 이용하지만, Go에는 존재하지 않는다.

여러 개의 리턴값을 가지는 경우

Go에서는 함수에서 여러 개의 리턴값을 가질 수 있다. 다음 예제 프로그램을 보자.

```
package main

import "fmt"

func div(a, b int) (int, int) {
    q := a/b // q는 a를 b로 나눈 몫
    r := a%b // r은 a를 b로 나눈 나머지
    return q, r
}

func main() {
    q, r := div(19, 7)
    fmt.Printf("몫 = %d, 나머지 =%d\n", q, r)
}
```

중간 부분에 정의되어 있는 div 함수의 리턴값에 주목하자. int 타입 값을 2개 리턴하도록 되어 있는 것을 볼 수 있다. 이처럼 리턴값이 여러 개일 경우에는 리턴값의 자료형을(int, int)와 같이 괄호안에 모두 넣어주어야 한다. 또한 함수 내부에서는 a를 b로 나눈 몫과 나머지를 각각 계산하여 변수에 저장하고, return을 이용하여 모두 리턴한다.

이 때, 다음과 같이 괄호를 생략하면 컴파일 오류가 발생한다.

```
func div (a, b int) (int, int) // 컴파일 오류
```

함수가 여러 개의 리턴값을 가지고 있다면, 그 함수를 호출할 때에는 당연히 여러 개의 리턴값을 받을 준비가 되어 있어야 한다. 다음과 같이 대입할 변수를 쉼표로 구별하여 각각의 변수에 리턴값을 대입시킬 수 있다.

```
q, r := div(19, 7)
```

리턴값 무시

함수에서 여러 개의 리턴값이 나오지만 그 모든 값을 이용하지 않는 경우 _를 이용하여 리턴값 일부를 무시할 수 있다.

```
q, _ := div(19, 7)
_, r := div(19, 7)
```

그렇다면 모든 리턴값을 무시할 수 있을까? 다음 예제 코드와 같이 := 연산자를 이용한 암묵적 정의의 경우 변수가 하나도 없기 때문에 컴파일 오류가 발생한다.

```
_ _ := div (19, 7) // 컴파일 오류
```

:= 대신 =를 이용하면 에러는 발생하지 않는다. 하지만 이것은 함수 호출만 1번 하는 것에 지나지 않으므로 큰 의미는 없다.

```
_, _ = div (19, 7)   // 모든 리턴값을 무시
div (19, 7)          // 함수를 호출만 1번 하는 것과 같은 결과
```

함수와 오류 처리

Go에는 예외 처리 기능이 없다. 즉, 어떤 함수를 호출하였을 때 그것이 성공했는지의 여부를 어떻게든지 직접 확인해야 한다. Go에서는 함수가 여러 개의 리턴값을 가질 수 있다는 점을 이용하여 오류가 발생했는지의 여부를 확인할 수 있다.

```
result, err := doSomething()
if (err != nil) {
  // 오류 처리
}
```

doSomething함수는 2개의 값을 리턴한다. 변수 err에 저장되는 두 번째 리턴값은 오류 발생 여부를 나타낸 것이다. 이러한 작성 방법은 Go에서 자주 사용되는 일종의 관용구와 같다. 자주 사용되는 표현이니 숙지하도록 하자.

오류 여부를 확인하는 변수의 이름이 err인 것도 관습적으로 굳혀진 표현으로, 가능하면 이 형식을 따르는 것이 좋다.

리턴값과 변수

일반적인 프로그래밍 언어에서는 보기 힘든 기능이지만, Go는 리턴값에 변수를 할당할 수 있다. 다음 프로그램을 보자.

```
package main

import (
  "fmt"
)

func doSomething() (a int) {
  return
}

func main() {
  fmt.Println(doSomething()) // => "0"
}
```

doSomething 함수는 별도의 파라미터가 없고 int 타입의 리턴값 하나가 있을 뿐이다. 그러나 이상한 점이 하나 있다. 리턴값의 자료형을 표기하는 곳에 a라는 변수 이름이 있는 것이다. 또한 int 타입 리턴값이 있음에도 불구하고 return 명령으로 아무것도 리턴하는 값이 없는 것으로 보인다. 컴파일 오류가 발생할 것 같지만, 놀랍게도 문제없이 작동한다.

이상해 보이는 이 함수의 내부는 다음과 같은 코드를 압축한 결과라고 할 수 있다. var a int로 변수 a를 정수 0으로 초기화시킨 후 리턴하는 일련의 처리를 함수의 리턴값의 자료형 부분에 변수 이름을 쓰는 것만으로 줄인 것이다.

```
func doSomething() int {
    var a int
    return a
}
```

다음은 리턴값이 2개인 함수를 살펴보자. 다음 예제 코드 역시 return 문에 아무 변수명도 없지만 변수 x, y를 문제없이 리턴한다.

```
func doSomething() (x, y int) {
    y = 5
    return // x == 0, y == 5
}
```

위 함수는 다음 코드를 압축한 결과라고 할 수 있다. 익숙해지려면 시간이 조금 필요하겠지만, 함수의 로컬 변수 정의를 간단하게 할 수 있는 장점이 있다.

```
func doSomething() (int, int) {
    var x, y int
    y = 5
    return x, y
}
```

COLUMN 파라미터 무시

_을 이용하여 리턴값을 무시하는 것과 마찬가지로, 함수의 파라미터도 _를 이용하여 무시할 수 있다.

```
func ignoreArgs(_, _ int) int {
  return 1
}

ignoreArgs(1, 2) // == 1
```

ignoreArgs 함수는 2개의 int 타입 파라미터를 취하지만. 모두 이름을 지정하지 않았기 때문에 무시된다. 아무런 의미가 없어 보이지만, 나름의 의미가 있는 함수이다.

Go에서는 인터페이스가 특정 인터페이스에 속하는 형태가 될 경우 그 인터페이스에 정의된 프로토타입에 해당하는 함수군(메소드 집합)을 모두 구현해야 한다. 그러나 정의할 때와는 달리 구현할 때 일부 파라미터가 필요없는 경우가 있을 수 있다. 불필요한 파라미터가 입력되었다고 해서 실제로 문제가 발생하거나 하지는 않겠지만, 변수 이름을 주지 않음으로써 구현에 필요하지 않다는 것을 명시할 수 있는 효과가 있는 것이다.

```
// T형 구조체 정의
type T struct {
  Value int
}
// interface{} 타입
type I interface {
  // 2개의 파라미터가 필요한 함수
  RequiredFunction (a, b int) int
}
// T형 인터페이스에 대응하는 함수 (메소드)
func (* T) RequiredFunction (a _ int) int {
  // 2번째 파라미터는 실제 구현에는 필요없음
  return a
}
```

무명 함수

지금까지는 함수의 이름을 명시적으로 지정하였지만, Go에서는 무명 함수 기능이 포함되어 있다. 무명 함수는 함수를 일종의 값으로 표현하는 방식이다. 함수를 값으로 표현할 수 있다면 함수가 함수를 파라미터로 취할 수 있고, 함수를 리턴하는 함수를 정의하는 등 자유로운 프로그래밍이 가능하다.

다음 예제 코드는 변수 f에 int 타입 변수 x, y를 취하여 합을 리턴하는 무명 함수를 대입한 것이다. 우변의 내용은 함수를 정의하는 방식과 유사하다. 이렇게 정의된 변수 f는 일반 함수와 유사하게 동작하며, f(2, 3)과 같이 파라미터를 전달하여 호출할 수 있다.

```
f := func(x, y int) int  { return x + y  }
f(2, 3) // == 5
```

우변의 내용을 분석해보면 다음과 같다. 함수 이름이 주어지지 않는 것을 제외하면 일반적으로 함수를 정의하는 방식과 유사하다.

```
func (파라미터) 리턴값 자료형 {무명 함수의 내용}
```

그렇다면, 이러한 방식으로 정의된 무명 함수는 어떤 형태를 가지고 있을까? fmt.Printf의 %T를 이용하여 살펴보도록 하자.

```
fmt.Printf("%T\n", func(x, y int) int { return x + y })
// => "func(int, int) int"
```

위의 예제 코드의 결과는 func(int, int), int이다. 이는 int 타입의 파라미터 2개를 취하고, int 타입의 리턴값 하나를 가지는 함수라는 의미이다.

int 타입의 파라미터를 2개 취하고, int 타입의 리턴값 하나를 가지는 함수 구조를 명시적으로 표현하여 변수를 정의할 수도 있다. Go에는 자료형 추론 기능이 있기 때문에 굳이 이렇게 쓸 필요는 없지만, 암묵적으로 변수를 정의할 경우 숨겨지는 부분이 이러한 형태라는 것을 알고 넘어가도록 하자.

```
var f func(int, int) int
f = func(x, y int) int  { return x + y  }
```

다음과 같이 무명 함수를 정의하고 나면 바로 파라미터를 주어 무명 함수를 호출할 수 있다. 다음 예제 코드에서는 무명 함수를 정의하는 부분과 무명 함수를 호출한 결과를 각각 출력한다.

```
package main

import (
  "fmt"
)

func main() {
  fmt.Printf("%#v \n", func(x, y int) int { return x + y })
  fmt.Printf("%#v \n", func(x, y int) int { return x + y }(2, 3))
}
```

출력 결과를 살펴보자.

```
(func(int, int) int)(0x400dc0)
5
```

1번째 줄에는 무명 함수의 형태와 그 값이 있는 메모리 주소가 나타난다. 그리고 두 번째 줄에는 무명 함수를 호출하여 연산한 결과 5가 출력된다.

이름이 있는 함수와 무명 함수

명시적으로 이름을 정한 함수와 무명 함수는 그 정의 방법에 차이가 있지만, 본질적으로는 같다고 할 수 있다.

다음 예제 코드에서는 plus라는 이름의 함수를 변수 plusAlias에 대입한다.

```
func plus(x, y int) int {
  return x + y
}

var plusAlias = plus

func main() {
  plusAlias(10, 5) // == 15
}
```

마치 정의된 함수에 별명을 붙이는 것처럼 보이지 않는가? 이렇게 Go에서는 함수도 일정의 값으로 취급하여 유연하게 사용할 수 있다.

함수를 리턴하는 함수

다음과 같이 함수를 리턴하는 함수도 정의할 수 있다.

```
package main

import (
  "fmt"
)

func returnFunc() func() {
  return func() {
    fmt.Println("I'm a function")
  }
}

func main() {
  f := returnFunc()
  f() // => "I'm a function"
}
```

returnFunc 함수는 별도의 파라미터를 취하지 않고, 파라미터도 리턴값도 없는 함수 하나를 리턴하도록 정의되어 있다.

```
func returnFunc() func()
```

returnFunc 함수가 리턴하는 함수를 변수 f에 대입하여(암묵적 방법) 그대로 함수를 호출할 수 있다. 이는 위에서 알아본 무명 함수와 크게 다르지 않다.

```
f := returnFunc()
f() // => "I'm a function"
```

변수에 대입하지 않고도 returnFunc 함수의 리턴값인 함수를 직접 호출할 수도 있다. Go에서는 자주 사용하는 방식이니 알아두도록 하자.

```
returnFunc()() // => "I'm a function"
```

함수를 파라미터로 취하는 함수

함수를 리턴하는 함수처럼 함수를 파라미터로 취하는 함수도 정의할 수 있다.

callFunction 함수는 파라미터로 별도의 파라미터와 리턴값이 없는 함수를 취하는 함수이다. callFunction 함수는 파라미터로 취한 함수를 호출하는 간단한 기능을 수행한다.

```
package main

import (
	"fmt"
)

func callFunction(f func()) {
	f()
}

func main() {
	callFunction(func() {
		fmt.Println("I'm a function")
	}) // => "I'm a function"
}
```

무명 함수를 파라미터로 사용하면, 그 함수가 callFunction 함수에서 제대로 호출되었는지를 확인할 수 있다.

클로저(Closure)로서의 무명 함수

Go의 무명 함수는 클로저에 해당한다. 클로저는 함수와 밀접한 관련이 있지만 함수 내에는 없는 기능을 이용하기 위한 함수이다.

잘 이해가 되지 않을 것이다. 실제로 동작하는 프로그램을 살펴보도록 하자.

```
package main

import (
	"fmt"
)

func later() func(string) string {
	// 이전에 파라미터로 주어진 문자열을 저장하기 위한 변수
```

```
    var store string
    // 파라미터로 문자열을 받아 문자열을 리턴하는 함수를 리턴
    return func(next string) string {
        s := store
        store = next
        return s
    }
}

func main() {
    f := later()

    fmt.Println(f("Golang")) // => ""
    fmt.Println(f("is")) // => "Golang"
    fmt.Println(f("awesome!")) // => "is"
}
```

later 함수는 파라미터로 문자열을 받아 문자열을 리턴하는 함수를 그 리턴값으로 가진다. later 함수가 리턴하는 함수를 실행해보면 알 수 있듯, 파라미터로 전달된 문자열이 다음 함수 호출 때 리턴값으로 돌아온다. 대체 무슨 일이 일어난 것일까?

main 함수의 변수 f에 할당되어 있는 것은 later 함수가 리턴한 값에 지나지 않는다. 이 프로그램의 동작을 보면 이전의 함수를 호출할 때 파라미터로 취한 문자열을 어딘가에 저장할 필요가 있다는 것을 알 수 있다.

later 함수에 정의되어 있는 변수 store는 함수의 내부에서 정의된 지역 변수이다. 일반적으로 함수의 지역 변수는 함수의 실행이 끝나면 사라진다.

```
var store string // later 함수의 지역 변수
```

그러나 다음과 같이 클로저로 연결된 경우에는 상황이 달라진다. Go 컴파일러는 클로저 내에서 지역 변수를 참조하는 부분이 나타나면 다른 지역 변수와는 다르게 처리한다.

```
var store string // 클로저 내에서 참조되는 지역 변수
return func (next string) string {
    s : = store // 변수 store 참조
    store = next // 변수 store에 대입
    return s
```

```
}
```

결과적으로 위의 변수 store는 외관상으로는 한 함수의 지역 변수이지만 내부적으로는 클로저에 속한 변수로 작동한다. 또한 이처럼 클로저에 의해 참조된 변수는 클로저가 참조하는 한 사라지지 않는다. 이처럼 클로저는 환경과 직결된 함수로서, 매우 중요한 개념이므로 확실히 이해하고 넘어가도록 하자.

주의할 것은 함수의 지역 변수 모두가 클로저에 포함되는 것은 아니라는 것이다. 다음과 같이 변수 a, b, c가 정의되어 있지만 다음 함수에서 참조하는 변수는 b뿐이므로 이 경우 변수 b만 클로저에 포함된다.

```
a := 1
b := 2 // 클로저에 포함된 변수
c := 3
return func() int {
   return b
}
```

클로저에 의한 제너레이터 구현

Python과 PHP와 같은 프로그래밍 언어에는 제너레이터라는 기능이 있다.[3] Go에서는 기본적으로 제너레이터를 제공하지 않지만, 클로저를 이용하여 제너레이터처럼 동작하게 할 수 있다.

다음 예제 코드는 Go에서 구현한 제너레이터의 예시이다. integers를 호출하면 정수를 1씩 증가시키고 리턴하는 클로저를 생성한다. main 함수의 변수 ints에 할당된 클로저는 호출될 때마다 이전보다 1이 증가한 정수를 리턴한다. 이 정도의 코드만으로도 간단하게 제너레이터를 만들 수 있다.

```
package main

import (
   "fmt"
)
```

3) 제너레이터의 뜻은 여러 가지가 있지만, 이 책에서는 어떤 규칙에 따라 연속적인 값을 리턴하는 구조라고 정의하였다.

```
func integers() func() int {
    i := 0
    return func() int {
        i += 1
        return i
    }
}

func main() {
    ints := integers()

    fmt.Println(ints()) // => "1"
    fmt.Println(ints()) // => "2"
    fmt.Println(ints()) // => "3"

    otherInts := integers()
    fmt.Println(otherInts()) // => "1"
}
```

또한 integers의 함수의 변수 i가 제너레이터를 현재 값을 계속 보존하고 있지만, 마지막 2~3번 째 줄에서 볼 수 있듯 클로저를 다시 만들면 변수 i를 위한 공간이 새롭게 생성되는 것을 알 수 있다. 클로저 사이에 값이 공유되는 것은 아니라는 것에 주의하자.

3.12 상수

const

Go에서 상수를 정의할 때에는 예약어 const를 사용한다.

```
const X = 1 // 상수 X의 값은 정수 1
```

var에 의한 변수 정의와 마찬가지로 괄호로 둘러싸서 여러 상수를 함께 정의할 수도 있다.

```
const (
```

```
  X = 1
  Y = 2
  Z = 3
)
```

다음과 같이 함수 안에서도 상수를 정의할 수 있다. 사용할 일이 많지는 않지만, 특정 기능에 필요한 상수를 정의할 때 이용할 수 있다.

```
package main

import (
  "fmt"
)

const ONE = 1 // 패키지 내부에 정의된 상수

func one() (int, int) {
  const TWO = 2 // 함수 내부에 정의된 상수
  return ONE, TWO
}

func main() {
  x, y := one()
  fmt.Printf("x=%d, y=%d \n", x, y) // => "x=1, y=2"
}
```

초깃값 생략

다음의 예제 코드를 보면 상수 Y, Z에는 초깃값이 정의되지 않았다. 하지만 컴파일 오류는 발생하지 않는다. 처음에 정의된 X의 초깃값으로 다음 상수들의 값도 결정된 것이다.

```
const (
  X = 1 // X == 1
  Y // Y == 1
  Z // Z == 1
)
```

상수의 초깃값을 생략하였다가 중간에 새로운 값으로 초깃값을 정의하면, 그 값으로 이후 상수들의 초깃값이 암묵적으로 결정된다.

```
const (
  X = 1  // X == 1
  Y      // Y == 1
  Z      // Z == 1
  S1 = "가" // S1 == "가"
  S2     // S2 == "가"
)
```

상수의 초깃값을 생략할 수 있지만, 모든 값을 생략할 수는 없다. 다음과 같은 예제 코드는 컴파일 오류를 발생시킨다.

```
// 컴파일 오류
const (
  X
  Y
  Z
)
```

상수값과 식

상수값은 고정적인 값일 뿐만 아니라 어떤 식을 포함할 수도 있다. 식의 내부에 따른 정의된 상수를 포함시킬 수도 있다.

```
const (
  X = 2
  Y = 7
  Z = X + Y // Z == 9

  S1 = "오늘"
  S2 = "맑음"
  S = S1 + "은" + S2 // S == "오늘은맑음"
)
```

바람직한 방법은 아니지만 상수값의 식에 포함된 상수가 뒤에 정의되어 있다고 해서 컴파일 오류가 발생하지는 않는다.

```
const (
  Z = X + Y // Z = 9
  X = 2
  Y = 7
)
```

상수의 자료형

Go에서의 상수는 논리값, 정수, 실수, 복소수, 룬, 문자열 중 하나의 값으로 정의할 수 있다.

주의해야 할 것이 있다. 다음의 상수 N은 정수 1을 값으로 가지지만 어디까지나 정수 값을 가지는 상수이지, int 타입의 값을 가지는 상수는 아니라는 것이다.

```
const N = 1
```

정수에 속하는 int, uint, uint64 등의 기본 자료형에 정의된 값과 상수에 정의된 값은 본질적으로 다르다. 정확하게 말하면 Go의 상수는 자료형이 없는 상수(Untyped)와 자료형이 있는 상수(Typed)의 두 가지로 나누어진다.

상수의 값에 자료형을 부여하려면 상수 이름 뒤에 자료형의 이름을 써서 명시적으로 정의해야 한다.

```
const (
  I64 int64 = -1 // I64는 int64 타입 상수
  F64 float64 = 1.2 // F64는 float64 타입 상수
)
```

또한 다음과 같이 캐스팅을 이용하여 자료형이 있는 상수를 정의할 수 있다. 둘 중에 어느 방법을 사용하든 상관없지만, 값과 자료형을 붙여서 쓰는 후자의 방법이 자주 사용된다.

```
const (
  I64 int64(-1) // I64는 int64 타입 상수
  F64 float64(1.2) // F64는 float64 타입 상수
)
```

논리값 상수

논리값을 나타내는 상수는 true나 false 둘 중의 하나의 값을 취하고, bool 타입이 가지는 값과 같기 때문에 특히 주의해야 할 것은 없다.

```
const B = true
b:=B // bool 타입
```

또한, 다음과 같이 논리값을 반환하는 식을 이용하여 상수의 값을 정의할 수도 있다.

```
const B = 5 < 2 // B == false
```

정수형 상수

정수형의 상수는 원칙적으로는 최댓값이 없다. Go에서는 최소 256비트로 표현 가능한 정수를 정의할 수 있다. 결과적으로 다음과 같이 매우 큰 정수를 상수 값으로 정의할 수도 있다.

```
const (
   N = 999999999999999999999999999999999999999999999999999999999
)
```

이 값은 정수형 상수에 대해서는 최댓값이 아니다. 하지만 일반적인 변수에 대입하려고 하면 컴파일 오류가 발생한다. 다음 예제 코드를 실행하려고 하면 int 타입의 오버플로우라는 내용의 오류 메시지를 볼 수 있다. 이것은 int 타입의 변수 i로 표현 가능한 범위를 훨씬 넘어섰다는 것을 컴파일러가 감지했기 때문이다.

```
const (
   N = 999999999999999999999999999999999999999999999999999999999
)
i := N // 컴파일 오류
```

이처럼 정수형 상수와 정수 자료형은 근본적으로 다른 것이다. 64비트로 표현 가능한 한계를 넘어서는 수를 상수로 정의할 수는 있지만, 일반 변수에 대입할 수 있는 것은 아니다.

상수를 정의할 때 명시적으로 자료형을 지정하면 자료형과 다른 대입을 컴파일러가 감지할 수 있기 때문에 의도하지 않은 동작을 막을 수 있다.

```
const (
    UI64 = uint64(12345)
)

var i64 int64
i64 = UI64 // 컴파일 오류
```

상수 UI64는 uint64 타입으로 정의되어 있기 때문에, 다음과 같이 암묵적으로 변수를 정의하면 변수는 상수와 같은 자료형으로 추론된다.

```
const (
    UI64 = uint64(12345)
)

i : = UI64 // 변수 i는 uint64 타입
```

또한 숫자 상수끼리의 연산은 컴파일 시점에 처리된다. 다음 예제 코드에서는 uint64 타입으로 표현 가능한 최댓값인 18446744073709551615에 1을 더한 정수를 상수 N으로 정의하였다. N-1이라는 정수값을 uint64 타입으로 변환한 이 코드는 아무 문제 없이 작동한다.

```
const (
    // uint64 타입의 최댓값에 1을 더한 정수
    N = 18446744073709551615 + 1
)

n := uint64(N - 1) // n == 18446744073709551615
```

Go 컴파일러는 상수만을 포함하는 식의 연산들을 컴파일 시점에서 모두 연산 결과로 바꾼다. 결과적으로 위의 예제 코드는 다음과 같은 코드로 해석된 것이다. 상수끼리의 연산은 컴파일 시점에 처리되지, 프로그램 실행 시점에 처리되는 것이 아니라는 것을 알아두자.

```
const (
  N = 18446744073709551616
)
n := uint64(18446744073709551615)
```

실수형 상수

실수형의 값으로도 상수를 정의할 수 있다. 또한 정수와 마찬가지로 float32, float64 타입보다 큰 정밀도를 가지는 실수를 정의할 수 있다. 정확하게는 유효 숫자가 최소 256비트, 지수가 최대 32비트인 값을 지정할 수 있다.

```
const (
Pi = 3.14
)
```

상수를 이용하면 높은 정밀도를 가지는 실수를 표현할 수 있기 때문에, 실수형 상수는 Go의 실제 구현에도 사용되고 있다. 다음은 math 패키지에 포함된 상수의 일부를 가져온 것이다. 상수 E는 자연상수, 상수 Pi는 원주율을 나타낸다.

```
const (
  E = 2.71828182845904523536028747135266249775724709369995957496696763
  Pi = 3.14159265358979323846264338327950288419716939937510582097494459
)
```

실수형 상수 자체는 높은 정밀도를 가지지만, 실제로 프로그램으로 연산을 할 때에는 float32 타입 또는 float64 타입으로 변환되기 때문에 자료형에 해당하는 정밀도까지 떨어지는 것에 유의하자.

상수의 정밀도와 자료형의 정밀도에 차이가 있다는 사실은 언뜻 보면 별로 중요해보이지 않을 수 있다. 하지만 예를 들어 미래에 float128 타입과 같이 정밀도가 더 높은 자료형이 추가된다면 상수의 정밀도를 고려하지 않아도 연산 대상의 자료형만으로도 대체가 가능하다는 이점이 있다.

```
f32 := float32(math.Pi)
f64 := float64(math.Pi)
fmt.Printf("%v", f32) // => "3.1415927"
fmt.Printf("%v", f64) // => "3.141592653589793"
```

또한 상수 사이의 연산 시 컴파일 시점에서 더 높은 정밀도로 처리된다는 장점도 있다.

```
const F = 1.0000000000001

float64(F) * 10000 // == 10000.000000000999
F * 10000 // == 10000.000000001
```

위의 예에서 볼 수 있듯이 float64와 같은 자료형을 이용하지 않고 상수 사이에서 연산을 수행하기 때문에, 반올림에 대한 오차를 줄일 수 있다.

복소수형 상수

복소수 데이터 표현 방법을 이용하여 복소수도 상수로 정의할 수 있다. 복소수의 실수부, 허수부 모두 실수형 상수와 같은 정밀도를 가진다.

```
const (
    C = 4.7 + 1.3i
)
```

룬, 문자열 상수

rune 타입 데이터 표현 방법으로 rune 타입과 문자열 상수를 정의할 수 있다. 문자열 상수를 정의할 때에는 RAW 문자열 데이터도 사용할 수 있다.

```
const (
    R = '가'
    S = "Go 언어"
    RS = `내 고장 칠월은
청포도가 익어가는 시절`
)
```

iota

Go에는 C나 Java에서 볼 수 있는 열거형(Enum) 데이터가 없다. 하지만 상수 정의와 함께 예약어 iota를 이용하여 C의 열거형과 비슷한 데이터를 만들 수 있다.

다음 예제 코드에서는 상수 A, B, C의 값을 모두 iota를 이용하여 정의하였다.

```
const (
  A = iota // A == 0
  B = iota // B == 1
  C = iota // C == 2
)
```

상수 A, B, C에는 각각 정수 0, 1, 2가 할당된다. iota는 0부터 시작하여 식으로 사용될 때마다 그 값을 1씩 증가시킨다.

iota를 사용한 후에 초깃값을 생략하면 암묵적으로 iota가 반복된다.

```
const (
  A = iota  // A == 0
  B         // B == 1
  C         // C == 2
)
```

iota로 생성되는 값을 1부터 시작하고 싶다면, 다음과 같이 쓰면 된다.

```
const (
  A = 1 + iota // A == 1
  B        // B == 2
  C        // C == 3
)
```

주의할 것은 1 + iota라는 식이 iota 자체의 값을 증가시키는 것은 아니라는 것이다. 상수 B, C에서는 암묵적으로 1 + iota라는 식이 반복되고 있는 것이다. 반복되는 식을 생략하지 않는다면 다음과 같은 코드가 될 것이다. 상수 N의 값이 3이 되는 것을 볼 때, iota의 값은 0, 1, 2, … 순서로 증가하고 있는 것을 알 수 있다.

```
const (
  A = 1 + iota // A == 1
  B = 1 + iota // B == 2
  C = 1 + iota // C == 3
  N = iota // N == 3
)
```

iota를 사용한 상수 정의를 중간에 멈추면 어떻게 될까?

```
const (
  A = iota // A == 0
  B   // B == 1
  C   // C == 2
  D = 17 // D == 17
  E = iota // E == 4
  F   // F == 5
)
```

상수 D는 iota를 사용하지 않지만, iota의 값은 1 증가한다. 즉, iota는 참조 여부와는 관계없이 const 블록에서 상수가 정의될 때마다 그 값을 1씩 증가시키는 것이다. 다시 말해, iota는 카운터가 아니라 상수들에 부여된 인덱스라고 생각하는 것이 더 적절할 것이다.

상수값의 정의 도중에 iota를 이용하는 경우도 마찬가지이다. 이처럼 상수를 정의할 때 iota를 사용하는 수와 사용하지 않는 수를 한 번에 정의하는 것은 바람직하지 않다. iota의 동작 원리와 함께 알아두도록 하자.

```
const (
  X = 999 // X == 999
  Y = iota // Y == 1
  Z // Z == 2
)
```

iota를 이용하여 얻는 값은 const 블록마다 0으로 초기화된다. 상수를 정의할 때 하나의 const 블록에 모든 값을 억지로 넣을 필요는 없다. 관련성을 가지는 상수끼리 그룹을 만드는 것이 바람직하다.

```
const A = iota // A == 0

const B = iota // B == 0

const (
  X = iota // X == 0
  Y // Y == 1
  Z // Z == 2
)

const N = iota // N == 0
```

식별자 명명 규칙

지금까지 Go의 변수와 상수에 대해 알아보았다. 지금부터는 이들에 붙여진 이름, 구체적으로는 변수명, 함수명, 상수명 등의 식별자에 대해 알아보도록 하자.

이러한 식별자의 명명 규칙은 하나로 정해져 있어서, 변수와 상수의 차이는 없다. Go에서 식별자로 사용할 수 있는 문자 유형은 영문, 숫자뿐만 안이라 유니코드에서 문자로 정의된 것(Unicode letter)과 유니코드에서 숫자로 정의된 것(Unicode digits) 전체와 밑줄 문자(_)가 있다.

함수와 상수 식별자에 한글을 사용하는 예제 코드를 보자. 한글을 식별자로 사용해야할 이유는 딱히 없지만, 문제는 없다.

```
package main

import (
   "fmt"
)

const (
   아침인사 = "좋은 아침입니다"
   낮인사 = "안녕하세요"
   저녁인사 ="안녕히 주무세요"
)

func 인사(m string) {
   fmt.Println(m)
}

func main() {
   인사 (낮인사) // => 안녕하세요
}
```

또한 식별자에 한글을 사용할 수 있지만, 이른바 전각문자로 불리는 모든 문자를 사용할 수 있는 것은 아니다. 예를 들어 "→"는 유니코드에서 기호로 정의되어 있기 때문에 식별자로 이용할 수 없다.

```
// 식별자에 허용되지 않는 문자 "→" 를 사용하고 있기 때문에 컴파일 오류
const → = "오른쪽"
```

이처럼 Go에서는 ASCII 범위를 넘어서는 문자를 식별자로 이용할 수 있지만 이러한 문자를 사용하도록 적극적으로 권장하지는 않는다. 유니코드에 포함된 수학적 문자, 예를 들면 Σ(시그마)와 같은 문자는 유효하게 사용할 수 있을지도 모르지만, 프로그램의 다양성을 고려해볼 때 역시 ASCII 범위의 영문, 숫자와 밑줄 문자 정도를 사용하는 것이 좋다.

3.13 스코프(Scope)

Go 프로그램의 특정 위치에서 상수와 함수가 참조 가능한지의 여부는 모두 스코프에 의해 결정된다. Go의 스코프는 큰 단위부터 패키지, 파일, 함수, 블록, 제어문(if, for)에 의해 결정된다.

특히 정의된 식별자를 제외한 함수, 변수, 상수, 자료형 등 모든 프로그램의 구성 요소가 패키지에 속하기 때문에, 패키지의 스코프를 이해하는 것은 구성 요소의 가시성을 조절하기 위해서라도 중요하다. 지금부터 Go의 스코프에 대해 알아보자.

패키지 스코프

Go 프로그램은 여러 패키지를 합쳐 구성된다. 이 때 각 패키지 간에 상수와 함수를 공유하기 위해 패키지 내에 정의된 식별자를 다른 패키지에서도 참조할 수 있도록 하거나, 패키지 내부에서만 사용되어야 하는 식별자라면 다른 패키지에 대해서 은폐하는 등의 각각의 식별자의 사용 범위를 제어하는 것이 중요하다.

식별자 명명 규칙에 의한 사용 범위

패키지에 정의된 상수, 변수, 함수 등이 다른 패키지에서 참조할 수 있는지의 여부는 식별자의 1번째 문자가 대문자인지에 따라 결정된다.

다음 코드에서 상수 abc는 식별자의 1번째 문자가 소문자 a이므로 다른 패키지에서는 볼 수 없다. 함수 DoSomething은 첫 문자가 대문자 D이므로 공개된 다른 패키지에서 참조할 수 있다. 첫 문자 다음 문자들은 식별자의 상태에 영향을 주지 않는다.

```
package foo

/* 정수 */
const (
    A = 1 // 공개되는 상수
    abc = "abc" // 패키지 안에서만 볼 수 있는 상수
)

/* 패키지 변수 */
var (
    m = 256 // 패키지 안에서만 볼 수 있는 변수
    N = 512 // 공개되는 변수
)

/* 공개되는 함수 */
func DoSomething () {
    (중략)
}

/* 패키지 내에서만 볼 수 있는 함수 */
func doSomething () {
    (중략)
}
```

식별자의 1번째 문자가 한글 등 대소문자가 없는 경우 소문자로 취급되어 다른 패키지에서 참조할 수 없다.

Go 패키지를 정의할 때 필요한 요소들은 위에서 언급한 상수, 변수, 함수 이외에도 자료형, 인터페이스 등이 있지만 그 요소들의 공개 여부는 모두 이 식별자의 명명 규칙에 따라 결정된다.

패키지에 정의되어 있는 식별자를 참조하기 위해서는 foo.MAX와 같이 패키지 이름과 식별자를 .(점)으로 연결한다.

다음 프로그램 foo.go와 main.go를 보자. 소문자로 시작하는 식별자를 패키지 외부에서 참조할 수 없는 것을 알 수 있다.

■ foo.go

```
package foo

const (
```

```
  MAX = 100
  internal_const = 1
)

func FooFunc(n int) int {
  return internalFunc(n)
}

func internalFunc(n int) int {
  return n + 1
}
```

■ main.go

```
package main

import "foo"

foo.MAX        // foo 패키지 상수 MAX를 참조
foo.internal_const // 컴파일 오류

foo.FooFunc (5) // foo 패키지의 FooFunc 함수를 참조
foo.internalFunc (5) // 컴파일 오류
```

이렇게 Go는 패키지 내의 식별자의 공개 범위를 간단하게 제어할 수 있다. 함수와 상수 등의 공개 여부를 식별자의 이름으로만 판별할 수 있기 때문에 기존의 코드를 해석할 때 상당한 이점이 있다.

import에 대하여

import를 이용하여 다른 패키지를 추가하는 방법에는 여러 가지 변형이 있다. 다음 예제 코드에서는 fmt 패키지를 f라는 이름으로 추가하고 있다. 이처럼 파일에서 추가한 패키지에는 다른 이름을 부여할 수 있다. 하지만 여기서 패키지 이름으로 지정한 f는 fmt 패키지의 별명(Alias)이 아닌 것에 유의해야 한다. 이 프로그램 안에서 fmt라는 원래 패키지 이름이 f로 바뀐 상태이기 때문에 원래 이름인 fmt로는 패키지를 참조할 수 없다.

```
package main

import (
```

```
    f "fmt" // fmt 패키지에 f라는 이름을 지정
)

func main() {
    f.Println("Hello, World!") // 패키지 이름이 f가 됨
}
```

이처럼 패키지 이름을 바꾸는 기능은 어떤 상황에서 쓸 수 있을까?

가장 가능성이 큰 상황은 패키지 이름이 너무 긴 상황일 것이다. Go 프로그램은 다수의 패키지를 이용하기 때문에 필연적으로 소스 코드 내에 패키지 이름을 많이 쓰게 된다. 패키지 이름이 짧다면 문제가 많지 않겠지만 다음의 예제 코드와 같이 비교적 긴 패키지 이름을 계속 쓰는 것은 굉장히 피곤한 일이다. 이렇게 긴 패키지 이름을 짧은 이름으로 바꾸면 코드가 쓸데없이 길어지는 것을 방지하면서 가독성도 높일 수 있다.

```
import (
    au "austrailia" // "austrailia" 패키지를 au라는 이름으로 추가
)

// 오스트레일리아의 인구
au.Population // == 21293000
```

다음은 프로그램에 추가한 패키지 이름을 아예 생략할 수 있는 방법이다. import 문의 패키지 이름 대신에 .(점)으로 대체한다. 이렇게 패키지를 추가하면 해당 패키지 내의 식별자를 참조할 때 패키지 이름을 생략할 수 있다.

```
import (
    . "math" // math 패키지를 패키지 이름 없이 추가
)

fmt.Println(Pi) // => "3.141592653589793"
```

위의 코드는 math 패키지를 지정하여 프로그램에 추가하였지만 보통 math.Pi과 같은 방식으로 참조해야 했던 상수를 Pi라고 쓰는 것만으로 참조할 수 있게 된다.

이 방법을 사용할 일이 많지는 않겠지만 예를 들어 math 패키지에 정의된 수학 함수들을 많이 사용한다면 큰 도움이 될 것이다.

패키지 이름을 생략할 경우에는 식별자의 중복에 유의해야 한다. 다음과 같이 math 패키지를 이름 없이 프로그램에 추가한 경우 math 패키지에 정의된 식별자와 같은 이름을 가진 식별자를 추가로 정의할 수 없다. 패키지를 이름 없이 추가할 때에는 식별자의 충돌에 주의하도록 하자.

```
import (
    . "math" // math 패키지를 패키지 이름 없이 추가
)

const (
    Pi = 3.14 // 컴파일 오류 : math.Pi와 중복된 식별자 이름
)
```

파일 스코프

Go에서는 하나의 패키지를 정의하기 위해 여러 개의 Go 파일을 사용할 수 있다. 패키지의 정의가 여러 파일로 분산되어 있는 경우, import 선언은 각각의 파일 내에서만 유효하다.

다음의 app.go와 main.go 처럼 main 패키지의 정의가 2개로 나누어져 있는 경우 각각 파일에서의 import 선언은 서로 독립적인 스코프를 가진다. main.go 파일에서는 app.go에 f라는 이름으로 추가된 fmt 패키지를 참조할 수 없다.

■ app.go

```
package main

import (
    f "fmt"
)

const (
    AppVersion = "1.0"
)

func printMessage(s string) {
    f.Println(s)
}
```

■ main.go

```
package main

import (
   "fmt"
)

func main() {
   fmt.Println("AppVersion:", AppVersion)
   printMessage("Hello!")
}
```

파일이 분할되어 있어도 상수와 변수 등은 서로 참조가 가능하지만 import 선언만 독립적인 것에 유의하자.

함수 스코프

Go의 함수는 각자의 스코프를 가지고 있다. 함수 안에서 정의된 변수나 상수는 정의된 함수 내에서만 참조할 수 있다.

```
func appName() string {
   const AppName = "Go Application"
   var Version = "1.0"
   return AppName + " " + Version
}

func main() {
   fmt.Println(appName())
   fmt.Println(AppName + " " + Version) // 컴파일 오류
}
```

함수의 스코프에는 파라미터와 리턴값에 대한 변수도 포함된다. 따라서 다음과 같이 동일한 이름의 식별자를 함수 안에서 다시 정의하려고 하면 컴파일 오류가 발생한다.

```
func doSomething(a int) (b string) {
   var a int // 컴파일 오류 : 식별자 a는 이미 정의되어 있음
   const b = "string" // 컴파일 오류 : 식별자 b는 이미 정의되어 있음
```

```
    return b
}
```

함수 안에서 중괄호를 이용하여 블록을 명시적으로 정의할 수 있다. 이렇게 블록으로 분리된 영역 안에서는 함수 스코프에 해당하는 식별자와 이름이 같은 식별자를 이용할 수 있다.

당연한 이야기지만 다음 예제 코드에서 정의된 변수 a와 상수 b는 블록 안에서만 참조 가능하다. 함수 마지막 부분의 return b에서 참조되는 식별자 b는 리턴값으로 정의되어 있는 식별자이지, 블록 내의 상수 b와는 다르다.

```
func doSomething(a int) (b string) {
    {
        /* 함수보다 깊은 블록 */
        var a int
        const b = "string"
        (중략)
    }
    return b
}
```

깊은 블록 안에서 같은 식별자 이름을 사용할 때에는 주의사항이 있다. 리턴값의 변수 b를 블록 안에서 다시 정의하고 암묵적인 return 문을 사용하면 컴파일 오류가 발생한다.

```
func AorB() (b string) {
    b = "A"
    {
        b := "B"
        return // 컴파일 오류 : 원래 변수 b가 재정의됨
    }
    return
}
```

함수 스코프를 잘 이해했다면 문제없이 프로그래밍을 할 수는 있겠지만, 원래 있는 식별자와 굳이 같은 이름을 쓰는 것은 피하는 것이 좋다.

3.14 제어문

Go의 제어문은 다른 프로그래밍 언어와 비교하면 매우 간단하다. 예를 들어 반복문에 대한 제어문은 for 뿐이다.

```
for {
  /* 무한 루프 */
}
```

이와 같이 조건문 없이 for를 사용하면 무한 루프를 만들 수 있다. 다른 언어에서 for를 자주 사용해 봤다면 조금 어색할 수도 있다.

for에 초깃값이나 조건식을 지정할 수도 있다. 이것은 C나 Java에서 본 for와 거의 비슷하다.

```
for i := 0; i < 10; i++ {
  /* 변수의 값이 0부터 9까지 반복됨 */
}
```

이처럼 Go에서는 제어문을 최소한의 예약어로 작성할 수 있게 설계되어 있다. 예약어를 줄인 만큼 제어문을 작성할 때 여러 가지 변형이 존재한다. Go에서 제어문을 잘 다루려면 각 구문의 변형을 잘 이해할 필요가 있다.

if

if의 기본형

if는 조건문을 작성할 때 사용한다. 다음은 가장 간단한 if의 예제 코드이다. 변수 x의 값이 1인 경우에 블록 안의 내용이 실행된다. 다른 프로그래밍 언어와 다를 바가 없기 때문에 이해가 쉬울 것이다.

```
if x == 1 {
  /* 변수 x의 값이 1인 경우에 실행되는 블록 */
}
```

다른 프로그래밍 언어들과 마찬가지로 if 뒤에 다음 조건식은 else if를 이용하여 연결하고, 모든 조건식을 만족하지 않으면 else로 처리하여 조건문을 구성할 수 있다. else if는 마음대로 붙일 수 있다.

```
if [조건식 A] {
  [조건식 A를 만족한 경우의 처리 내용]
} else if [조건식 B] {
  [조건식 B를 만족한 경우의 처리 내용]
} else if [조건식 C] {
  [조건식 C를 만족한 경우의 처리 내용]
} else {
  [모든 조건식을 만족하지 않은 경우의 처리 내용]
}
```

C나 Java에서는 if에 연결된 블록이 한 문장일 경우 중괄호를 생략할 수 있다. 하지만 Go에서는 생략할 수 없다. if와 else를 구성하는 블록은 항상 중괄호로 묶여 있어야 한다.

```
/* Java 프로그래밍에서 중괄호를 생략한 예 */
/* Go에서는 사용할 수 없다 */
if (debug)
  System.out.println("debug message");
```

if의 조건식은 논리값(bool 타입의 값)을 반환해야 한다. C에서는 0을 거짓의 값으로, 0이 아닌 값을 참의 값으로 이용하는 것이 가능하지만, Go의 조건식에서는 반드시 논리값을 이용해야 한다.

```
/* if의 조건식에는 bool 타입을 반환하는 식이 필요함 */
if (true) {
  ......
}

/* 조건식이 bool 타입이 아니기 때문에 에러 발생 */
if (1) {
  ......
}
```

if와 간이문

if에는 또 다른 변형이 있다. 간이문(Simple statement)을 이용한 조건문이다. 간이

문은 식, 도입문, 암묵적 변수 정의 따위의 복잡한 구조가 없는 단일 문장이다.

간이문은 조건식 앞에 쓰고, 그 끝은 ;(세미콜론)으로 구분한다.

```
if 간이문 ; 조건식 {
  ……
}
```

간이문에서 변수의 암묵적 정의를 한 사례를 나타내었다.

```
if x, y := 1, 2; x < y {
  fmt.Printf("x(%d) is less than y(%d) \n", x, y)
}
```

간이문은 조건식보다 먼저 처리된다. 변수 x, y가 정의되고 나서 조건식을 처리하여 그 결과가 참이면 블록 안의 내용이 실행된다. 위의 예제 코드에서는 조건식 x < y를 만족하므로 x (1) is less than y (2)라는 출력을 볼 수 있다.

위에서 보인 간이문의 예는 실용성이 다소 부족하다. 간이문은 어떨 때 효과적으로 사용할 수 있을까?

Go는 if와 같은 제어문에서 암묵적으로 블록을 구성한다. 다음과 같이 if의 밖에 정의된 x와 안에 정의된 x는 그 스코프가 다르기 때문에 이름은 같지만 서로 다른 변수이다. 다시 말하면, if에 붙어 있는 블록 안에서 외부 변수 x를 참조하는 것은 불가능하다.

```
x := 5
if x := 2; true {
  // x == 2
}
// x == 5
```

다음과 같이 연산 결과를 잠시 저장할 변수 n을 간이문에 정의하여. if 블록 내에서만 유효한 변수를 정의할 수 있다. 당장 이해하기에는 다소 어려울 수 있지만, Go에서 변수의 지역성을 제어하기 위한 중요한 기능이다.

```
x, y := 3, 5
if n := x * y; n%2 == 0 {
  fmt.Printf("n(%d) is even \n", n)
```

```
} else {
    fmt.Printf("n(%d) is odd \n", n)
}
/* if 밖에서 변수 n은 정의되어 있지 않음 */
```

또한 간이문을 이용한 if는 오류 처리에도 유용하게 쓸 수 있다. 다음 예제 코드는 doSomething 함수의 실행 결과에 오류가 있을 경우 이를 처리하기 위해 if를 사용하였다. doSomething 함수의 오류 여부를 두 번째 리턴값으로 하고, 이를 if로 확인한다. 오류 여부를 저장하는 변수 err은 if 블록 안에서만 정의되어 있기 때문에 블록 바깥에는 영향을 줄 수 없다.

```
if _, err := doSomething(); err != nil {
    /* doSomething 함수에 오류가 있을 경우 이를 처리하는 부분 */
}
```

이는 Go 프로그래밍에서 자주 사용하는 표현이기 때문에 잘 알아두는 것이 좋다.

COLUMN go fmt

잠시 다른 이야기를 해 보자. Go에는 소스 코드를 표준 포맷으로 정리해 주는 go fmt 명령이 있다.

```
$ go fmt
```

go fmt을 사용하는 가장 간단한 방법은 .go 파일이 있는 디렉토리에서 go fmt 명령을 실행하는 것이다. 실행 후에 나오는 파일 이름이 Go 표준 포맷으로 재작성된 파일이다.

```
package main;import ("fmt");func main()  {fmt.Println("Hello, World!") };
```

위 예제 코드는 이 장의 초반에 소개한 세미콜론을 이용하여 하나의 행으로 표현한 프로그램이지만, 이 예제 코드 파일에 go fmt 명령을 실행하면 다음과 같이 변환된다.

```
package main
  import (
  "fmt"
)

func main() { fmt.Println("Hello, World!") }
```

패키지 선언, import 선언 및 함수의 정의 부분이 구분되어 읽기 쉬운 형태가 된 것을 볼 수 있다.

그렇다면 문법 오류는 아니지만 다음과 같이 들여쓰기가 흐트러져 있거나 불필요한 공백이나 빈 줄 등은 어떻게 처리될까?

```
func main() {
  a := 1


if (a == 1) {
fmt.Println("a is 1")
}
  fmt.Println("done")
}
```

```
func main() {
  a := 1

  if a == 1 {
    fmt.Println("a is 1")
  }

  fmt.Println("done")
}
```

변수 정의에서 필요 없는 공백은 제거되고, 2줄의 빈 줄도 줄어들었다. 그리고 들여쓰기도 적절하게 정렬되었다.

이렇게 go fmt 명령을 이용하면 Go 프로그램을 일정한 형식으로 정렬할 수 있다. 어떤 프로그래밍 언어를 사용할 때 어떤 형식으로 코드를 작성해야 하는 것은 항상 논의의 대상이며, 완벽하게 제어할 수 있는 것도 아니다. Go에서는 소스 코드를 정리해주는 표준 도구를 제공함으로써 이 어려운 문제를 미리 제거하고자 하는 것이다.

그렇기 때문에 원칙적으로 Go 프로그래밍을 할 경우 go fmt 명령이 추천하는 형식을 지켜주는 것이 좋다. IDE나 편집기의 확장 기능을 이용하여 프로그램을 저장할 때 자동으로 go fmt 명령이 실행되도록 해두면 소스 코드 정리를 위해 신경 쓸 부분도 사라지고, 여러 프로그래머들이 같이 붙어서 작업할 때에도 소스 코드의 품질을 일정하게 유지할 수 있다는 장점이 있다.

여기 예제 코드에서 한 가지 더 살펴볼 필요가 있는 부분이 있다. 소스 코드의 if (a == 1) 부분이 go fmt 명령 실행 후 if a == 1로 바뀐 부분이다.

```
if (a == b && x == y) {
  (중략)
}
```

Go에서 if의 조건식을 괄호로 둘러싸서 작성할 경우 문법 상 문제가 없기 때문에 컴파일도 문제없이 진행된다. 그러나 이 프로그램에 go fmt 명령을 실행시키면

```
if a == b && x == y {
  (중략)
}
```

조건식을 둘러싼 괄호가 사라져 버린 것을 볼 수 있다. go fmt 명령이 조건식을 강조하기 위해 추가한 괄호도 중복된 것이라고 처리하고 지워버린 것이다.

물론 다음과 같이 연산자의 우선순위를 나타내기 위한 괄호가 사라지는 것은 아니다. 어디까지나 프로그램의 의미가 변질되지 않는 한도 내에서 불필요한 괄호 등을 제거하는 것이다.

```
if (a == b && (x == 1 || y == 2)) {
  (중략)
}

/* go fmt 실행 후 */
```

```
if a == b && (x == 1 || y == 2) {
    (중략)
}
```

프로그램 안에서 눈에 띄게 하고 싶어서 추가한 괄호를 표준 도구에서 삭제해버리는 것이 마음에 들지 않을 수도 있다. Go를 접한 지 얼마 되지 않았다면 놀랄 지도 모른다.

그러나 Go에 익숙해진다면 go fmt 명령이 프로그래밍의 자유가 침해된다는 단점보다 장점이 훨씬 많다는 것을 알 수 있을 것이다.

가장 큰 장점은 코딩 규칙에 대한 논의를 할 필요가 없다는 것이다. go fmt 명령을 실행하면 모든 들여쓰기는 탭(tab)으로 대체되기 때문에 들여쓰기를 할 때 스페이스를 쓰느냐 탭을 쓰느냐 하는 논쟁도 발생하지 않는다. 모든 소스 코드에 go fmt 명령을 실행시켜 버리면 되기 때문이다.

또한 go fmt을 이용하면 다른 사람이 코드를 읽을 때 가독성이 향상된다. 여기서 다른 사람은 같은 프로젝트의 동료 프로그래머를 넘어선 낯선 사람을 의미한다.

Github 등에서 자주 볼 수 있는 오픈 소스 프로젝트의 Go 프로그램들을 살펴보면 직관적이기도 하지만 대부분 go fmt에 의한 형식으로 작성되어 있는 것을 알 수 있다. 결과적으로 서로 다른 프로그램일지라도 Go의 소스 코드들은 대체로 높은 가독성을 제공할 수 있는 것이다. 다른 프로그램들의 소스 코드 몇 개를 읽어보면 바로 알아차릴 수 있을 것이다.

다른 프로그래밍 언어로 작성된 소스 코드라면 코딩 규칙이나 개발자의 버릇같은 것도 고려해야 하지만 go fmt 명령으로 정리된 Go 프로그램이라면 코드의 본질적인 부분도 쉽게 읽을 수 있다.

그러나 go fmt 명령은 소스 코드의 구조와 형식만을 정리할 뿐 변수 및 함수의 이름과 같은 식별자에는 관여하지 않는다. 식별자 이름을 정의하는 방법이나 패키지 구성 전략 등은 각각의 프로그램이 개별적으로 해결해야 할 일이다.

그럼에도 불구하고 코딩 규칙의 범위를 크게 좁힐 수 있다는 한 가지 점만 보더라도 go fmt 명령은 유용하다고 할 수 있다. 다소 엄격하게 작동하기는 하지만, 개발자에게 꼭 필요한 명령 중 하나가 될 것이다.

for

기본 for

아까 잠시 살펴본 아무 파라미터가 없는 for를 이용하여 무한 루프를 다시 만들어 보자.

```
for {
  fmt.Println("I'm in infinite loop")
}
```

break

break를 이용하여 반복 처리를 중단시킬 수 있다. for가 여러 겹으로 중첩되어 있을 때에는 가장 가까운 for를 중단시킨다.

```
i := 0
for {
  fmt.Println(i)
  i++
  if i == 100 {
    /* 변수 i의 값이 100이 되면 for를 빠져나감 */
    break
  }
}
```

이 break는 for와 다음에 나올 switch select 에서만 사용할 수 있다.

조건식이 들어간 for

다음은 for에 조건식을 준 예시이다. 조건식이 참의 값을 반환하는 범위 안에서 블록 안의 내용을 반복하여 실행한다. C나 Java에서 쓰이는 while문과 비슷하다.

```
i := 0
/* 변수 i가 100이 될 때까지 반복 */
for i < 100 {
  fmt.Println(i)
  i++
}
```

고전 for

물론 우리가 잘 알고 있는 for처럼 사용할 수도 있다.

```
/* 변수 i가 100이 될 때까지 반복 */
for i := 0; i < 100; i++ {
    fmt.Println(i)
    i++
}
```

여기서 사용된 for에서는 시작 조건, 조건식, 증감식의 3가지 요소를 세미콜론으로 구별하고 있다. 반복문이 처음 시작할 때 시작 조건을 이용하여 초기화가 이루어지고, 조건식을 만족하는 동안 증감식이 반복된다. 증감식이 실행된 후 조건식이 참이면 반복문을 계속 실행하고, 거짓이면 반복문이 종료된다.

```
for 시작 조건;조건식;증감식{
처리 내용
}
```

시작 조건, 조건식, 증감식의 3가지 요소는 모두 선택사항임에 주목하자. 이 3가지 요소를 모두 생략하여 세미콜론만 남은 for는 아무 파라미터가 없는 for와 마찬가지로 무한 반복에 빠진다.

```
for ;; {
    /* 아무 파라미터도 없기 때문에 실질적으로 무한 루프 */
}
```

조건식만을 파라미터로 줄 수도 있다. 이럴 때는 조건식이 들어간 for와 동등하지만, 굳이 이러한 방법을 선택할 필요는 없다.

```
i := 0
for ; i < 100; {
    fmt.Println(i)
    i++
}
```

continue

continue는 반복문의 남은 내용을 무시하고 반복문의 처음으로 돌아가게 한다. for가 여러 겹으로 중첩되어 있는 경우에는 가장 가까운 for 안에서만 작동한다.

```
for i := 0; i < 100; i++ {
    if (i % 2 == 1) {
        /* 홀수일 경우 이후의 내용을 무시함 */
        continue
    }
    fmt.Println(i)
    i++
}
```

continue는 for에서만 사용할 수 있다.

range와 for

마지막으로 범위를 지정한 for에 대해 알아보자. 범위는 예약어 range와 식을 조합하여 지정할 수 있다. 다음 예제 코드는 크기가 3인 문자열 배열 fruits의 각 요소에 대한 반복문이다.

```
fruits := [3]string {"Apple", "Banana", "Cherry"}
/* 범위를 지정한 for */
for i, s := range fruits {
    // i : 문자열 배열의 인덱스 (0, 1, 2, ...)
    // s : 인덱스에 대응하는 문자열 값
    fmt.Printf("fruits[%d]=%s \n", i, s)
}
/* 출력 */
fruits[0]=Apple
fruits[1]=Banana
fruits[2]=Cherry
```

range가 들어간 for는 배열뿐만 아니라 여러 개의 요소를 가진 자료형이라면 이용할 수 있다.

range를 이용할 수 있는 데이터의 유형을 표 3.26에 정리해 두었다. 아직 설명하지 않은 유형에 대해서는 다음 장에서 알아보기로 하고, 이렇게 다양한 데이터에 적용할 수 있다는 사실만 확인하고 넘어가도록 하자.

〈표 3.26〉 범위 표현식을 사용할 수 있는 데이터 유형과 반복값

데이터 유형	자료형	1번째 반복값	1번째 반복값의 자료형	2번째 반복값	2번째 반복값의 자료형
배열	[n]E	인덱스	int	배열의 요소	E
배열 포인터	*[n]E	인덱스	int	배열의 요소	E
슬라이스	[]E	인덱스	int	슬라이스 요소	E
문자열	string	인덱스	int	룬	rune
맵	map[K]V	맵의 키	K	맵의 값	V
채널	chan E, <-chan E	채널 값	E	(없음)	

배열과 range

배열과 range를 이용한 for의 기본형은 다음과 같다.

```
for [배열 인덱스], [배열의 요소] : = range [배열] {
  ......
}
```

1번째 반복값에 배열 인덱스가, 2번째 반복값에 배열의 요소가 들어간다. 배열의 인덱스는 0부터 시작하여 1씩 증가하여 배열의 요소 수 –1까지 반복된다. 중요한 것은 배열의 처음부터 끝까지 인덱스와 요소에 대해 반복된다는 것이다.

배열의 인덱스는 int 타입이지만, 배열의 요소의 자료형은 배열에 따라 다르다. 예를 들어 [3] uint 타입 배열이라면 배열의 요소는 uint 타입이다.

문자열과 range

배열에서 range는 배열의 각 요소에 대해 반복을 수행하고, 문자열에 대해서는 문자열에 포함된 각 문자에 대해 반복을 수행한다. 따라서 2번째 반복값이 rune 타입 인 것에 주의하자.

```
for 문자열의 인덱스, 문자 (rune 타입) := range 문자열{
  ......
}
```

다음 예제 코드는 문자열 "ABC"에 range를 적용한 것이다.

```
for i, r := range "ABC" {
```

```
    fmt.Printf("[%d] -> %d\n", i, r)
}
/* 출력결과 */
[0] -> 65
[1] -> 66
[2] -> 67
```

문자열의 처음부터 한 글자씩 반복문이 수행되는 것을 볼 수 있다. 변수 r은 rune 타입이므로 유니코드의 문자 코드가 출력되는 것이다.

문자열에서 range를 사용할 때에는 주의사항이 있다. 1번째 반복값인 문자열 인덱스가 n번째 문자라는 뜻이 아니라는 것이다. 다음의 예시에서 알 수 있듯이 문자열 "가나다"의 문자열 인덱스는 문자마다 3씩 증가한다.

```
for i, r := range "가나다"{
    fmt.Printf("[%d] -> %d\n", i, r)
}
/* 출력 결과 */
[0] -> 44032
[3] -> 45208
[6] -> 45796
```

문자열에서 range를 사용하면 UTF-8로 인코딩된 문자열의 코드 포인트를 기준으로 반복이 수행된다. 문자열의 인덱스로 전달되는 값은 코드 포인트가 시작되는 바이트의 인덱스이다. 즉, 문자의 코드 포인트에 따라 문자열 인덱스가 증가하는 폭이 다르다. 틀리기 쉬운 부분이므로 주의하도록 하자.

switch

Go의 switch는 언뜻 보면 C와 Java에 있는 것과 유사한 것 같지만 기능은 크게 다르다. for처럼 다양한 변형이 있는 것이 특징이다.

switch로 구성된 문장은 문법에 따라 두 가지 의미로 나누어진다. 하나는 식에 의한 switch이고, 다른 하나는 자료형에 의한 switch이다. 편리하지만 이해하기 까다로운 부분이 있으니 차이점에 주의하도록 하자.

식에 의한 switch

먼저 식에 의해 분기하는 switch에 대해 알아보자. if와 마찬가지로 식 앞에 임의의 간이문을 넣을 수 있다. switch 블록 안에는 여러 개의 case 절을 쓸 수 있고, 모든 case에 해당하지 않는 경우에 대한 default 절을 1개 사용할 수 있다.

```
switch 간이문;식 {
  ......
}
```

case 절에는 여러 개의 값을 쉼표로 구분하여 나열할 수 있다. switch의 식과 case 절에 나열된 값이 연산자 == 에 의해 참일 경우, 그 case 절 안의 내용이 실행된다.

```
n := 3
switch n {
case 1, 2:
  fmt.Println("1 or 2")
case 3, 4:
  fmt.Println("3 or 4")
default:
  fmt.Println("unknown")
}
/* 출력 결과 */
3 or 4
```

위의 예시에서는 변수 n의 값이 3이기 때문에 2번째 case 절의 내용이 실행된다. 만약 변수 n의 값이 5라면 어느 case에도 없는 값이기 때문에 default 절의 내용이 실행되는 것이다.

C나 Java의 switch는 각 case절 뒤에 break를 써주지 않으면 다음 case 절의 내용도 계속해서 실행되는 것이(Fall through) 정상이므로, break를 쓰는 것을 잊으면 의도하지 않은 동작이 수행되는 등 실수하기 쉬운 부분이 많았다.

하지만 Go에서는 switch에서 하나의 case 절의 실행이 끝나면 그와 동시에 switch 처리가 완료된다.

```
case 1, 2:
  fmt.Println("1 or 2")
  /* 다음 case 절의 내용은 실행되지 않음 */
case 3, 4:
  fmt.Println("3 or 4")
```

그러나 다음 내용을 계속해서 실행하게 해야 할 경우도 있다. 그럴 때는 예약어 fallthrough를 사용하면 된다. 다음 예제 코드에서는 바로 첫 case 절에서 분기가 일어나지만, 모든 case에 대해 fallthrough가 있기 때문에 default 절의 내용을 포함한 모든 내용이 실행된다. Go에서는 이렇게 case 절에서 틀리기 쉬운 fall through의 문제를 차단하고, 필요한 경우에는 명시적으로 표기하여 처리할 수 있도록 설계되어 있다.

```
s := "A"
switch s {
case "A":
  s += "B"
  fallthrough
case "B":
  s += "C"
  fallthrough
case "C":
  s += "D"
  fallthrough
default:
  s += "E"
}
fmt.Println(s) // => "ABCDE"
```

각각의 case 절에 주어진 상수는 switch의 식의 형태와 호환되어야 한다. 다음 예에서는 컴파일 오류가 발생한다.

```
n := 1
switch n {
case 1:
  fmt.Println("one")
case "2": // 컴파일 오류 : 호환되지 않는 형식
  fmt.Println("two")
case 3:
  fmt.Println("three")
}
```

자료형을 명시하지 않고 상수를 이용하여 case 절을 사용하면, switch의 식에서 상수와의 호환 여부가 결정된다.

```
n := 1
switch n {
case 1:
  fmt.Println("one")
case 2.0: /* 실수형 상수이지만 정수 2와 호환됨 */
  fmt.Println("two")
case 3 + 0i: /* 복소수형 상수이지만 정수 3과 호환됨 */
  fmt.Println("three")
}
```

위의 코드는 아주 극단적인 예시로, 실수형 상수 2.0은 정수 2와 호환되고 복소수형 상수인 3+0i는 정수 3과 호환되어 오류가 발생하지 않는다. 만약 2번째 case 절의 상수가 2.5라면 정수와 호환되지 않기 때문에 컴파일 오류가 발생한다.

Go의 상수와 실행 시의 자료형의 관계는 이용하기엔 편리하지만 헷갈리기 쉬운 부분이므로 주의가 필요하다.

간이문을 이용하여 if처럼 사전 처리를 추가할 수 있다. 다음과 같이 간이문 n:=2로 정의된 변수 n은 switch 안에서만 존재한다. Go에서 if와 switch에서 사용할 수 있는 간이문은 변수의 지역성을 높이기 위한 중요한 기능이므로 적극적으로 활용하도록 하자.

```
/* 변수 n은 switch 안에만 존재 */
switch n := 2; n {
case 1, 3, 5, 7, 9:
 fmt.Printf("%d is odd\n", n)
case 2, 4, 6, 8, 10:
 fmt.Printf("%d is even\n", n)
}
```

식과 case

case 절에는 식도 이용할 수 있다. 식은 if에서 사용하는 조건식과 유사하며, bool 타입 값을 결과로 가지는 수식을 이용할 수 있다.

```
n := 4
switch {
case n > 0 && n < 3:
  fmt.Println("0 < n < 3")
case n > 3 && n < 6:
```

```
  fmt.Println("3 < n < 6")
}
/* 출력 결과 */
3 < n < 6
```

이와 같이 case 절에 임의의 식을 쓸 경우 switch의 식은 생략할 수 있다. 이것은 오히려 생략하는 것이 좋을 수도 있다. 각각의 case 절의 식들이 bool 타입 값을 결과로 가지기 때문에 switch에 식이 있을 경우에는 이 식도 bool 타입의 값을 가져야 하고, 그러면 어떤 식을 쓰더라도 처리상 달라지는 점은 없기 때문이다.

Go에서는 switch에 식이 생략되면 논리값 true를 가진다고 가정한다. 명시적으로 true라고 써도 문제는 없지만 case 절에 식을 이용할 경우에는 생략하는 것이 좋다.

```
switch true {
  ......
}
```

상수를 사용한 case 절과 식을 이용한 case 절을 같이 사용하는 것은 원칙적으로 오류가 발생한다고 기억해 두자. 다음 예제 코드에서는 1번째 case 절의 int 타입과 2번째 case 절의 bool 타입이 서로 일치하지 않는다는 컴파일 오류가 발생한다. 정확하게는 상수와 식이 같이 있어서 오류가 발생한 것이 아니라, 그 두 개의 자료형이 다르기 때문에 오류가 발생한 것이다.

```
/* switch 안의 case 절에 상수와 식이 같이 있으면 컴파일 오류 */
switch x := 1; x {
case 1, 2, 3:
  fmt.Println(x)
case x > 3:
  fmt.Println(x * x)
}
```

문법적으로는 문제가 없기 때문에 코드 작성에는 문제가 없다. 하지만 이해를 위한 코드이고 실질적으로는 사용할 수 없으니 유의하도록 하자.

```
switch b := true; b {
case true, false:
 fmt.Println("true or false")
```

```
case b != false:
 fmt.Println("is not false")
}
```

자료형 주장(Type assertion)

자료형에 의한 switch에 대해 설명하기 전에 자료형 주장에 대해 먼저 짚고 넘어가도록 하자. 자료형 주장은 Go에서 동적으로 변수의 형태를 확인하는 중요한 기능이다.

```
func anything(a interface{}) {
   fmt.Println(a)
}
/* interface{}는 모든 자료형을 지정할 수 있음 */
anything(1)
anything(3.14)
anything(4 + 5i)
anything('A')
anything("한국어")
anything([...]int {1, 2, 3, 4, 5 })
```

모든 자료형과 호환되는 interface{} 타입을 이용하면 이와 같이 다양한 자료형을 파라미터로 취하는 함수를 만들 수 있다.

anything 함수는 interface{} 타입의 파라미터 1개만을 취하지만 이 파라미터로 전달된 값의 원래 자료형에 대한 정보는 함수가 알 수 없다. 이러한 상황에서 interface{} 변수에 원래 들어 있던 값의 자료형이 어떤 것인지 동적으로 확인하는 과정이 필요하다.

자료형 주장은 다음과 같이 할 수 있다. 변수 x는 interface{} 타입 변수이다. 또한 T는 임의의 자료형 이름이다.

```
x.(T)
```

다음은 가장 간단한 자료형 주장 방법이다.

```
var x interface{} = 3
i := x(int) // 변수 i는 int 타입이고 그 값은 3
f := x(float64) // 컴파일 오류
```

interface{} 타입 변수 x의 값은 int 타입 정수 3이다. int 타입이라는 자료형 주장에 의해 변수 i는 int 타입으로 결정되고, 정수 3이 대입된다. 이렇게 자료형 주장을 하게 되면 interface{} 타입에 의해 은폐된 원래 값의 자료형을 알 수 있다.

그러나 자료형 주장에 실패하면 오류가 발생되어 프로그램의 실행이 중단된다.[4] 이렇기 때문에 명확하게 interface{} 타입 값의 내용을 추측할 수 없다면 이 방식은 자주 사용하기 힘들 것이다.

다른 형태의 자료형 주장 방법을 알아보자.

```
var x interface{} = 3.14

i, isInt := x.(int) // i == 0, isInt == false
f, isFloat64 := x.(float64) // f == 3.14, isFloat64 == true
s, isString := x.(string) // s == "", isString == false
```

이번에는 두 변수에 대입할 수 있는 방식이다. 자료형 주장이 성공하면 1번째 변수의 값은 자료형의 이름, 2번째 변수의 값은 true가 된다. 자료형 주장이 실패하더라도 오류는 발생하지 않고 2번째 변수의 값이 false가 되어 자료형 주장 오류를 감지할 수 있다. 실패했을 경우 1번째 변수의 값은 그 자료형의 초깃값이 된다. 특별히 값이 필요하지 않다면 _, isInt := x(int) 와 같이 변수를 생략할 수도 있다.

이처럼 2개의 변수를 이용한 자료형 주장과 분기 처리를 결합하여 실행할 내용을 나눌 수 있다. Go의 다양한 자료형을 활용한 유연한 프로그램을 만들 때에는 interface{} 타입 및 자료형 주장을 결합하면 큰 효과를 얻을 수 있다.

```
/* 변수 x는 interface{} 타입 */
if x == nil {
   fmt.Println("x is nil")
} else if i, isInt := x.(int); isInt {
   fmt.Printf("x is integer : %d \n", i)
} else if s, isString := x.(string); isString {
 fmt.Println(s)
} else {
 fmt.Println("unsupported type!")
}
```

---

4) Go는 이렇게 실행 시에 발생하는 오류(런타임 오류)를 런타임 패닉이라고 한다.

자료형에 의한 switch

자료형에 의한 switch를 이용하면 자료형 주장과 분기를 조합한 프로그램을 쉽게 작성할 수 있다.

기본적인 작성 방법은 다음과 같다.

```
/* 변수 x는 interface{} 타입 */
switch x.(type) {
case bool:
  fmt.Println("bool")
case int, uint:
  fmt.Println("integer or unsigned integer")
case string:
  fmt.Println("string")
default:
  fmt.Println("don't know")
}
```

x(type)라는 부분이 특이해 보일 것이다. switch 안의 case 절에 상수 대신 자료형 이름을 쉼표로 구분하여 임의의 숫자를 지정할 수 있다. if에 의한 분기보다 간단하게 작성할 수 있다는 것을 알 수 있다.

자료형 정보 이외의 값을 이용하려면 y := x(type) 과 같이 써서 값을 변수에 넣을 수도 있다. case 절에서 자료형 자체가 필요할 때에는 이렇게 사용하면 된다.

```
switch v := x.(type) {
case bool:
  fmt.Println("bool:", v)
case int:
  fmt.Println(v * v)
case string:
  fmt.Println(v)
default:
  fmt.Printf("%#v\n", v)
}
```

자료형에 의한 switch를 사용할 때 주의할 점은 case 절에 자료형 이름을 하나만 쓰는 경우와 여러 개를 나열한 경우의 동작이 다르다는 점이다. 다음 예제 코드는 case int:와 같이 int 타입 하나만을 썼고, 특별한 문제 없이 v * v의 결과인 49가 출력된다.

```
var x interface{} = 7

switch v := x.(type) {
case int:
  fmt.Println(v * v) // => "49"
}
```

그러나 다음과 같이 case에 uint를 추가해보면 바로 컴파일 오류가 발생한다.

```
var x interface{} = 7
switch v := x.(type) {
case int, uint:
  fmt.Println(v * v) // 컴파일 오류
}
```

```
invalid operation: v * v (operator * not defined on interface)
```

이 컴파일 오류는 case절 내부에서 자료형을 명확하게 정하지 못했기 때문에 발생한 것이다. 자료형이 명확하게 하나로 정해진 경우에는 변수 v를 자료형 정보와 함께 변수로 처리할 수 있지만, case 절에 자료형을 나열하였을 경우에는 변수 v의 자료형이 하나로 정해지지 않기 때문이다. 결과적으로 변수 v는 interface{} 타입으로 case 절에서 동작하게 된다. 합리적이라고 할 수도 있고, 이해하기 어려울 수도 있다. 자료형 주장에서 얻은 값을 이용할 때에는 case 절에 자료형 이름을 나열하는 것은 피하도록 하자.

goto

함수 내의 임의의 위치로 이동하는 goto 문은 Go에도 있다. 일반적인 프로그래밍에서는 가능한 한 사용을 하지 않기를 권장하지만 최적화와 같은 작업을 수행할 때 강력한 기능을 가지고 있기도 하다.

C와 마찬가지로 Go에서 goto 문을 사용하려면 라벨과 함께 사용해야 한다. 라벨은 [라벨 이름 :]의 형태로 임의의 위치에서 정의할 수 있다. 라벨 이름에 사용할 수 있는 문자는 변수나 함수 등의 식별자와 같은 명명 규칙을 가진다.

다음 예제 코드를 실행해 보면 goto L에 의해 L 라벨 위치까지의 내용은 무시되어 결과적으로 fmt.Println("B") 부분은 실행되지 않는다.

```
func main() {
  fmt.Println("A")
  goto L
  fmt.Println("B") // 실행되지 않음
L : /* 라벨 */ "
  fmt.Println("C")
}
```

goto와 라벨의 조합은 함수 범위 내에서 사용 가능하다. 다음과 같이 함수 사이를 이동하는 것은 불가능하다.

```
func otherFunc() {
A : // 라벨 A는 사용되지 않음
  fmt.Println("A")
}
func main() {
  goto A // 라벨 A는 정의되어 있지 않음
}
```

또한 goto로 for 블록의 내부로 들어가는 것도 불가능하다.

```
goto L // 오류 : 블록 내부로 goto 사용 불가
for {
L:
  fmt.Println("Hello")
}
```

다음과 같이 변수 정의를 뛰어넘는 goto도 컴파일 오류가 발생한다. 조건에 따라 변수가 정의되거나 정의되지 않거나 하는 작업은 Go에서 할 수 없다.

```
  goto L
  n := 1 // 오류 : goto가 변수 정의를 뛰어넘음
L:
  fmt.Println("n = ", n)
```

굳이 goto를 사용할 곳을 찾아본다면 다음과 같이 여러 겹으로 둘러싸인 반복문을 한 번에 빠져나오는 것을 생각해볼 수 있다.

```
/* 여러 겹의 for */
for {
  for {
    for {
      fmt.Println("start")
      goto DONE
    }
  }
}
DONE:
 fmt.Println("done")
```

그러나 이어서 설명할 라벨 문장을 이용하면 goto를 사용하지 않아도 같은 일을 할 수 있다. 라벨 문장은 라벨과 break, continue를 조합한 것이다. Go 프로그래밍에서 goto는 거의 사용할 일이 없다고 생각해도 좋다.

라벨 문장

라벨 문장을 for 등과 같이 이용하면 복잡한 처리 흐름을 알기 쉽게 만들 수 있다.

위에서 goto를 이용하여 깊은 반복문에서 빠져나오는 코드를 라벨이 붙은 break 문장으로 쉽게 만들 수 있다. 라벨이 없는 break는 자신이 속한 블록 하나만을 빠져나오지만, 라벨과 결합하여 모든 블록을 빠져나올 수 있는 것이다.

```
LOOP:
  for {
    for {
      for {
        fmt.Println("시작")
        break LOOP
      }
      fmt.Println("처리되지 않음")
    }
    fmt.Println("처리되지 않음")
  }
  fmt.Println("완료")
```

다음은 라벨과 continue를 결합한 경우를 살펴보자. 2중으로 중첩된 for가 각각 3회 반복된다.

```
for i := 1; i <= 3; i++ {
for j := 1; j <= 3; j++ {
  fmt.Printf("%d * %d = %d\n", i, j, i*j)
  }
}
/* 출력 결과 */
1 * 1 = 1
1 * 2 = 2
1 * 3 = 3
2 * 1 = 2
2 * 2 = 4
2 * 3 = 6
3 * 1 = 3
3 * 2 = 6
3 * 3 = 9
```

다음의 예에서는 원래 코드에 라벨 L을 추가하고, 안쪽 for에 라벨을 지정한 continue문을 추가하였다. j > 1이라는 조건에 따라 안쪽 for가 한 번만 실행되는 것을 볼 수 있다. continue문은 안쪽 for를 중단시키지만 fmt.Println("실행되지 않음") 부분은 실행되지 않는 점에 유의하자. continue L 명령은 이후의 내용을 무시하고 라벨 L에 위치한 반복문을 이어서 실행시킨다.

```
L:
  for i := 1; i <= 3; i++ {
    for j := 1; j <= 3; j++ {
      if j > 1 {
        continue L
      }
      fmt.Printf("%d * %d = %d\n", i, j, i*j)
    }
    fmt.Println ("실행되지 않음")
  }
/* 출력 결과 */
1 * 1 = 1
2 * 1 = 2
3 * 1 = 3
```

defer

defer를 이용하면 함수가 종료될 때 실행될 식을 등록할 수 있다.

```
func runDefer() {
  /* defer에 등록된 식은 함수 종료시 실행됨 */
  defer fmt.Println("defer")
  fmt.Println("done")
}
runDefer()

/* 출력 결과 */
done
defer
```

위 예제 코드를 보면 runDefer 함수의 마지막 문자열 출력 다음에 defer문에 등록된 식이 실행되는 것을 알 수 있다. defer로 등록할 수 있는 식은 callFunc()처럼 함수 호출 형식의 식만 허용된다.

함수 안에서 자유롭게 defer를 이용하여 식을 등록할 수 있다. 중요한 것은 defer로 등록된 여러 식들은 함수 종료 시 나중에 등록된 순으로 실행된다는 것이다. 이 순서를 알지 못한다면 의도하지 않은 동작이 일어날 수 있다.

```
func runDefer() {
  defer fmt.Println("1")
  defer fmt.Println("2")
  defer fmt.Println("3")
  fmt.Println("done")
}
runDefer()

/* 출력 결과 */
done
3
2
1
```

함수가 종료될 때 실행되는 식은 어떤 의미가 있는 것일까? defer를 가장 유용하게 쓸 수 있는 곳은 아마도 메모리 등의 자원 해제일 것이다.

다음 예제 코드에서는 os.Open 함수를 이용하여 파일을 열고 있다. 파일을 여는 작업에 문제가 없었다면 함수의 종료 시점에 그 파일을 닫도록 defer를 사용하였다. 따라서 파일 등의 동적 자원을 해제하지 않아 생기는 메모리 누출 등의 문제를 방지하는 측면에서 유용하게 사용할 수 있다.

```
file, err := os.Open("/path/to/file")
if err != nil {
    /* 파일 열기에 실패하였다면 return */
    return
}
/* 파일 닫기 처리 등록 */
defer file.Close()
```

defer에 여러 개의 작업을 등록하려면 다음과 같이 무명 함수를 사용해야 한다. defer로 등록할 수 있는 식이 함수 호출 형식에 한정되어 있기 때문에 무명 함수의 정의뿐만 아니라 함수 호출에 대한 괄호도 추가해야 한다.

```
defer func() {
    fmt.Println("A")
    fmt.Println("B")
    fmt.Println("C")
}() // 주의 : 함수 호출 형식
```

panic과 recover

지금부터 설명하는 panic과 recover는 엄밀하게는 제어구문이 아니고, 각각 함수로 정의된 기능들이다. 다른 프로그래밍에서 볼 수 있는 예외 처리 기능과 비슷한 기능을 수행하지만, Go 런타임을 강제로 정지시키기 때문에 자주 사용하는 일은 없어야 할 것이다.

panic

panic은 다음과 같이 정의되어 있다.

```
func panic(v interface{})
```

panic을 실행하면 즉시 런타임 패닉이 발생하여 실행 중인 함수가 중단된다. Go

의 런타임 패닉은 다른 프로그래밍 언어에서 런타임 오류라고 부르는 것과 동일하다.

```
package main

import (
    "fmt"
)

func main() {
    panic ("runtime error!") // 여기서 오류를 발생시켜 중단
    fmt.Println("Hello, World!")
}
```

panic은 프로그램에서 더 이상 실행을 계속할 방법이 없는 상태를 나타낼 때 사용된다. 다른 프로그래밍 언어에서의 일반적인 오류 처리를 위해서 사용하는 일은 없어야 할 것이다. C에서의 분할 오류 또는 Java에서의 OutOfMemoryError처럼 복구할 수 없는 상황을 나타내는 것이다.

panic에 전달된 파라미터는 런타임 정지 시 다음과 같이 화면에 표시된다. panic을 사용하는 경우에는 어떤 이유로 런타임이 정지되었는지에 대해 자세한 정보를 추가하는 것이 좋다.

```
panic: runtime error!

goroutine 1 [running]:
panic(0x9dc00, 0xc82000a2d0)
        /usr/local/go/src/runtime/panic.go:464 +0x3e6
main.main()
        /path/to/go-file.go:8 +0x65
exit status 2
```

또한 panic으로 런타임을 정지시키지만 중단 지점까지 defer로 등록된 식들은 모두 실행된다.

```
func main() {
    /* panic 시에도 defer문은 실행됨 */
    defer fmt.Println("on defer")
```

```
    panic("runtime error!")
    fmt.Println("Hello, World!")
}
```

recover

recover 함수는 panic으로 발생시킨 런타임 패닉에 의해 중단된 프로그램을 복구하기 위한 기능을 제공한다.

recover는 defer와 함께 사용하는 것이 원칙이다. panic은 함수의 실행을 중단시키고 defer로 등록된 식을 실행시키기 때문에 recover는 defer에 쓰이지 않으면 실행될 수 없다. recover는 interface{} 타입의 값을 리턴하고, 그 값이 nil이 아니라면 panic이 실행되었다고 판단할 수 있다.

```
func main() {
    defer func() {
        if x := recover(); x != nil {
            /* 변수 x는 panic에 전달된 interface{} */
            fmt.Println(x)
        }
    }()
    panic("panic!")
    /* 이 부분은 실행되지 않음 */
    fmt.Println("Hello, World!")
}
/* 출력 결과 */
panic!
```

다음 예제 코드는 panic과 recover를 조합한 예시이다. 조금 길지만 찬찬히 살펴보길 바란다.

```
func testRecover(src interface{}) {
    defer func() {
        if x := recover(); x != nil {
            /* panic에 의한 interface{} 타입 값에 따라 분기 */
            switch v := x.(type) {
            case int:
                fmt.Printf("panic: int=%v\n", v)
            case string:
```

```
            fmt.Printf("panic: string=%v\n", v)
        default:
            fmt.Println("panic: unknown")
        }
    }
  }()
  panic(src)
  return
}

func main() {
  testRecover(128)
  testRecover([...]int {1, 2, 3 })
}
/* 출력 결과 */
panic: int=128
panic: string=hogehoge
panic: unknown
```

이렇게 recover를 사용하면 런타임 패닉에서 벗어날 수 있다. 또한 panic의 결과로 얻은 interface{} 타입의 값으로 recover 처리를 분기시킬 수도 있다.

panic과 recover를 결합하면 일종의 예외 처리를 구현할 수는 있다. 그러나 이 기능은 함수를 뛰어넘는 goto처럼 작동할 수 있는 너무나 강력한 기능이다. 어지간하면 사용하지 않는 것을 권한다(현실적으로 이 방법을 많이 사용하는 프로그램은 사용하지 않는 것이 좋다). 특히 Go의 라이브러리에서 특정 함수가 panic을 일으킬 수 있다는 전제로 설계하는 것은 절대로 피해야 할 것이다.

go

Go 언어의 이름과 같은 go는 병렬 처리를 수행하는 기능을 가지고 있다.

go는 defer와 마찬가지로 함수 호출 형식의 식을 취한다. 다음 예제 코드를 실행하면 main 함수의 무한 루프와 sub 함수의 무한 루프가 동시에 시작되고, 각각의 반복문에서 출력하는 문자열이 불규칙하게 나타난다.

```
func sub() {
  for {
    fmt.Println("sub loop")
  }
```

```
}

func main() {
    go sub() // Go 루틴 시작
    for {
        fmt.Println("main loop")
    }
}
```

물론 무명 함수도 사용할 수 있다. 다음 예제 코드는 위의 코드와 똑같이 작동한다.

```
func main() {
    /* 무명 함수에 의한 go문 */
    go func() {
        for {
            fmt.Println("sub loop")
        }
    }()
    for {
        fmt.Println("main loop")
    }
}
```

Go에서는 스레드보다 작은 처리 단위인 Go 루틴(Routine)을 이용하여 병렬 처리를 구현하였다. go는 Go 루틴을 생성하여 새로운 처리 흐름을 런타임에 추가하는 기능을 수행한다. Go에서는 이처럼 일반적으로 어렵다고 생각되는 병렬 처리를 간단하게 수행할 수 있게 설계되어 있다.

Go 루틴에 대해 좀 더 자세히 알아보기 위해 runtime 패키지를 이용해보도록 하자. 이 패키지에는 Go 런타임에 대한 정보를 참조하거나 동작을 제어할 수 있는 기능이 포함되어 있다. 다음 예제 코드를 실행시켜 보자.

```
package main

import (
    "fmt"
    "runtime"
)
```

```
func main() {
    fmt.Printf("NumCPU: %d\n", runtime.NumCPU())
    fmt.Printf("NumGoroutine: %d\n", runtime.NumGoroutine())
    fmt.Printf("Version: %s\n", runtime.Version())
}
```

```
NumCPU: 2
NumGoroutine: 1
Version: go1.6
```

위는 가상머신 상의 Linux 환경에서의 출력 예시이다. 환경과 Go 버전에 따라 각각 다른 값이 출력될 수 있다.

NumCPU는 Go 런타임이 동작하고 있는 환경의 CPU 수를 나타낸다. 최근 CPU는 여러 개의 코어를 가지는 것이 일반적이므로, 사용 가능한 CPU의 코어 수라고 보는 것이 적절하다.

NumGoroutine은 Go 런타임에서 실행되고 있는 Go 루틴의 수를 나타낸다. 예시 화면에서는 하나의 Go 루틴이 동작하고 있는 것을 볼 수 있다. 시험에 앞서 go를 하나 더 추가해 보자.

```
func main() {
    go fmt.Println("Yeah!") // go 추가
    fmt.Printf("NumCPU: %d\n", runtime.NumCPU())
    fmt.Printf("NumGoroutine: %d\n", runtime.NumGoroutine())
    fmt.Printf("Version: %d\n", runtime.Version())
}
```

NumGoroutine의 값이 1 증가한 것을 볼 수 있다. 이를 통해 go로 Go 루틴을 생성시켜 새로운 처리 흐름이 생긴 것을 알 수 있다. 직접 실행했을 때 환경과 Go 버전의 차이에 따라 예시 화면과 완벽하게 같은 결과가 나오지는 않겠지만 Go 루틴이 Go 런타임에 의해 관리된다는 점을 알아두자.

init

Go 패키지에는 패키지의 초기화를 위한 함수 init을 정의할 수 있다. 여기에는 제어구문도 없고 미리 정의된 함수도 없다. 개발자 자신이 임의로 정의를 할 수 있는

함수이다.

다음 예제 코드는 함수 init를 정의하고 있다. 파라미터도 없고, 리턴값도 없다. 만약 파라미터나 리턴값을 추가하면 컴파일 오류가 발생한다.

```
package main

import (
    "fmt"
)

func init() {
    fmt.Println("init()")
}

func main()  {
    fmt.Println("main()")
}
/* 출력 결과 */
init()
main()
```

위의 출력 결과에서 알 수 있듯이 init 함수는 main 함수보다 먼저 실행된다. 즉 프로그램의 메인 루틴이 실행되기 전에 초기화 작업을 안정적으로 수행할 수 있는 것이다.

init 함수는 또 한 가지 재미있는 규칙을 가지고 있다. 다음 예제 코드와 같이 1개의 패키지에 여러 개의 init 함수를 정의할 수 있다.

```
package main

import (
    "fmt"
)

var S = "“

func init() {
    S = S + "A"
}
```

```
func init() {
  S = S + "B"
}

func init() {
  S = S + "C"
}

func main() {
  /* init 함수는 정의된 순서대로 실행됨 */
  fmt.Println(S) // => "ABC"
}
```

Go 함수는 일반 함수를 같은 이름으로 여러 개 정의하면 컴파일 오류가 발생하지만 init 함수에서는 발생하지 않는다. 참고로 위의 코드와 같이 여러 개의 init 함수가 정의되어 있는 경우, 각각의 실행 순서는 소스 코드에 나타난 순서를 따른다. 이와 같이 하나의 파일에 여러 개의 init 함수를 정의하는 것은 큰 의미는 없지만 패키지를 여러 개의 파일로 분산하는 경우에는 유용할 것이다. 그런 특별한 경우를 제외한다면 init 함수는 한 파일에 하나씩만 정의하는 것이 좋다.

Chapter

4

참조형

슬라이스, 맵, 채널

4.1 참조형이란

Go에서는 특수한 데이터 구조를 갖춘 참조형이라는 자료형이 정의되어 있다. 기본적으로 슬라이스(Slice), 맵(Map), 채널(Channel)의 3가지가 정의되어 있으며, 각각의 참조형은 강력한 기능을 가지고 있다. 이 장에서는 이 참조형의 사용 방법에 대해 알아보기로 한다.

4.2 내장함수 make

참조형 데이터를 생성하기 위해서는 make라는 내장 함수를 사용해야 한다. 슬라이스, 맵, 채널 모두 make로 생성하기 때문에 함수 호출 방법에는 각각 차이가 있다. 표 4.1에 make의 사용 방법을 정리하였다.

〈표 4.1〉 make를 이용한 참조형 데이터 생성 방법

호출 방식	T 자료형	의미
make(T, n)	슬라이스	크기와 용량이 n인 T 타입의 슬라이스 생성
make(T, n, m)	슬라이스	크기가 n, 용량이 m인 T 타입의 슬라이스 생성
make(T)	맵	T 타입의 맵 생성
make(T, n)	맵	크기가 n인 T 타입의 맵 생성
make(T)	채널	버퍼가 없는 T 타입의 채널 생성
make(T, n)	채널	버퍼 크기가 n인 T 타입 채널 생성

이와 같이 용법이 참으로 다양하지만 각각의 참조형 데이터 구조에 대해 이해를 해나간다면 결코 어렵지 않을 것이다. 지금부터 각 참조형에 대해서 알아보도록 하자.

4.3 슬라이스

슬라이스(Slice)는 Go에서 가장 많이 이용하는 데이터 구조이다. 소위 '가변 길이

배열'을 표현하는 자료형이라고 생각해도 무방하다.

슬라이스를 나타낼 때에는 다음과 같이 대괄호 뒤에 임의의 자료형을 쓰면 된다.

```
/* int 타입 슬라이스 */
var s []int
```

위 예제 코드에서 변수 s는 int 타입 데이터를 저장하는 슬라이스라고 선언되어 있다.

그렇다면 make를 이용하여 슬라이스를 생성해 보자. 다음 예제 코드에서는 크기와 용량(잠시 후에 설명함)이 10인 int 타입 슬라이스를 생성한다.

```
s := make([]int, 10)
fmt.Println(s)
/* 출력 결과 */
[0 0 0 0 0 0 0 0 0 0]
```

출력을 시켜보면 모든 값이 0인 int 타입 배열과 비슷한 출력을 얻을 수 있다.

사실 배열과 슬라이스는 서로 비슷하게 동작한다. 다음 예제에서는 [10]int 타입 배열 a를 정의하고 있지만, 출력을 시켜보면 같은 값을 가진 슬라이스와 다를 것이 없다. Go의 배열과 슬라이스는 구현은 전혀 다르게 되어 있지만 프로그램 상에서는 공통점이 많기 때문에 헷갈리기 쉽다.

```
var a [10]int
fmt.Println(a)
/* 출력 결과 */
[0 0 0 0 0 0 0 0 0 0]
```

요소의 값 대입과 참조

슬라이스에 들어 있는 각 요소의 대입과 참조는 배열과 마찬가지로 [n] 모양의 인덱스를 지정하여 수행할 수 있다. 또한 슬라이스는 가변 길이 배열이지만 다음 예제 코드의 마지막 줄처럼 슬라이스의 크기를 넘어선 요소에 접근하려고 하면 런타임 패닉이 발생한다.

```
a := make([]float64, 3)
```

```
fmt.Println(a) // => "[0, 0, 0]"
a[0] = 3.14
fmt.Println(a) // => "[3.14, 0, 0]"
a[1] = 6.28
fmt.Println(a) // => "[3.14, 6.28, 0]"
fmt.Println(a[0]) // => "3.14"
fmt.Println (a [4]) // 런타임 패닉
```

len

슬라이스는 가변 길이 배열이므로 프로그램이 실행됨에 따라 그 크기가 변할 수 있다. 슬라이스의 현재 크기를 알아내기 위해서는 내장 함수 len을 사용해야 한다.

```
s := make([]int, 8)
len(s) // == 8
```

크기가 8인 슬라이스를 생성하고 len 함수를 실행해 보면 make로 생성한 슬라이스 크기를 얻을 수 있다.

len 함수는 슬라이스뿐만 아니라 다음과 같이 배열에 대해서도 사용할 수 있다. 배열은 정의할 때 크기가 같이 정의되어 변하지 않기 때문에 굳이 사용할 필요는 없지만, 사용할 수 있다는 것은 알아두자.

```
a := [3]int {1, 2, 3 }
len(a) // == 3
```

cap

슬라이스는 크기 외에 용량(Capacity)이라는 속성을 가진다. 슬라이스의 크기를 알아내기 위해 len 함수가 있듯이, 슬라이스의 용량을 알기 위한 내장 함수 cap이 준비되어 있다.

```
/* 크기가 5, 용량이 5인 슬라이스 */
s1 := make([]int, 5)
fmt.Println(len(s1)) // => "5"
fmt.Println(cap(s1)) // => "5"
/* 크기가 5, 용량이 10인 슬라이스 */
```

```
s2 := make([]int, 5, 10)
fmt.Println(len(s2)) // => "5"
fmt.Println(cap(s2)) // => "10"
```

두 개의 파라미터를 가지는 make로 슬라이스를 생성한 경우는 요소 수와 용량 모두 두 번째 파라미터와 같은 값이 나온다. 하지만 명시적으로 용량을 지정하여 3개의 파라미터를 가지는 make를 사용함으로써 위와 같이 크기와 용량이 다른 슬라이스를 생성할 수 있다.

그렇다면 대체 슬라이스의 용량은 무엇인가? 크기가 5이고 용량이 10인 슬라이스를 살펴보자.

```
s := make(int[], 5, 10)
```

이렇게 슬라이스를 생성하면 메모리에 그림 4.1과 같은 상태의 공간이 확보된다.

[n]	[0]	[1]	[2]	[3]	[4]					
int	0	0	0	0	0	—	—	—	—	—

[그림 4.1] 크기가 5이고 용량이 10인 슬라이스의 초기 상태

이 슬라이스의 크기는 5이므로 [n]에 의한 인덱스로 참조 및 대입할 수 있는 범위는 0에서 4까지이다. 하지만 슬라이스 내부에는 10개의 int 타입 데이터를 저장할 수 있는 공간이 확보되어 있는 것이다(그림 4.2). 이것이 바로 슬라이스의 용량의 의미이다.

[n]	[0]	[1]	[2]	[3]	[4]	[5]	[6]	[7]		
int	10	2	7	0	1	17	108	51	—	—

[그림 4.2] 슬라이스의 지정된 용량 내에서의 크기 확장

이처럼 크기보다 큰 공간이 확보되어 있다면 슬라이스의 크기를 늘릴 때 새로운 메모리 영역을 확보할 필요가 없다는 장점이 있다. 위에서 예로 든 슬라이스의 경우 크기가 10을 넘지 않는다면 새로운 메모리 영역을 확보하지 않아도 된다.

그렇다면 그림 4.3과 같이 크기와 용량이 같은 슬라이스를 확장하면 어떻게 될까?

[n]	[0]	[1]	[2]	[3]	[4]	[5]	[6]	[7]	[8]	[9]
int	10	2	7	0	1	17	108	51	23	78

[그림 4.3] 크기와 용량이 같은 슬라이스

슬라이스를 위해 확보한 연속된 메모리 영역은 이미 다 썼기 때문에 Go 런타임에서는 용량 10보다 큰 메모리 영역을 다시 확보하여 원래 슬라이스가 저장하고 있던 값들을 통째로 새 영역에 복사한다.

슬라이스가 용량을 확장하기 위해 자동으로 값을 복사하고 메모리 상 별도의 영역으로 이동시키는 동작은 높은 비용이 든다. 슬라이스의 크기 변동을 짐작할 수 있다면 용량을 지정할 때 신경을 써주는 것이 좋다. 슬라이스는 유연한 데이터 구조를 쉽게 사용할 수 있게 설계되어 있지만 실행 성능을 떨어뜨리지 않고 유지하려면 슬라이스의 제한사항에 대해 충분히 이해해야 한다.

또 다른 슬라이스 생성 방법

슬라이스를 make를 사용하지 않고 배열과 같은 방식으로 생성할 수도 있다. 이때에는 용량을 별도로 지정할 수 없기 때문에 다음 예제 코드에서는 크기가 5, 용량이 5인 슬라이스가 생성된다.

```
s := []int{1, 2, 3, 4, 5}
len(s) // == 5
cap(s) // == 5
```

간이 슬라이스 식

원래 있는 배열이나 슬라이스를 이용하여 새로운 슬라이스를 생성할 때에는 간이 슬라이스 식(Simple slice expression)을 이용할 수 있다.

```
a := [5]int {1, 2, 3, 4, 5 }
s := a[0:2] // 변수 s는 []int 타입
fmt.Println(s) // => "[0, 1]"
```

기본적인 간이 슬라이스 식은 배열형이나 슬라이스 변수에 [n:m]과 같이 범위를 나타내는 파라미터를 주어 인덱스 n부터 m-1까지의 값을 가지는 슬라이스를 생성할 수 있다. 즉 배열과 슬라이스의 일부를 발췌하여 새 슬라이스를 만들 수 있는 것이다.

간이 슬라이스 식 작성 방법은 여러 가지가 있다. 표 4.2를 보자.

〈표 4.2〉 간이 슬라이스 식 작성 방법

a := [5]int{1, 2, 3, 4, 5}	의미	결과
a[0:2]	인덱스 0부터 1까지의 슬라이스	[0, 1]
a[2:]	인덱스 2부터 len(a)-1까지의 슬라이스	[3, 4, 5]
a[:4]	인덱스 0부터 3까지의 슬라이스	[1, 2, 3, 4]
a[:]	인덱스 0부터 len(a)-1까지의 슬라이스	[1, 2, 3, 4 5]

또한 간이 슬라이스 식에는 int 타입의 값을 리턴하는 식을 사용할 수 있다. 다음 예제 코드에서는 [5]int 타입 배열의 마지막 두 요소를 참조하여 슬라이스를 생성한다.

```
a := [...]int{1, 2, 3, 4, 5}
a[len(a)-2:] // == [4, 5]
```

슬라이스 식에서 지정한 파라미터가 배열의 크기를 넘어선 경우에는 [n]에 의한 요소의 참조와 같이 런타임 패닉이 발생한다.

```
s := []string {"A", "B", "C" }
fmt.Println (s [0 : 5]) // 런타임 패닉
```

문자열과 간이 슬라이스 식

일반적으로 간이 슬라이스 식은 배열과 슬라이스에 이용하지만, 문자열에도 사용할 수 있다. 다음 예제 코드에서는 문자열 "ABCDE"에서 "BC"라는 부분 문자열을 간이 슬라이스 식으로 잘라낸다.

```
s := "ABCDE"[1:3] // s == "BC"
```

문자열에 간이 슬라이스 식을 사용할 수 있는 것이 편리하다고 생각되겠지만,

이 작업은 문자를 기준으로 처리한 것이 아니라 문자열을 byte 타입 배열로 가정하고 처리해야 한다.

```
s:= "가나다라마"[3:9] // s == "나다"
```

문자열 "가나다라마"는 UTF-8 인코딩에서 각 문자 당 3바이트를 필요로 한다. 결과적으로 부분 문자열인 "나다"를 얻으려면 byte 타입 배열의 인덱스로서 [3:9]라고 지정해야 하는 것이다.

ASCII 범위의 문자로 구성된 문자열을 다룬다면 편리하게 사용할 수 있지만, 멀티 바이트 문자가 혼합되어 있는 경우라면 사용하기 까다로울 수 있다.

append

배열과 슬라이스의 가장 큰 차이는 확장성이다. Go의 배열은 크기를 포함하여 하나의 자료형으로 정의된다. [10]int와 [11]int는 크기 차이밖에 없지만 다른 자료형으로 처리되는 것이다.

슬라이스는 가변 길이 배열이므로 배열과는 달리 크기 제한은 없다. 슬라이스를 확장하기 위해서는 내장 함수 append를 사용한다.

내장 함수 append는 다음과 같이 정의되어 있다.

```
append(s S, x…T) S // T is the element type of S (T 타입은 슬라이스 S의 요소 자료형)
```

슬라이스에 요소 추가

슬라이스의 마지막에 요소를 추가하는 예제 코드를 보자. append 함수는 1번째 파라미터로 임의의 슬라이스를 받고, 2번째부터는 가변 길이로 슬라이스 크기에 맞는 값들을 임의의 수만큼 받아들인다.

```
/* 크기가 3인 슬라이스 */
s := []int{1, 2, 3}
/* 4를 슬라이스 마지막에 추가 */
s = append(s, 4) // s == [1, 2, 3, 4]
fmt.Println(s)
/* 5, 6, 7을 슬라이스 마지막에 추가 */
s = append(s, 5, 6, 7) // s == [1, 2, 3, 4, 5, 6, 7]
fmt.Println(s)
```

append 함수를 사용할 때에는 반드시 :=나 =에 의한 대입을 해야 한다는 것에 주의하자. 대입이 없는 append는 컴파일 오류가 발생한다.

```
s1 = append(s0, 1, 2, 3)
append (s1, 4, 5, 6) // 컴파일 오류
```

슬라이스의 마지막에 다른 슬라이스의 요소를 추가할 수도 있다. 다음 예제 코드에서는 append 함수의 2번째 파라미터가 s1 … 이라는 특수한 형태를 가지는 것에 집중해 보자.

```
s0 := []int{1, 2, 3}
s1 := []int{4, 5, 6}
s2 := append(s0, s1...) // s2 == [1, 2, 3, 4, 5, 6]
```

또한 []byte 타입의 슬라이스와 문자열을 조합할 때 다음과 같은 표기도 허용된다. 여러 문자열의 데이터를 []byte 타입의 슬라이스에 추가할 때 유용하게 사용할 수 있다.

```
var b []byte
b = append(b, "가나다라마"...)
b = append(b, "바사아자차"...)
b = append(b, "카타파하"...)
fmt.Println(b)
/* 출력 결과 */
[234 176 128 235 130 152 235 139 164 235 157 188 235 167 136 235 176 148 236 130 172 236 149 132
236 158 144 236 176 168 236 185 180 237 131 128 237 140 140 237 149 152]
```

append와 슬라이스의 용량

슬라이스는 용량이 부족하면 자동으로 확장된다. 다음 예제 코드에서는 크기와 용량이 0인 슬라이스를 초깃값으로 변수 s에 저장하고 append 함수를 이용하여 요소를 추가하면서 크기와 용량이 어떻게 변하는지 확인한다.

```
/* (A) */
s := make([]int, 0, 0)
fmt.Printf("(A) len=%d, cap=%d\n", len(s), cap(s))
/* (B) */
```

```
s = append(s, 1)
fmt.Printf("(B) len=%d, cap=%d\n", len(s), cap(s))
/* (C) */
s = append(s, []int{2, 3, 4}...)
fmt.Printf("(C) len=%d, cap=%d\n", len(s), cap(s))
/* (D) */
s = append(s, 5)
fmt.Printf("(D) len=%d, cap=%d \n", len(s), cap(s))
/* (E) */
s = append(s, 6, 7, 8, 9)
fmt.Printf("(E) len=%d, cap=%d \n", len(s), cap(s))
```

위 프로그램의 출력 결과는 다음과 같다.

```
(A) len=0, cap=0
(B) len=1, cap=1
(C) len=4, cap=4
(D) len=5, cap=8
(E) len=9, cap=16
```

처음에 0이었던 슬라이스의 용량이 요소가 추가되면서 점점 커지는 것을 볼 수 있다. 이것으로 Go 런타임이 용량이 부족할 때마다 슬라이스의 용량을 증가시키는 것을 알 수 있다.

cap(s)로 살펴보았을 때 슬라이스의 용량이 변하는 시점에 메모리 영역의 확장, 복사가 실행된 것이다. 이러한 메모리 조작이 자동으로 일어난다는 것은 개발자에게는 복잡한 메모리 관리에 신경을 쓰지 않아도 된다는 장점도 있지만, 너무 자주 용량이 증가하면 실행 효율에는 좋지 않다.

메모리 조작을 신경 쓰지 않고 자유롭게 프로그래밍을 할 수 있다는 것이 Go의 큰 장점 중에 하나인 것은 틀림없다. 하지만 실행 효율이 좋은 프로그램을 만들기 위해서는 슬라이스에 의한 메모리 영역 변화를 최소한으로 억제하도록 하자.

위의 예제 코드에서는 슬라이스가 자동으로 확장될 때 용량이 2배가 되지만, 현재 Go 런타임은 용량 확장 폭에 임계치가 있는 것으로 보인다. 다음 예제 코드에서는 크기와 용량 모두 1024인 슬라이스를 만들고 요소를 추가하여 용량이 얼마나 증가할지를 확인해 보았는데, cap(s)의 값이 1024에서 2048이 아닌 1312로 증가하였다.

```
s := make([]int, 1024, 1024)
fmt.Printf("len=%d, cap=%d \n", len(s), cap(s))

s = append(s, 0)
fmt.Printf("len=%d, cap=%d \n", len(s), cap(s))
/* 출력 결과 */
len=1024, cap=1024
len=1025, cap=1312
```

이처럼 슬라이스가 자동으로 확장될 때 얼마나 메모리 영역을 확보하느냐는 Go 런타임에 달려 있다. 이는 다음 Go 버전에서 변화할 가능성도 충분히 있기 때문에 여기에 열거한 실행 예시는 현재 버전에서 얻은 결과일 뿐이며, 항상 같은 결과가 나오는 것도 아니라는 것에 주의하자.

copy

슬라이스에는 슬라이스의 값을 대량으로 복사할 수 있는 내장 함수 copy가 있다. copy의 사용 방법에는 크게 2가지가 있다.

```
copy(dst, src []T) int
copy(dst []byte, src string) int
```

copy의 가장 기본적인 사용방법은 1번째 파라미터로 받은 슬라이스에 2번째 파라미터로 받은 슬라이스의 내용을 처음부터 복사하는 것이다. 각 슬라이스의 크기는 달라도 상관없다.

다음과 같이 크기가 5인 슬라이스에 크기가 2인 슬라이스의 내용을 복사할 때에는 슬라이스의 첫 두 개의 요소에 값이 복사된다. 그리고 copy 함수는 복사가 성공한 요소의 수를 리턴한다. 두 개의 요소를 복사하는데 성공하였기 때문에 변수 n의 값은 2가 된다.

```
s1 := []int {1, 2, 3, 4, 5 }
s2 := []int {10, 11 }
n := copy(s1, s2) // n == 2, s1 == [10, 11, 3, 4, 5]
```

원본 슬라이스의 크기가 대상 슬라이스보다 큰 경우에도 문제가 없다. 대상의 크기만큼 복사가 실행되기 때문이다.

```
s1 := []int {1, 2, 3, 4, 5 }
s2 := []int {10, 11, 12, 13, 14, 15, 16 }
n := copy(s1, s2) // n == 5, s1 == [10, 11, 12, 13, 14]
```

append와 마찬가지로 copy도 []byte 타입의 슬라이스를 이용하여 문자열 데이터를 복사할 수 있다. 하지만 이 것도 바이트 단위의 복사 과정이지, 문자 단위의 처리가 아니라는 것에 유의하자.

```
b := make([]byte, 9)
n := copy (b, "가나다라마")
fmt.Println (n, b) // n == 9, b == []byte("가나다")
```

완전 슬라이스 식

간이 슬라이스식보다 복잡한 형태의 슬라이스 식으로 3개의 파라미터를 가지는 완전 슬라이스 식(Full slice expression)이 있다.

완전 슬라이스 식에서는 정수 3개를 :(콜론)으로 구분한다. 각각의 파라미터는 0<=low<=high<=max<=cap(a)라는 관계를 충족해야 한다. 간이 슬라이스 식과의 차이점은 max 값으로 슬라이스의 공간을 제어할 수 있는지의 여부이다.

```
/* a는 배열 또는 슬라이스 */
a[low : high : max]
```

간이 슬라이스 식을 이용하여 a[2:4]로 생성한 슬라이스의 용량은 원래 있던 [10]int 타입 배열이 사용하지 않은 만큼 지정된다. cap(s1) == (len(a) - low)와 같은 관계식이 성립되는 것이다. 완전 슬라이스 식을 사용하여 max를 지정하였을 경우 슬라이스 용량은 cap(s2) == (max - low)와 같은 관계가 성립한다.

```
a := [10]int {1, 2, 3, 4, 5, 6, 7, 8, 9, 10 }

s1 := a[2:4] // s1 == [3, 4]
len(s1)   // == 2
cap(s1)  // == 8

s2 := a[2:4:4] // s2 == [3, 4]
len(s2)   // == 2
```

```
cap(s2)  // == 2

s3 := a[2:4:6] // s3 == [3, 4]
len(s3)  // == 2
cap(s3)  // == 4
```

그림으로 표현하면 그림 4.4와 같다. 슬라이스의 용량이라는 요소는 매우 까다롭지만 중요한 포인트이므로 확실하게 이해하도록 하자.

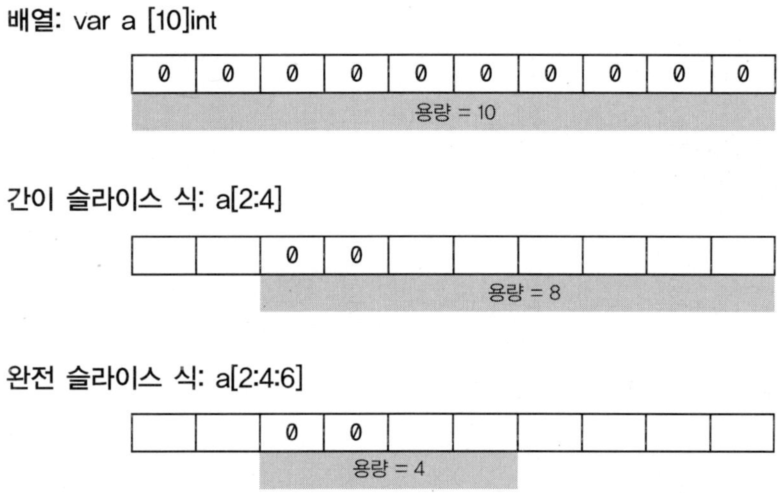

[그림 4.4] 간이 슬라이스 식과 완전 슬라이스 식

슬라이스와 for

3.14절(제어문)에서 설명했던 range와 for에 슬라이스를 조합한 것은 Go 프로그래밍에서 가장 많이 이용하는 코드 중 하나일 것이다. range를 이용한 범위 절은 슬라이스의 크기에 상관없이 모든 요소에 대한 반복 처리를 아주 쉽게 처리할 수 있게 해 준다.

```
s := []string {"Apple", "Banana", "Cherry" }

for i, v := range s {
  fmt.Printf("[%d] => %s \n", i, v)
}
```

```
/* 출력 결과 */
[0] => Apple
[1] => Banana
[2] => Cherry
```

슬라이스는 동적으로 크기가 변하는 데이터 구조이다. 다음과 같이 슬라이스의 각 요소에 대해 작업을 수행하는 for 안에서 슬라이스의 요소를 계속해서 추가하면 일종의 무한 반복이 되어 종료되지 않는다. for의 조건식 i<len(s)가 계속 거짓이 되기 때문이다.

```
s := []string{"Apple", "Banana", "Cherry"}

for i := 0; i < len(s); i++ {
   fmt.Printf("[%d] => %s\n", i, s[i])
   s = append (s, "Melon") // 슬라이스에 요소 추가
}

/* 출력 결과 */
[0] => Apple
[1] => Banana
[2] => Cherry
[3] => Melon
[4] => Melon
[5] => Melon
   (이하 무한 반복)
```

같은 반복문을 range를 이용한 for로 다시 작성하면 무한 반복에 빠지지 않고 올바르게 종료된다. 슬라이스에 요소를 추가하는 것은 반복 횟수에 영향을 주지 않고 반복문이 시작 될 때의 슬라이스 크기 3에 의해 인덱스 0~2의 범위만큼만 처리되고 종료된다.

```
s := []string{"Apple", "Banana", "Cherry"}

for i, v := range s {
   fmt.Printf("[%d] => %s\n", i, v)
   s = append (s, "Melon") // 슬라이스에 요소 추가
}
```

```
fmt.Println(s)
/* 출력 결과 */
[0] => Apple
[1] => Banana
[2] => Cherry
[Apple Banana Cherry Melon Melon Melon]
```

Go의 for는 여러 가지 변형이 존재하지만 슬라이스의 모든 요소에 대해서 반복하는 연산이라면 가능한 부작용이 적은 range와 for를 이용하는 것이 좋을 것이다.

슬라이스와 가변 길이 파라미터

예제 코드에 자주 사용되는 fmt.Printf와 같은 함수는 임의 개의 파라미터를 취한다. 이러한 함수의 가변 파라미터를 구현하기 위해 슬라이스가 사용된다.

fmt.Printf 함수는 다음과 같이 정의되어 있다. 1번째 파라미터는 형식이 포함된 문자열이고, 2번째 이후의 파라미터는 interface{} 타입의 슬라이스 a에 받는다.

```
func Printf(format string, a ...interface{}) (n int, err error)
```

함수를 정의할 때 가변 길이 파라미터를 이용하면 다음과 같이 임의 개의 int 타입 값을 받는 sum과 같은 함수를 정의할 수 있다.

```
/* 임의 개의 int 값들의 합계를 리턴하는 함수 */
func sum(s ...int) int {
  n := 0
  for _, v := range s {
    n += v
  }
  return n
}

func main() {
  sum(1, 2, 3) // == 6
  sum(1, 2, 3, 4, 5) // == 15
  sum() // == 0
}
```

s…int라고 파라미터를 정의하면 가변 길이 파라미터의 모든 값을 []int 타입의 슬

라이스로 받아들이게 된다. 위의 예제에서 볼 수 있듯 함수 sum의 파라미터는 여러 개의 int 값을 받아들이지만 파라미터가 없더라도 문제가 발생하지 않는다. 이 경우 함수 sum의 변수 s는 크기가 0인 슬라이스가 된다.

단, 함수의 가변 길이 파라미터는 함수 파라미터 중 가장 마지막에 하나만 정의할 수 있다. 이처럼 가변 길이 파라미터 뒤에 다른 파라미터를 정의하거나 여러 개의 가변 길이 파라미터를 정의할 수는 없다.

```
func doSomething(a ...string, b bool) // 컴파일 오류
func doSomething(a ...int, b ...float64) // 컴파일 오류
```

슬라이스를 가변 길이 파라미터로 사용하기

앞에 정의한 함수 sum에 가변 파라미터 대신 슬라이스를 파라미터로 줄 수 있다. 파라미터의 슬라이스에 ...을 추가하면 슬라이스의 요소를 가변 파라미터로 이용할 수 있다.

```
s := []int{1, 2, 3}
sum(s...) // == 6
```

이렇게 슬라이스를 이용하면 함수에 파라미터를 유연하게 줄 수 있다. 잘 이용한다면 함수의 표현력과 기능성을 크게 높일 수 있을 것이다.

참조형으로서의 슬라이스

슬라이스가 참조형이라는 것은 무슨 의미일까? 슬라이스뿐만 아니라 뒤에서 설명할 맵과 채널 등의 데이터 구조에도 해당되는 이야기이므로 참조형이라는 중요한 성질에 대해 짚고 넘어가자.

우선 배열을 사용한 pow 함수를 살펴 보자. [3]int를 받아서 배열의 각 요소를 제곱하여 업데이트하는 함수이다.

```
func pow(a [3]int) {
  /* 배열의 각 요소를 제곱 */
  for i, v := range a {
    a[i] = v * v
  }
  return
```

```
}

func main() {
  /* 크기가 3인 배열 */
  a := [3]int {1, 2, 3 }
  pow(a)
  fmt.Println(a) // => "[1, 2, 3]"
}
```

이 프로그램의 목적은 pow 함수를 호출하여 배열 a의 각 요소의 값을 업데이트하려고 하는 것인데, 그 의도대로 작동하지 않는다. 왜냐하면 pow(a)는 배열을 파라미터로 취하는데, 파라미터가 값에 의한 호출(Call by value) 형식으로 복사되기 때문에 main 함수의 변수 a와 pow 함수의 변수 a는 이름만 같고 실제로는 메모리 영역이 다르기 때문이다. 따라서 pow 함수에서 파라미터로 받은 배열의 값을 아무리 바꾸어도 main 함수의 변수 a에는 아무런 변화가 일어나지 않는 것이다.

Go에서 기본 자료형과 배열과 같은 데이터 구조는 값으로 취급된다. C를 알고 있다면 낯선 이야기는 아닐 것이다. 또한 Java의 경험이 있는 사람이라면 boolean 타입과 int 타입이 값에 의한 호출 방식을 이용한다는 것은 알고 있을 것이다(단, Java에서 배열은 참조에 의한 호출 방식으로 전달된다).

방금 프로그램을 살짝 고쳐서, 배열이 아닌 슬라이스를 사용하게 해 보자.

```
func pow(a []int) {
  /* 슬라이스의 각 요소를 제곱 */
  for i, v := range a {
    a[i] = v * v
  }
  return
}

func main() {
  /* 크기가 3인 슬라이스 */
  a := []int {1, 2, 3 }
  pow(a)
  fmt.Println(a) // => "[1, 4, 9]"
}
```

이번에는 의도대로 작동하였다. 이와 같이 참조형 중의 하나인 슬라이스를 함수의 파라미터로 사용하면 값이 아니라 참조에 의한 호출(Call by reference)을 사용한다. 따라서 함수 호출 시 파라미터로 준 슬라이스 a와 호출한 함수 내의 슬라이스 a는 동일한 메모리 영역을 가진다. 배열과 슬라이스는 굉장히 유사한 방법으로 조작할 수 있지만, 값과 참조에 의한 호출 부분에서 180도 다른 모습을 보여준다.

또 기본 자료형이나 배열과 같은 값 형식과 슬라이스 등의 참조형의 차이점은 nil 값을 취할 수 있는지의 여부도 있다.

```
var (
    a [3]int
    s []int
)
fmt.Println(a) // => "[0, 0, 0]"
fmt.Println(s == nil) // => "true"
```

위와 같이 별도의 초깃값 없이 배열을 정의하면 [3]int에 해당하는 메모리 영역을 확보하고, 자료형에 맞는 초깃값으로 초기화된다. 반면 초깃값 없이 슬라이스를 정의하면 nil이 초깃값이 된다.

참조라는 단어에서 알 수 있듯 참조형은 어떤 값에 대한 참조를 의미하는 데이터 구조이다. 참조는 참조형의 값인 셈이다. 그런 참조형에서 어떤 값에 대한 참조도 없는 상태를 의미하는 것이 nil인 것이다. 값으로 nil을 취할 수 있는 것은 참조형 이외에도 포인터와 인터페이스가 있지만 자세한 내용은 다음 장에서 설명한다. 우선 값의 성질을 가진 배열과 참조의 성질을 가진 슬라이스를 구별하는 것에 대해 확실히 알고 넘어가도록 하자.

슬라이스의 함정

슬라이스는 아마 Go에서 정확하게 이해하기 가장 어려운 자료구조일 것이다. 간단하게 가변 길이 배열로만 사용한다면 그렇게 어렵지는 않겠지만, 용량이 부족한 경우에 자동으로 확장되는 구조라거나 배열과 슬라이스의 일부를 다른 슬라이스로 참조할 수 있는 성질 등을 배우다 보면 슬슬 머릿속이 복잡해진다.

우선 [5]int 타입의 배열에서 슬라이스 식을 이용하여 새로운 슬라이스를 만들어 보자.

```
a := [5]int {1, 2, 3, 4, 5 }
```

```
s := a[0:2] // s == [1, 2]
len(s)    // == 2
cap(s)    // == 5
a[1] = 0 // s == [1, 0]
```

배열의 첫 두 요소를 요소로 하는 슬라이스의 용량은 cap(s)의 결과와 같이 5이다. 변수 a의 1번째 요소의 값을 0으로 바꾸면 슬라이스의 1번째 요소의 값도 0이 된다.

여기에서 알 수 있듯이 슬라이스 s는 원래 배열을 공유하고 있다. 이처럼 배열의 부분이나 전체를 이용하여 새로 생성한 슬라이스가 참조하는 데이터는 원래 배열 그 자체이며, 생성한 슬라이스에 원래의 배열 값들이 복사되지 않는다.

배열과는 달리 슬라이스는 확장이 가능하다. 그렇다면 [3]int 타입 배열과 그 배열 전체를 참조하는 슬라이스를 생성한 다음, 그 슬라이스를 append로 확장하면 어떻게 될까?

```
/* A */
a := [3]int {1, 2, 3 }
s := a[:] // s == [1, 2, 3]
len(s)    // == 3
cap(s)    // == 3
/* B */
s = append(s, 4) // a == [1, 2, 3], s == [1, 2, 3, 4]
len(s)    // == 4
cap(s)    // == 6
a[0] = 9  // a == [9, 2, 3], s == [1, 2, 3, 4]
```

위 코드의 A 부분은 배열과 슬라이스 모두 같은 배열의 데이터를 공유하고 있다. 하지만 B 부분에 들어서면서 s=append(s, 4)가 실행되면서 슬라이스 s는 원래 배열을 벗어나 새로 확보된 메모리 영역을 참조하게 된다. 이렇게 슬라이스가 자동으로 확장되는 시점에 참조된 배열이 메모리 상의 다른 배열과 겹치지 않도록 해야 한다.

슬라이스 자동 확장으로 발생하는 문제는 다음과 같이 정리할 수 있다.

```
/* s0과 s1이 같은 배열 데이터를 공유하는지는 정해지지 않음 */
s1 := append(s0, x)
```

위의 슬라이스 s0, s1가 같은 메모리 영역을 가지고 조작되는지의 여부는 함수 append에 의해 슬라이스가 자동으로 확장되는지에 따라 달라진다. cap 등을 이용하여 검사할 수도 있겠지만, 애초부터 슬라이스의 자동 확장 여부를 고려해야 하는 프로그램 자체가 바람직하지 못하다.

슬라이스는 이처럼 유연하고 강력하지만, 이렇게 의도하지 않은 동작을 일으킬 수도 있다. 특히 append는 주의해서 사용하도록 하자.

4.4 맵

지금부터 알아볼 맵은 소위 연상 배열과 유사한 데이터 구조이다. 함수, 참조형을 제외한 모든 자료형의 키(Key)와 값(Value)의 페어(Pair)를 요소로 가지는 특수한 배열이라고 생각해도 무방하다. Java나 C#의 Hashtable과 같은 데이터 구조라고 생각하면 될 것이다.

Go에서 맵을 나타내는 방법은 다음과 같이 조금 특이하다.

```
/* int 타입의 키와 string 타입의 값을 가지는 맵 */
var m map[int]string
```

맵도 참조형이므로, 앞서 설명한 슬라이스와 마찬가지로 make 함수를 이용하여 생성할 수 있다. 다음과 같이 make(맵) 형식으로 쉽게 맵을 생성할 수 있다. 또한 배열이나 슬라이스처럼 m[키] = 값 형태로 맵에 키-값 페어를 추가할 수 있다.

```
m := make(map[int]string)

m[1] = "Korea"
m[81] = "Japan"
m[86] = "China"

fmt.Println(m)
/* 출력 결과 */
map[1:Korea 81:Japan 86:China]
```

맵은 고유한 키와 임의의 값의 조합으로 구성된다. 따라서 키의 값이 중복되면 다음과 같이 값을 덮어쓰게 된다.

```
m := make(map[string]string)

m["홍"] = "길동"
m["전"] = "우치"
m["홍"] = "춘향"

fmt.Println(m)
/* 출력 결과 */
map[홍:춘향 전:우치]
```

극단적인 예이긴 하지만, 실수형 상수를 자료형 정의 없이 키값으로 사용할 때에는 주의가 필요하다. 다음 예제 코드에서 사용되는 3개의 키값은 float64 타입의 정밀도로 대체하면 모두 실수 1.0이 된다. 정수형 상수의 경우는 자료형 없이 정의하였을 경우 정수의 표현 범위를 초과하는 값은 오류로 감지되지만 실수의 경우에는 자동으로 반올림되니 주의해야 한다.

```
m := make(map[float64]int)

m[1.0000000000000000000000001] = 1
m[1.0000000000000000000000002] = 2
m[1.0000000000000000000000003] = 3

fmt.Println(m)
/* 출력 결과 */
map[1:3]
```

맵 데이터 표현 방법

배열, 슬라이스와 같이 맵에서도 키-값 페어를 초깃값으로 줄 수 있다. 맵의 자료형 뒤에 중괄호로 둘러싼 영역 안에 임의의 수의 키-값 페어를 나열하면 된다. 키-값 페어는 키:값으로 표현되고, 각각의 페어는 콤마로 구분된다.

```
m := map[int]string {1: "길동", 2: "우치", 3: "춘향" }
fmt.Println(m)
/* 출력 결과 */
map[3:춘향 1:길동 2:우치]
```

맵을 생성할 때, 키-값 페어를 보기 쉽게 각 페어를 여러 줄에 나누어 쓸 수도 있다. 자유롭게 쓸 수 있지만 다음과 같이 쓸 경우에는 마지막 페어의 뒤에 콤마를 꼭 붙여주도록 하자.

```
m := map[int]string{
    1: "길동",
    2: "우치",
    3: "춘향", // 콤마 필요함
}
```

맵을 생성할 때 값으로 슬라이스를 가지는 복잡한 정의도 가능하다. 다음 예제 코드는 맵의 자료형이 매우 복잡하지만, 키는 int 타입, 값은 []int 타입인 맵을 정의하는 것이다.

```
m := map[int][]int{
    1: []int{1},
    2: []int{1, 2},
    3: []int{1, 2, 3},
}

fmt.Println(m)
/* 출력 결과 */
map[1:[1] 2:[1 2] 3:[1 2 3]]
```

또한 위의 맵은 다음과 같이 다시 쓸 수 있다. 값에 해당하는 []int 타입 표기를 생략할 수도 있다.

```
m := map[int][]int{
/* 내부 슬라이스 정의의 []int는 생략 가능 */
1: {1},
2: {1, 2},
3: {1, 2, 3},
}
```

값이 맵인 경우에도 슬라이스와 마찬가지로 표기를 생략할 수 있다. 데이터 구조에 맵이 중첩되므로 복잡해지지만 다음과 같이 보기 좋게 작성할 수 있다.

```
m := map[int]map[float64]string{
```

```
    1: {3.14: "원주율"},
}
```

맵의 요소 참조

맵의 요소를 참조하려면 대괄호를 이용하여 키의 값을 지정하면 된다. 해당 키가 맵 안에 있으면 그 키에 해당하는 값을 얻을 수 있다.

하지만 해당 키가 맵에 없다면 다른 동작을 수행한다. 다음 s:=m[9]에서 키 9에 해당하는 값은 없다. 하지만 변수 s는 맵의 자료형에 따라 string 타입으로 정의된다. 그러나 대입되는 값이 없기 때문에 string 타입의 초깃값인 빈 문자열이 s에 대입된다.

```
m := map[int]string {1: "A", 2: "B", 3: "C" }

s := m[1] // s == "A"
s := m[9] // s == ""
```

Go의 기본 자료형은 nil 값을 가지지 않는다. 따라서 자료형의 초깃값이 그대로 대입되어 의도된 할당이 실행되지 않고 프로그램이 계속 진행되어 의도하지 않은 동작을 할 가능성이 있다.

다소 극단적인 예이지만 다음과 같이 맵을 조작해 보면 알 수 있을 것이다. 키에 상관없이 변수 i의 값은 0이 되어 버린다.

```
m := map[int]int {1: 0 }

i := m[7] // i == 0
```

이러한 문제를 방지하기 위해 맵의 요소에 접근하는 또 다른 방법이 존재한다.

```
m := map[int]string {1: "A", 2: "B", 3: "C" }

s, ok := m[1] // s == "A", ok == true
s, ok := m[9] // s == "", ok == false
_, ok := m[3] // ok == true
```

두 변수에 대입하는 형태로 맵의 요소를 참조하면 2번째 변수에는 bool 타입 값이 할당된다. 이 값은 키에 해당하는 값이 존재하면 true, 그렇지 않으면 false가 된다. 이처럼 2번째 변수를 이용하여 참조의 성공 여부를 확인할 수 있다.

또한 2번째 변수 이름이 ok인 것은 일종의 관용 표현이다. 특별한 사정이 없다면 ok라고 사용하도록 하자.

if와 조합한 다음 예제는 자주 나오는 표현으로 맵 안에 키에 해당하는 값이 있는지 없는지에 따라 분기하는 코드이다. 이렇게 자주 쓰는 표현을 익히면 ok라는 변수명만 보고도 맵에 대한 작업이 이루어지고 있음을 알 수 있을 것이다.

```
m := map[int]string {1: "A", 2: "B", 3: "C" }

if _, ok := m[1]; ok {
    /* m[1]의 값이 있을 경우 실행할 내용 */
}
```

맵의 값이 슬라이스와 같은 참조형일 경우 참조형 변수의 초깃값이 nil인 것을 이용하여 다음과 같은 코드를 만들어볼 수 있을 것이다. 하지만 이것은 s != nil 부분이 요소의 존재를 확인하는 부분을 겸하고 있는 것이라면 문제가 있다.

```
m := map[int][]int{
    1: {1},
    2: {1, 2},
    3: {1, 2, 3},
}

s := m[1]
if s != nil {
    (중략)
}
```

Go에서 맵은 값으로 nil을 이용할 수 있다. 맵의 요소가 이렇게 만들어져 있다면 위와 같은 프로그램이 제대로 작동하지 않을 것이다. 맵을 이용할 때에는 키에 해당하는 요소의 존재 여부를 확인할 때에는 변수 ok를 이용하여 확실히 확인할 것을 권한다.

```
m := map[int][]int{1: nil, 2: nil, 3: nil}
```

맵과 for

슬라이스에서 유용하게 사용했던 range와 for는 맵에서도 유용하게 사용할 수 있다.

```
m := map[int]string {
    1: "Apple",
    2: "Banana",
    3: "Cherry",
}
for k, v := range m  {
    fmt.Printf("%d => %s \n", k, v)
}
/* 출력 결과 */
1 => Apple
2 => Banana
3 => Cherry
```

슬라이스와 사용하는 방법은 거의 같다. 변수 k에는 키, v에는 키에 해당하는 값이 할당된다.

range와 for를 맵에 사용할 때에는 키의 순서가 보장되지 않는다는 점에 유의하자. 맵에서 각 요소를 추가하거나 삭제하여 어떤 순서로 키-값 페어가 정렬될지는 정해져 있지 않다. 또한 다음의 예는 어디까지나 하나의 결과일 뿐이므로, Go 버전이나 환경의 차이에 따라 다른 결과를 얻을 수 있음을 기억하자.

```
m := map[string]int{
    "Apple": 88,
    "Banana": 107,
    "Cherry": 46,
}
m["Grape"] = 66
m["Lemon"] = 16
m["Orange"] = 44
m["Pineapple"] = 73
for k, v := range m {
    fmt.Printf("%s => %d\n", k, v)
}
/* 출력 결과 */
Lemon => 16
```

```
Orange => 44
Pineapple => 73
Apple => 88
Banana => 107
Cherry => 46
Grape => 66
```

len

len은 슬라이스뿐만 아니라 맵에서도 사용할 수 있다. 슬라이스와 마찬가지로 맵 안의 요소 개수를 얻을 수 있다.

```
m := map[int]string{1: "A", 2: "B", 3: "C"}
len(m) // == 3
m[4] = "D"
m[5] = "E"
len(m) // == 5
```

그러나 cap은 사용할 수 없다. 맵도 내부적으로 메모리 공간을 차지하고는 있지만, 프로그램에서 그 용량을 알아서 얻는 이점이 없기 때문일 것이다.

delete

맵 안의 임의의 값을 제거하기 위해 내장 함수 delete를 이용할 수 있다.

```
m := map[int]string {1: "A", 2: "B", 3: "C" }

delete(m, 2)

fmt.Println(m)
/* 출력 결과 */
map[1:A 3:C]
```

delete는 delete(맵, 키)의 형태로 사용한다. 키에 해당하는 요소가 있다면 그것을 제거한다. 요소가 없다면 아무 일도 일어나지 않는다. delete를 호출하기만 하면 요소가 제거되었는지는 알 수 없다.

크기에 최적화된 make

make를 이용하여 맵을 생성할 때, 2번째 파라미터에 크기에 대응한 초기 공간을 정수로 지정할 수 있다.

```
/* map [int] string 타입의 맵을 초기 스페이스 100에서 초기화 */
m := make(map[int]string, 100)
```

이 스페이스는 슬라이스의 용량과는 의미가 다르다. 맵의 요소 수를 바탕으로 Go 런타임에서 최적의 메모리 공간을 확보하기 위해 주는 일종의 팁과 같은 것이다. 작은 크기를 가지는 맵에 세세하게 스페이스를 지정하는 것은 복잡해지기만 할 뿐 큰 의미가 없고, 크기가 큰 맵을 구축한다면 성능 향상을 기대해 볼 수 있을 것이다.

4.5 채널

3.14절(제어구문)에서 go문을 이용하여 Go 루틴을 생성하는 것에 대해 설명한 것을 기억하는가? Go는 비동기적으로 실행되고 있는 여러 개의 Go 루틴이 효율적으로 작동하게 설계되어 있다. 채널은 이 Go 루틴 간의 데이터 전달을 위해 설계된 Go만의 데이터 구조이다. 즉, Go 루틴을 이용하지 않는 프로그램이라면 채널을 사용할 필요가 없다. 여기서는 채널의 데이터 구조 특성과 비동기 처리와의 관계에 대해 알아본다.

채널의 자료형

채널은 chan [자료형] 과 같은 형식으로 정의한다. 중간에 스페이스가 있어서 조금 낯선 모양이지만, chan int이라고 쓰면 int 타입 채널을 의미하는 것이다.

```
/* 변수 ch는 int 타입 채널 */
var ch chan int
```

채널은 Go의 다른 자료형에는 없는 특별한 타입을 지정할 수 있다. <- chan이라

고 쓰면 그 채널은 수신 전용 채널이 된다. 반대로 -〉 chan이라고 쓰면 그 채널은 발신 전용 채널이 된다. 이러한 옵션을 별도로 주지 않으면 chan은 발신과 수신 모두 가능한 양방향 채널이 된다.

```
/* 변수 ch1은 int 타입의 수신 전용 채널 */
var ch1 <-chan int
/* 변수 ch1은 int 타입의 발신 전용 채널 */
var ch2 chan<- int
```

Go의 자료형은 굉장히 엄격한 편이며, 다른 자료형의 변수끼리 값을 대입하는 것은 원칙적으로 컴파일 오류를 유발한다. 그러나 채널의 타입은 약간 다르다.

```
var (
    ch0 chan int
    ch1 <-chan int
    ch2 chan<- int
)
ch1 = ch0 /* OK */
ch2 = ch0 /* OK */
ch0 = ch1 /* NG */
ch0 = ch2 /* NG */
ch1 = ch2 /* NG */
ch2 = ch1 /* NG */
```

위의 예시는 채널과 하위 타입 간의 대입 가능 여부를 나타낸 것이다. 양방향 채널은 발신 전용 채널이나 수신 전용 채널에 대입할 수 있다.

채널 그 자체는 본질적으로는 수신, 발신이 가능한 큐(Queue)와 같은 데이터 구조인데, 어떤 때에 수신 전용 또는 발신 전용으로 처리되는지가 명확하게 정해져 있다. 기본형은 chan이지만 〈-chan 또는 -〉chan으로 전환하기 전의 과정이라고 생각하는 것이 좋다.

채널 생성 및 통신

슬라이스와 맵뿐만 아니라 채널도 make를 이용하여 생성한다. make에 2번째 파라미터를 이용하여 채널의 버퍼 크기를 정할 수 있다. 명시적으로 정하지 않은 경우 채널의 버퍼 크기는 0이 된다. 그런데 채널의 버퍼는 무엇인가?

```
/* 변수 ch는 버퍼 크기가 0인 채널 */
ch := make(chan int)
/* 변수 ch는 버퍼 크기가 8인 채널 */
ch := make(chan int, 8)
```

채널은 큐(대기열)의 성격을 가지고 있는 데이터 구조이다(그림 4.5). 채널 버퍼는 이 큐를 저장하는 영역이며, 버퍼의 크기는 큐의 크기를 의미한다고 할 수 있다. 큐는 선입선출(FIFO)의 원칙에 따라 먼저 큐에 들어간(Enqueue) 데이터가 먼저 나오는(Dequeue) 특징을 가지고 있다. 이는 데이터를 받는 순서가 보장된다는 것이며, Go 채널도 비슷한 성질을 가지고 있다.

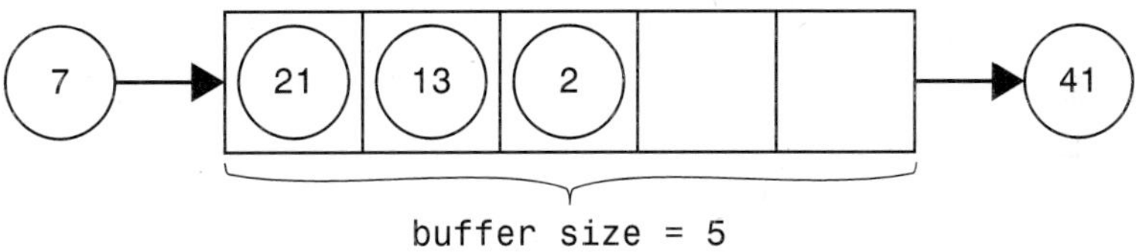

[그림 4.5] 채널의 버퍼 크기

채널이 가지고 있는 데이터에 대한 조작은 발신 또는 수신의 2가지뿐이다. 발신, 수신 모두 연산자 <-를 사용한다.

```
ch := make(chan int, 10)

/* 채널에 정수 5를 발신 */
ch <- 5
/* 채널에서 정수값을 수신 */
i := <-ch
```

ch <- 5는 채널에 정수 5를 보내고, i := <-ch은 채널에서 데이터를 받는다. 헷갈리기 쉽지만 <- 화살표의 방향이 채널쪽으로 향하는지 아닌지에 따라 작업 내용을 구별할 수 있을 것이다.

채널과 Go 루틴

채널이 큐의 성질을 가지고 있는 데이터 구조인 것은 확인하였다. 하지만 Go 프로그램에서 간단한 큐로 이용할 수 있는 것은 아니다. 채널은 어디까지나 Go 루틴

간에 안전하게 데이터를 공유하기 위해 만들어진 구조이기 때문이다.

간단한 예를 보자. 다음 예제 코드는 int 타입 채널 chan을 생성하여 채널에서 수신한 데이터를 표시하는 간단한 프로그램이다.

```
func main() {
    ch := make(chan int)
    /* 채널에서 받은 내용을 출력 */
    fmt.Println(<-ch)
}
```

그러나 이 프로그램은 실행 시 런타임 패닉이 발생한다.

```
fatal error: all goroutines are asleep - deadlock!
```

프로그램은 이런 메시지를 남기고 종료된다. 모든 Go 루틴이 비활성화됨 - 교착상태(데드락, Deadlock) 검출! 이라고 하는데, 이것은 무슨 의미일까?

다시 한 번 말하지만, Go 채널은 단순한 큐가 아니라 Go 루틴 간의 데이터 공유를 위해 존재하는 것이다. 채널에서 수신한다는 것은 다시 생각해 보면 다른 Go 루틴이 채널에 데이터를 보내는 것을 기다리고 있으라는 의미이다.

위 프로그램이 실행될 때 존재하는 Go 루틴은 main 함수를 처리하기 위한 것 하나뿐이다. 하나만 존재하는 Go 루틴이 채널에서 보낸 데이터를 받기 위해 기다리고 있었지만, 그 채널에 데이터를 보낼 Go 루틴은 처음부터 없었다. 이러한 상태를 Go 런타임에서 교착상태라고 판단하고 런타임 패닉을 발생시킨 것이다.

채널은 Go 루틴 간에 데이터를 공유하기 위한 구조이기 때문에 필연적으로 여러 Go 루틴들 사이에 하나의 채널을 공유하는 프로그램 구조가 나타나게 된다. 다음 예제 코드는 main 함수에서 Go 루틴을 생성하고 채널을 공유하는 프로그램이다.

```
package main

import (
    "fmt"
)

func receiver(ch <-chan int) {
    for {
        i := <-ch
```

```
        fmt.Println(i)
    }
}

func main() {
    ch := make(chan int)

    go receiver(ch)

    i := 0
    for i < 10000 {
        ch <- i
        i++
    }
}
/* 출력 결과 */
0
1
2
3
4
5
6
7
8
    (이하 생략)
```

receiver 함수는 문자 데이터를 수신하고 처리하기 위한 함수이므로 파라미터에 <-chan int 타입이 있는 것을 볼 수 있다. main 함수에서는 go문을 사용하여 Go 루틴을 생성하고 함수에 파라미터를 주어 채널을 공유한다. main 함수의 Go 루틴은 0부터 1씩 증가하는 정수를 채널로 전송을 계속하고, receiver 함수의 Go 루틴은 채널에서 받은 정수를 표준 출력으로 출력한다.

모식도로 나타내면 그림 4.6과 같은 구조가 될 것이다. 이것은 공유된 채널을 통해 여러 개의 Go 루틴이 함께 작동하는 가장 간단한 예시라고 할 수 있다.

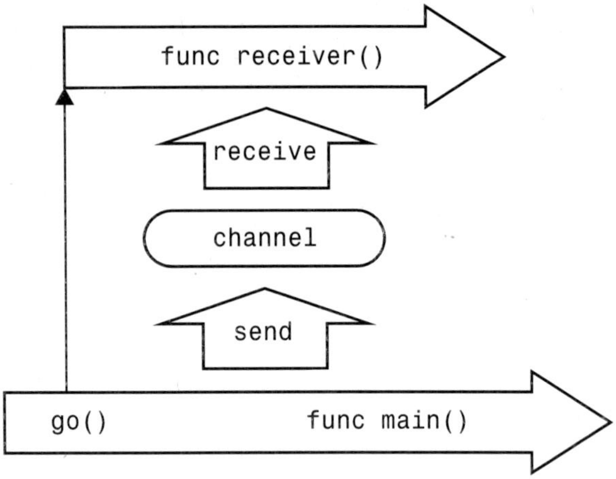

[그림 4.6] 채널을 통해 여러 Go 루틴들이 함께 동작하는 가장 간단한 예

채널에 대한 처리를 하고 있을 때 Go 루틴이 중지되는 것은 버퍼 크기와 관련이 있다.

```
/* 버퍼 크기가 3인 채널 */
ch := make(chan rune, 3)

ch <- 'A'
ch <- 'B'
ch <- 'C'
ch <- 'D' // 교착상태 발생
```

위의 예에서는 버퍼 크기가 3인 채널을 생성하고 rune 타입 데이터를 여러 개 보내고 있다. 하지만 4번째 데이터를 전송하는 과정에서 런타임 패닉이 발생한다. 즉, 버퍼 크기 안에서는 채널에 데이터를 발신하는 것으로 Go 루틴이 멈추지는 않는다. Go 루틴이 채널을 이용하다가 중지되는 조건은 버퍼 크기가 0이거나 버퍼가 비어있는 채널에서 수신하는 경우와 버퍼 크기가 0이거나 버퍼에 여유가 없는 채널로 발신하는 경우의 2가지이다.

이처럼 채널은 Go 루틴과 밀접한 관계를 가지고 있다. 단순한 큐의 성질을 가지고 있을 뿐만 아니라 Go 루틴들이 효율적으로 공동 작업을 하기 위한 강력한 기능을 제공한다.

len

내장함수 len은 채널에도 사용할 수 있다. 채널에 len을 사용하여 얻을 수 있는 값은 버퍼 안의 데이터 개수이다.

```
ch := make(chan string, 3)

ch <- "Apple"
len(ch) // == 1
ch <- "Banana"
ch <- "Cherry"
len(ch) // == 3
```

채널 버퍼의 상태를 동적으로 얻을 수 있지만, 다음과 같은 코드를 사용할 필요는 없다.

```
if len(ch) > 0 {
    i := <-ch // len(ch) > 0은 보장되지 않음
}
```

채널은 여러 Go 루틴이 공유하는 데이터 구조이다. 프로그램이 실행될 때에는 len(ch) > 0이 성립할지라도 다음 순간부터 다른 Go 루틴에 의해 채널 상태가 변할 수 있기 때문이다.

cap

cap도 채널에 사용할 수 있다. cap을 이용하면 채널의 버퍼 크기를 얻을 수 있다. 하지만 일단 채널이 생성되면 버퍼 크기는 변하지 않기 때문에 이용할 곳은 그리 많지 않다.

```
ch := make(chan string)
cap(ch) // == 0

ch := make(chan string, 3)
cap(ch) // == 3
```

close

채널은 닫힌(Closed) 상태를 가지고 있다. make로 생성된 채널은 열린 상태로 시작되지만 전송이 완료된 채널을 명시적으로 닫을 수도 있다.

채널을 닫을 때에는 내장 함수 close를 사용한다. close(채널)을 통해 지정된 채널을 닫을 수 있다. 또한 닫힌 채널에 데이터를 발신하면 런타임 패닉이 발생한다.

```
ch := make(chan int, 1)
close(ch)
ch <- 1 // 런타임 패닉
```

하지만 닫힌 채널에서 데이터를 수신하는 경우는 조금 다르다. 다음과 같이 채널의 버퍼에 있는 데이터는 문제없이 수신할 수 있다. 그 후 버퍼가 비워지고 닫히면 채널의 자료형의 기본값을 수신할 수 있다. 닫힌 채널에서 수신을 계속하더라도 런타임 패닉이 발생하지 않으므로 주의하도록 하자.

```
ch := make(chan int, 3)
ch <- 1
ch <- 2
ch <- 3
close(ch)
<-ch // == 1
<-ch // == 2
<-ch // == 3
<-ch // == 0
<-ch // == 0
  (이하 생략)
```

채널이 닫혀있는지의 여부를 확인하기 위해서는 <-를 이용하여 채널에서 데이터를 수신할 때 2개의 변수를 이용한다. 다음 예제 코드에서는 생성된 채널을 즉시 닫은 다음 수신을 시행하고, 변수 ok에서는 채널의 열린 상태를 나타내는 bool 값이 저장된다. 변수 ok의 값이 false가 되면 채널이 닫혀있다고 판단할 수 있다. 맵의 요소에 대해 참조할 때 2개의 변수를 이용하는 것과 비슷하다.

```
ch := make(chan int)
close(ch)
i, ok := <-ch // i == 0, ok == false
```

"채널이 닫혀있는지의 여부"는 다소 부정확한 표현으로, 정확하게 말하면 "채널의 버퍼가 비어 있으면서 동시에 닫힌 경우"에 변수 ok에 false 값이 저장된다. 다음의 예제 코드에서 볼 수 있듯이, 채널의 버퍼에 수신 가능한 데이터가 남아있는 동안에 변수 ok의 값은 true이다.

```
ch := make(chan int, 3)

ch <- 1
ch <- 2
ch <- 3

close(ch)

var (
   i int
   ok bool
)

i, ok = <-ch // i == 1, ok == true
i, ok = <-ch // i == 2, ok == true
i, ok = <-ch // i == 3, ok == true
i, ok = <-ch // i == 0, ok == false
```

Go 루틴과 close의 실제 사례

Go 루틴과 채널을 조합한 예제 프로그램을 살펴보자.

```
package main
import (
   "fmt"
   "time" // wait를 위해 추가함
)

func receive(name string, ch <-chan int) {
   for {
      i, ok := <-ch
      if ok == false {
         /* 수신이 불가능할 경우 종료 */
         break
```

```
        }
        fmt.Println(name, i)
    }
    fmt.Println(name + " is done.")
}

func main() {
    ch := make(chan int, 20)

    go receive("1st goroutine", ch)
    go receive("2nd goroutine", ch)
    go receive("3rd goroutine", ch)

    i := 0
    for i < 100 {
        ch <- i
        i++
    }
    close(ch)

    /* Go 루틴의 종료를 3초동안 기다림 */
    time.Sleep(3 * time.Second)
}
```

main 함수에서 채널을 생성하고 3개의 Go 루틴이 시작된다. 채널에는 0부터 99까지의 정수가 전송되고 각각의 Go 루틴이 채널로부터 받은 정수를 출력한다. main 함수에서 정수를 보내는 것이 종료되면 즉시 채널을 닫고 Go 루틴이 종료되는 것을 기다리면서 3초 쉰다(time 패키지의 기능). 원래는 Go 루틴의 정지를 정확하게 감지해야 하지만, Go 루틴을 동기화하는 과정이 다소 복잡하여 단순하게 만든 프로그램이다.

프로그램을 실행하면 다음과 같은 출력을 얻을 수 있다.

```
3rd goroutine -> 0
3rd goroutine -> 1
3rd goroutine -> 2
3rd goroutine -> 3
3rd goroutine -> 5
2nd goroutine -> 6
1st goroutine -> 4
```

```
1st goroutine -> 7
1st goroutine -> 8
1st goroutine -> 9
1st goroutine -> 10
2nd goroutine -> 11
1st goroutine -> 12
  (중략)
2nd goroutine -> 98
2nd goroutine -> 99
2nd goroutine is done.
1st goroutine is done.
3rd goroutine is done.
```

이것은 어디까지나 하나의 예시이다. 각 Go 루틴이 비동기적으로 작동하므로 어떤 순서로 작동하는지는 그때그때 다르다. 따라서 프로그램의 출력도 실행될 때마다 다르다. Go 루틴의 수를 늘리거나 줄이는 것도 간단하므로, 꼭 직접 실행해보도록 하자. 비동기적으로 실행되는 Go 루틴과 채널에 의한 데이터 공유의 작동 여부를 알 수 있을 것이다.

채널과 for

채널에 대해서도 range와 for를 이용할 수 있다. 채널에서 계속 데이터를 수신하는 작업을 할 때 유용하게 사용할 수 있다.

e := range ch이라고 쓰면 채널에서 수신한 데이터가 변수 e에 저장된다. 그러나 이렇게 사용하면 채널의 열림/닫힘 여부를 확인할 수가 없다는 단점이 있다. 상황에 따라 사용하도록 하자.

```
ch := make(chan int, 3)
ch <- 1
ch <- 2
ch <- 3
for i := range ch {
  fmt.Println(i)
}
/* 출력 결과 */
1
2
3
```

```
fatal error: all goroutines are asleep - deadlock!

goroutine 1 [chan receive]:
main.main()
   /path/to/go-file.go:12 +0xfa
exit status 2
```

select

우선 다음의 간단한 프로그램을 살펴보자. 변수 ch1과 ch2는 채널형 변수, e1, e2는 각 채널이 가지는 자료형이다.

```
e1 := <-ch1
e2 := <-ch2
```

변수 ch1에서 지정한 채널에서 데이터를 수신할 수 없는 경우, 이 작업을 수행하는 Go 루틴을 중지하게 되어 있다. 즉 변수 ch2의 채널 작업은 영원히 수행되지 않을 수도 있다.

```
e1 := <-ch1 /* 수신을 기다리는 Go 루틴이 정지됨 */
e2 := <-ch2
```

이와 같이 하나의 처리 흐름 속에서 여러 채널을 이용하려고 할 때 채널의 상태에 따라 Go 루틴이 정지할 수 있다. Go 루틴을 정지시키지 않고 여러 채널을 제어하려면 어떻게 해야 할까?

채널과 밀접한 관계가 있는 구문이기 때문에 앞 장에서 다루지는 않았지만 Go에는 여러 채널을 효율적으로 제어하기 위한 select 구문이 있다. 여러 채널에 대한 입력, 출력 처리 모두 Go 루틴을 정지시키지 않고 제어할 수 있다.

```
select {
case e1 := <-ch1
   /* ch1에서 수신이 성공했을 경우의 실행 내용 */
case e2 := <-ch2
   /* ch2에서 수신이 성공했을 경우의 실행 내용 */
default:
   /* case 절의 조건이 성립하지 않은 경우의 실행 내용 */
}
```

다음과 같이 select 문의 case 절의 식은 모든 채널에 대한 처리 내용을 정의해야 한다.

```
/* ch1에서 수신 */
case e1 := <-ch1:
/* ch2에서 수신 (변수 2개) */
case e2, ok := <-ch2
/* ch3에 e3를 전송 */
case ch3 <- e3:
/* ch5에서 받은 데이터를 ch4로 전송 */
case ch4 <- (<-ch5):
```

구체적으로는 <-ch에 의한 수신, ch <- e에 의한 발신, ch1<-ch2처럼 두 채널 간 송수신과 같은 작업 중 하나가 필요하다.

switch와 마찬가지로 처음의 case 절이 먼저 실행된다면 다음의 case 절은 영원히 실행되지 않을 수도 있다. select에서는 이러한 문제를 방지하기 위해 여러 case 절이 있을 경우 Go 런타임이 실행할 case 절을 무작위로 선택한다.

이어서 다음 프로그램을 보자.

```
ch1 := make(chan int, 1)
ch2 := make(chan int, 1)
ch3 := make(chan int, 1)
ch1 <- 1
ch2 <- 2

/* 여러 case가 성립하는 경우는 무작위로 선택된다 */
select {
case <-ch1:
  fmt.Println("ch1에서 수신")
case <-ch2:
  fmt.Println("ch2에서 수신")
case ch3 <- 3:
  fmt.Println("ch3로 발신")
default:
  fmt.Println("처리되지 않음")
}
```

이 프로그램에는 채널이 3개이고 작업을 계속할 수 있도록 case 절을 이용하여

select를 구성하였다. 하지만 이 프로그램을 실행할 때마다 출력되는 메시지는 달라진다. 이를 통해 case 절이 여러 개 있을 때 프로그램이 어떻게 동작하는지를 알 수 있다. 또한 default 절은 모든 case절의 처리가 불가능할 때 실행되기 때문에 이 프로그램에서는 실행되지 않는다.

다음은 여러 개의 채널과 Go 루틴, select를 조합한 예제 코드이다.

```
ch1 := make(chan int)
ch2 := make(chan int)
ch3 := make(chan int)

/* ch1에서 받은 정수를 2 배하여 ch2에 전송 */
go func() {
  for {
    i := <-ch1
    ch2 <- (i * 2)
  }
}()
/* ch2에서 받은 정수에 1을 빼서 ch3로 전송 */
go func() {
  for {
    i := <-ch2
    ch3 <- (i - 1)
  }
}()

n := 1
LOOP:
for {
  select {
  /* 정수를 증가시키면서 ch1에 전송 */
  case ch1 <- n:
    n++
  /* ch3에서 받은 정수를 출력 */
    case i := <-ch3:
      fmt.Println("received", i)
  default:
    if n > 100 {
    break LOOP
    }
  }
```

```
}
/* 출력 */
received 1
received 3
received 5
received 7
received 9
received 11
received 13
received 15
(이하 생략)
```

이 프로그램이 하고 있는 일은 매우 간단하다. 0부터 증가하는 정수값을 생성 → 정수값을 2배하고 → 그 값에서 1을 빼고 → 출력하는 것뿐이다. 프로그램 중반에는 일부러 Go 루틴과 채널을 사용하는 내용을 추가하였다. select를 이용하여 각각 비동기로 처리되는 채널의 데이터를 적절하게 처리할 수 있는 것을 볼 수 있다.

COLUMN 채널과 비동기 처리

지금까지 채널에 대해 알아보았다. 다른 프로그래밍 언어에서 찾아볼 수 없는 기능이기 때문에 단순히 설명을 읽어보는 것으로는 완벽하게 이해하지 못할 수도 있다.

Go는 처음부터 비동기 처리를 효율적으로 처리할 수 있도록 설계되어 있다. 지금까지 살펴본 Go 루틴, select 등의 기능은 비동기 처리 프로그래밍을 위한 간단하고 강력한 기능임에는 틀림없다. 하지만 비동기 처리는 어떤 도구를 선택하더라도 본질적으로 어려운 영역이며, 그 구조가 복잡할수록 이해하기 더 어려워진다.

비동기 처리를 사용하지 않더라도 Go는 충분히 강력한 프로그래밍 언어이다. 채널 등의 구조에 대한 깊은 이해가 필요한 프로그램은 많지 않고, 즉시 이해하지 못하더라도 유용한 프로그램을 작성하는 데에는 문제가 없을 것이다. Go에 대해 충분히 공부한 다음 더 높은 성능이 필요할 때 다시 비동기 처리에 대해 알아보더라도 결코 늦지 않다.

Chapter

5

구조체와 인터페이스

포인터, 구조체, 메소드, 태그, 인터페이스

5.1 시작하기

이 장에서는 구조체(Struct)와 인터페이스(Interface)에 대해 설명한다. 객체 지향 프로그래밍 언어라면 클래스와 객체와 같은 요소의 설계 및 구현이 프로그래밍 작업의 중심이 되듯이 Go에서는 구조체와 인터페이스의 설계 및 구현이 프로그래밍의 핵심 작업이다.

또한 지금까지 언급하지 않았던 포인터(Pointer)에 대해서도 설명한다. Go의 포인터는 중요한 기능이지만 주로 구조체와 함께 사용되므로 이 장에서 같이 설명한다.

5.2 포인터

C 언어 공부를 해본 사람이라면 포인터에 대해서 큰 어려움을 느꼈을 것이다. Go에도 이 포인터를 사용할 수 있다. 포인터는 값 유형(Value type)으로 분류되는 데이터 구조(기본 자료형, 참조형, 다음에 설명할 구조체 등)의 메모리 상의 주소와 형태에 대한 정보를 가지고 있다. 이 포인터를 이용하면 데이터 구조를 간접적으로 참조하고 조작할 수 있다. 이렇게 글로 읽으면 이해하기 어렵지만, 결코 어렵지 않다.

포인터 정의

포인터형은 *int와 같이 포인터로 참조하고 조작할 자료형 앞에 *을 붙여서 정의할 수 있다. *float64라면 float64 타입의 포인터이고, *[3]int라면 크기가 3인 int 타입 배열 [3]int에 대한 포인터이다. 또한 포인터 변수만을 정의하면 초깃값은 nil이 되어 참조형과 같다.

```
/* 변수 p는 int 타입 포인터 */
var p *int

fmt.Println(p == nil) // => "true"
```

포인터를 정의하기 위한 *을 2개 붙여서 포인터를 위한 포인터도 정의할 수 있다. 지금은 사용할 수 있다는 것만 알아두자. Go에서는 이렇게 복잡한 정의가 필요하지는 않다.

```
/* int 형 포인터의 포인터를 참조 · 조작하기 위한 포인터 */
var p ***int
```

또한 각 참조형에 대해서도 포인터를 정의할 수는 있지만, 이 또한 사용할 수 있다는 사실만 짚고 넘어가도록 하자. 참조형은 그 이름에서 알 수 있듯이 형식의 구조 내부에 포인터를 사용한 참조를 포함하고 있다. 참조형에 대한 포인터가 필요한 경우는 극히 드물다.

```
var (
  s *[]string
  m *map[int]rune
  ch *chan int
)
```

COLUMN Go 포인터의 필요성

Go 프로그래밍에서 가장 애매한 것이 아마 Go 포인터의 필요성이 아닐까. Go의 포인터는 C에서 볼 수 있는 것과 거의 동일하다. 포인터의 포인터같은 복잡한 정의도 가능하다. 하지만 Go에서는 이러한 포인터 정의를 이용하지 않아도 프로그래밍을 할 수 있다. 그럼 왜 있는가라는 의문이 생길텐데, 이는 C와의 호환성 때문이라고 생각된다.

이 책에서 설명하지는 않겠지만 Go는 C와의 호환성에 대해 큰 관심을 가지고 있다. 다음은 Go에 포함된 도구 중의 하나인 cgo의 사용 예시(https://golang.org/cmd/cgo/)에서 인용한 것이다.

```
package main

// typedef int (*intFunc) ();
//
// int
// bridge_int_func(intFunc f)
```

```
// {
// return f();
// }
//
// int fortytwo()
// {
// return 42;
// }
import "C"
import "fmt"

func main() {
f := C.intFunc(C.fortytwo)
fmt.Println(int(C.bridge_int_func(f)))
// Output: 42
}
```

이 코드는 C로 정의된 함수를 Go에서 호출하여 정수와 함수 포인터 등을 얻는다. 이처럼 C와 연결할 경우에는 위와 같이 int 타입을 리턴하는 함수에 대한 포인터를 비교적 간단하게 사용할 수 있기 때문에 C로 짜여진 기존 코드를 활용할 수 있다는 큰 장점이 있다. C에서 만든 포인터를 이용한 복잡한 데이터 구조를 Go에서도 다루기 쉬워진다는 점에서 Go의 포인터는 그 존재 의의를 가진다.

이것은 다른 관점에서 봤을 때 C와 C++ 사이의 관계와도 유사하다. C++는 대부분의 영역에서 C의 상위 호환이며, C에 의한 정의 및 구현도 그대로 사용할 수 있게 되어 있다. 하지만 C++ 역시 참조를 이용하여 포인터를 이용하지 않고 프로그래밍이 가능하게 설계되어 있기도 하다. Go에서 포인터를 이용한 복잡한 정의가 가능한 것도 같은 맥락이라고 볼 수 있다.

이 책에서 Go 포인터에 대해서 자세히 다루지는 않는다. 언어에서 제공하기 때문에 복잡한 포인터가 필요한 상황도 물론 있을 것이다. 하지만 그 상황이 오면 Go뿐만 아니라 C와 포인터에 대해서도 깊은 이해가 필요할 것이다.

주소 연산자와 역참조(Dereference)

연산자 &을 이용하여 모든 자료형에서 포인터를 만들 수 있다. 연산자 &는 주소 연산자라고 부르며, C에도 비슷한 기능이 있다.

```
var i int
p := &i
fmt.Printf("%T \n", p) // => "*int"
pp := &p
fmt.Printf("%T \n", pp) // => "**int"
```

포인터 변수가 가리키는 변수의 값을 참조하려면 어떻게 해야 할까? 연산자 *를 포인터 변수 앞에 써서 포인터가 가리키는 데이터의 역참조(Dereference)를 할 수 있다. 역참조는 포인터가 가리키는 메모리의 주소를 통해 데이터 본체를 참조하는 것이다.

다음 예제 코드에서는 int 타입 변수 i와 그것을 가리키는 포인터 변수 p가 정의되어 있다. *p를 이용한 역참조를 통해 i의 값을 참조할 수 있고, *p=10과 같이 변수 i에 값을 주는 것도 가능하다.

```
var i int
p := &i
i = 5
fmt.Println(*p) // => "5"
*p = 10
fmt.Println(i) // => "10"
```

이처럼 임의의 자료형의 주소를 보관하는 포인터의 성질을 이용하면 함수의 파라미터로 값 형식의 참조형 데이터를 줄 수 있다. 함수의 파라미터로 int 타입과 같은 수치형의 데이터를 주면 함수 호출 시 파라미터 값을 복사하여 연산하기 때문에 동일한 메모리 영역의 값을 공유하지 않는다. 하지만 포인터를 이용하면 다음과 같이 함수들이 하나의 메모리의 값을 공유하게 할 수 있다.

```
func inc(p *int) {
  /* p를 역참조하여 값을 1 증가시킴 */
  *p++
}
```

```
func main() {
    i := 1
    inc(&i)
    inc(&i)
    inc(&i)
    fmt.Println(i) // => "4"
}
```

배열에 대해서도 포인터를 정의할 수 있다. &[3]int{1,2,3}과 같이 배열에 연산자 &를 결합하여 [3]int 타입의 배열을 가리키는 포인터를 정의할 수 있다.

다음 예제 코드에서 pow 함수는 *[3]int 타입의 포인터를 받아 배열의 각 요소의 값을 제곱하여 업데이트한다.

```
func pow(p *[3]int) {
    i := 0
    for i < 3 {
        /* 각 요소의 값을 제곱 */
        (*p)[i] = (*p)[i] * (*p)[i]
        i++
    }
}

func main() {
    /*변수 p는 *[3]int 타입 */
    p := &[3]int{1, 2, 3}
    pow(p)
    fmt.Println(p) // => "&[1, 4, 9]"
}
```

(*p)[i] 부분이 조금 복잡해 보인다. (*p)를 통해 역참조한 배열에 [i]를 이용하여 인덱스를 지정하고 있는 것이다. 연산자 우선순위에 의해 *p++와 같은 역참조와 연산의 조합은 문제가 발생하지 않지만, *p[i]와 같이는 쓸 수 없다.

포인터 변수의 값이 nil일 때 역참조를 수행하면 런타임 패닉이 발생한다. 포인터를 사용할 때에는 초기화가 제대로 이루어졌는지 꼭 확인하도록 하자.

```
var p *int
fmt.Println(*p) // 런타임 패닉
```

배열의 포인터

배열에 대한 포인터를 역참조하여 요소에 접근하는 (*p)[0]과 같은 문법은 C에서 유래한 것이며, 어쩌면 익숙할 수도 있다. 하지만 Go에서는 포인터의 역참조를 더 간결하게 수행할 수 있다.

```
p := &[3]int{1, 2, 3}
fmt.Println((*p)[0]) // => "1"
```

다음 코드의 변수 a는 [3]string 타입의 배열로 그 배열의 포인터를 변수 p에 저장하였다. Go는 (*p)[i]와 같이 작성하지 않아도 p[i]라고 쓰면 포인터의 역참조 → 배열 요소 참조라고 자동으로 해석한다. 구체적으로는 p[i]의 변수 p가 포인터라는 것을 컴파일러가 감지하여 자동으로 (*p)[i]로 변환하는 것이다. 이 방법을 이용하면 코드에서 복잡해 보이는 포인터의 역참조를 할 필요가 없기 때문에 프로그램의 가독성이 향상된다.

```
a := [3]string {"Apple", "Banana", "Cherry" }
p := &a
fmt.Println(a[1]) // => "Banana"
fmt.Println(p[1]) // => "Banana"
p[2] = "Grape"
fmt.Println(a[2]) // => "Grape"
fmt.Println(p[2]) // => "Grape"
```

내장함수 len과 cap, 슬라이스 식의 경우에도 배열의 포인터라면 역참조를 생략할 수 있다.

```
p := &[3]int{1, 2, 3}

fmt.Println(len(p)) // => "3"
fmt.Println(cap(p)) // => "3"
fmt.Println(p[0:2]) // => "[1, 2]"
```

또한 for에서 range를 사용할 때에도 배열의 포인터의 역참조를 생략할 수 있다. 이처럼 Go에는 배열의 포인터를 간단히 이용할 수 있는 여러 가지 방법이 마련되어 있다.

```
p := &[3]string {"Apple", "Banana", "Cherry" }

for i, v := range p {
    fmt.Println(i, v)
}

/* 출력 결과 */
0 Apple
1 Banana
2 Cherry
```

값으로써의 포인터

포인터형은 자료형 정보와 메모리의 주소를 조합한 자료형이다. int 타입 값으로 정수를 갖도록 포인터는 그 값으로 메모리의 주소를 보관하고 있다. fmt.Printf 등의 함수에 제공되는 형식 지정자 %p를 이용하면 구체적인 메모리 주소를 값으로 얻을 수 있다. 자주 사용할 일은 없지만, 포인터도 다른 자료형과 마찬가지로 구체적인 값을 가지고 있다는 것을 알아두자.

```
i := 5
ip := &i
fmt.Printf("type=%T, address=%p\n", ip, ip)
/* 출력 결과 */
type=*int, address=0xc82000a380
```

문자열과 포인터

Go의 string 타입은 포인터형이라는 관점에서 보면 사실 굉장히 특이한 형태이다.

```
s := "ABC"
&s // 문자열의 포인터
s[0] // 문자열 인덱스 참조 (byte 타입)
&s[0] // 컴파일 오류
```

연산자 &를 이용하여 string 타입의 포인터를 취하는 것은 문제가 없다. 그런데 문자열의 일부를 참조하기 위해 s[0]을 포인터로 참조하면 컴파일 에러가 발생하여 cannot take the address of s[0]이라는 오류 메시지가 출력된다. 주소를 얻을 수 없다니, 이것은 대체 무슨 의미인가?

Go에서는 다양한 자료형에 대해 포인터를 만들 수 있다. 다음과 같이 [3]int 타입 배열의 요소이든, []float64 타입의 슬라이스의 요소든 연산자 &는 문제없이 작동한다. 또한 포인터의 역참조를 통해 요소의 값을 고칠 수도 있다.

```
is := [3]int{1, 2, 3}
ip : = &is[1] // [3]int의 2번 째 요소를 가리키는 포인터
*ip = 0
is // == [1, 0, 3]

fs := []float64{1.1, 2.2, 3.3}
fp : = &fs[2] // []float64의 3번째 요소를 가리키는 포인터
*fp = 3.14
fs // == [1.1, 2.2, 3.14]
```

그러나 string 타입의 기초가 되는 byte 타입의 포인터를 이용하는 것은 오류를 발생시키는 것을 볼 수 있듯이 Go에서는 금지되어 있다. 왜 string 타입만 이러한 작업이 금지된 것인가?

Go는 한 번 생성된 문자열에 어떤 변형을 가하는 것은 기본적으로 불가능하도록 설계되어 있다.[1] 이 성질을 불변(Immutable)이라고 한다. 문자열을 구성하는 byte 타입 배열에 포인터를 정의할 수 있다는 것은 그 문자열을 변경하는 것을 허가한다는 것이다.

Go의 문자열은 불변이므로 문자열의 결합 처리를 할 때마다 새로운 문자열이 메모리에 생성된다. 다음 예제에서 변수 s에 마지막에 들어 있는 문자열은 "ABC"이지만 for문 안에서 "A", "AB"와 같은 중간 문자열이 생성되어 있다. 큰 문자열을 결합할 때 이러한 사항에 대해 알지 못한다면 의도하지 않게 아주 비효율적인 프로그램이 되어버리므로 주의가 필요하다. Go에서는 이러한 과정을 효율적으로 수행하기 위한 bytes 패키지를 준비해두고 있다.

```
s := ""
```

1) 위험하지만 절대 할 수 없는 것은 아니다.

```
for _, v := range []string {"A", "B", "C" } {
  s += v
}
s // == "ABC"
```

또 한 가지 알아둘 것은 string 타입의 값을 변수에 다시 대입하거나 함수의 파라미터로 사용한 경우, 문자열의 실체가 다른 메모리 영역에 복사되지는 않는다는 것이다. 따라서 Go에서는 *string 타입 포인터를 이용하여 참조에 의한 호출(Call by reference)을 굳이 구현할 필요가 없는 것이다. C 프로그래밍을 많이 해본 사람일수록 오히려 틀리기 쉬운 부분이라고 할 수 있다.

```
func printString(s string) {
  fmt.Println(s)
}

func main() {
  s := "Hello, World!"
  printString(s) // 문자열 본체의 복사는 수행되지 않는다.
}
```

다음 코드는 string 타입을 정의한 구조체의 모습을 Go의 소스 코드에서 가져온 것이다.

```
type stringStruct struct {
  str unsafe.Pointer // 문자열 자체에 대한 포인터
  len int // 문자열의 길이 (바이트)
}
```

구조체에 대한 자세한 내용은 다음 절에서 하도록 하고, string 타입은 내부적으로 문자열 자체에 대한 포인터와 문자열의 바이트 길이로 구성되어 있다. 따라서 함수의 파라미터로 string 타입을 이용했다고 하더라도 문자열에 대한 포인터와 문자열 바이트 길이라는 두 값이 복사되기 때문에 문자열 자체가 복사되는 것은 아니다.

Go의 문자열은 복잡한 포인터 조작을 줄이고, 불변이라는 성질을 가지고 있는 조금 특별한 자료형이라는 것을 기억하도록 하자.

COLUMN 합리성과 일관성

배열의 포인터는 자주 등장하는 데이터 구조이기 때문에 위와 같이 Go 컴파일러에 의해 일종의 특별 대우를 받는다. 이에 따라 프로그램의 일관성이라는 관점에서 보면 대상이 배열인지 배열의 포인터인지 구별이 어려워지는 단점도 존재한다. Go는 매우 합리적으로 설계된 프로그래밍 언어이지만 합리적이기만 하면 일관성은 크게 집착하지 않는 경향도 있다. 배열의 포인터에 대한 문법 상의 우대가 이러한 점이 가장 잘 나타나는 대목이다.

C에 익숙한 개발자라면 비교적 편하겠지만 포인터 자체가 개념에 익숙하더라도 헷갈리기 쉬운 부분이다. 다행히도 Go에서 포인터를 사용할 일은 C에 비해서 한정되어 있기 때문에 이런 경우에 포인터를 사용한다는 정도만 알아두면 일반 프로그래밍에서 큰 지장은 없을 것이다. 공부를 계속하면서 포인터에 대해 본질적인 이해가 필요해지면 C와 함께 배워보는 것을 권한다.

5.3 구조체

구조체란

구조체(Struct)는 요약하면 여러 자료형의 값들을 하나로 모은 것이다. 조건만 만족하면 기본 자료형, 배열, 함수, 참조형, 포인터형 등의 다양한 데이터 구조를 하나의 자료형으로 다룰 수 있다. 또한 구조체 자체에 구조체를 포함할 수도 있다.

Go는 복잡한 데이터 구조를 조합한 구조체를 정의할 필요가 있다. Java와 같은 객체지향 프로그래밍 언어에서 클래스와 오브젝트의 정의가 중요하듯 Go 프로그래밍에서는 구조체의 정의가 중요한 부분을 차지한다.

데이터 구조로만 따지면 Go의 구조체는 C의 구조체와 크게 다르지 않다. 하지만 Go의 구조체는 자료형을 엄격하고 편리하게 처리하기 위한 다양한 방법을 제공한다.

객체지향이 널리 보급된 배경에는 데이터와 그것을 처리하는 절차를 일체화함으로써 프로그램의 복잡성을 낮출 수 있다는 전제가 존재한다. Go는 객체지향 프로그래밍 언어에서 자주 볼 수 있는 클래스와 오브젝트는 없지만 모든 구조체와 절차를 연결하기 위한 메소드라는 기능을 제공한다. 객체지향에서의 메소드와는 의미가 조금 다르기 때문에 완전히 동일시할 수는 없으나, 비슷한 것이라고 봐도 무방하다. 또한 뒤에서 설명할 인터페이스(Interface)도 Go 구조체에 유연성을 부여하는 중요한 기능이다.

type

구조체에 대해 알아보기에 앞서 예약어 type에 대해 알아보자. type는 type [정의할 자료형 이름] [기존 자료형]과 같이 사용할 수 있다.

다음과 같이 기본 자료형인 int 타입에 MyInt와 같은 별칭(Alias)를 정의할 수 있다. 이처럼 type는 이미 정의되어 있는 자료형을 바탕으로 새로운 자료형을 정의할 때 사용한다.

```
/* int 타입의 별칭으로 MyInt를 정의함 */
type MyInt int

var n1 MyInt = 5
n2 := MyInt(7)
fmt.Println(n1) // => "5"
fmt.Println(n2) // => "7"
```

자료형의 별칭을 정의하면 어떤 장점이 있을까? 다음 type에 의한 별칭을 살펴보자. 예를 들어 map [string] [2]float64와 같은 복잡한 자료형에 AreaMap이라는 별칭을 주어 프로그램에서 복잡한 자료형 정의를 생략할 수 있고 보기가 좋아지는 것을 알 수 있다. 또한 IntPair {1, 2}와 같이 원래 자료형의 문법을 그대로 적용할 수 있는 것도 큰 장점이다.

```
/* type에 의한 다양한 별칭들 */
type (
    IntPair [2]int
    Strings []string
    AreaMap map[string][2]float64
    IntsChannel chan []int
)
```

```
pair := IntPair {1, 2 }
strs := Strings {"Apple", "Banana", "Cherry" }
amap := AreaMap {"Tokyo": {35.689488, 139.691706 } }
ich := make(IntsChannel)
```

다음과 같이 함수에 별칭을 주는 것도 좋은 방법이다. func(i int) int는 얼핏 보면 어떤 일을 하는지 바로 떠올리기 어렵지만 Callback이라는 명확한 이름을 주어 프로그램의 가독성을 향상시킬 수 있다.

```
/* int 타입을 파라미터로 취하고 int 타입을 리턴하는 콜백형 함수 */
type Callback func(i int) int

func Sum(ints []int, callback Callback) int {
  var sum int
  for _, i := range ints {
  sum += i
  }
  return callback(sum)
}

func main() {
  n := Sum(
    []int {1, 2, 3, 4, 5 },
    func(i int) int {
      return i * 2
    },
  )
  /* n == 30 */
}
```

이처럼 type을 이용하여 자료형에 이름을 주면 Go 코드의 표현력을 충분히 활용할 수 있다. 복잡한 자료형 정의가 번거로울 때 큰 도움이 될 것이다.

별칭의 호환성

형식의 별칭은 편리한 기능이지만 자료형의 호환성에는 주의가 필요하다. 다음과 같이 T0과 T1은 모두 int 타입의 별칭이다. 이 경우 int와 T0, int와 T1은 서로 호환된다. 하지만 같은 int 타입을 기본으로 한 T0과 T1은 서로 호환되지 않는다. 같은 자료형에서 파생된 경우라고 하더라도 별칭 사이에 호환이 이루어지지 않는다는 점에 유의하자.

```
type T0 int
type T1 int

t0 := T0(5) // t0 == 5
i0 := int(t0) // i0 == 5

t1 := T1(8) // t1 == 8
i1 := int(t1) // i1 == 8

t0 = t1 // 컴파일 오류
```

구조체의 정의

구조체를 정의할 때에는 일반적으로 type과 함께 새로운 자료형을 정의한다. 구조체는 struct {필드 정의}의 형식으로 정의할 수 있다. 먼저 struct 명령에 의해 구조체가 정의되고, 이 구조체에 type을 이용하여 새로운 자료형의 이름을 준다는 것을 기억하도록 하자.

struct에서 어떤 자료형을 가지는 필드(Field)를 임의의 수만큼 나열할 수 있다. 다음 예제의 Point 타입에는 X라는 int 타입 필드와 Y라는 int 타입 필드의 2가지 필드가 정의되어 있다.

```
type Point struct {
    X int
    Y int
}
```

또한 자료형이 같은 필드라면 변수를 정의할 때와 마찬가지로 쉼표를 이용하여 필드 이름을 구분함으로써 여러 필드를 일괄적으로 정의할 수도 있다.

```
type Point struct {
    X, Y int
}
```

구조체는 값 형식의 일종이다. 따라서 구조체 변수를 정의하면 구조체에 정의되어 있는 각 필드의 메모리 공간이 확보되고, 그 자료형에 따라 초깃값을 가진다.

구조체의 필드 값을 참조하려면 [구조체 이름].[필드 이름]과 같이 .(dot)으로 구분하여 필드 이름을 지정한다. 다음 예시의 Point 타입은 X, Y의 2개의 int 타입 필드를 가지고, 각각 int 타입의 기본값인 0으로 초기화되어 있는 것을 볼 수 있다. 또한 구조체의 필드에 연산자 =을 이용하여 값을 줄 수도 있다.

```
var pt Point
pt.X // == 0
pt.Y // == 0

/* 구조체의 필드에 대입 */
pt.X = 10
pt.Y = 8

pt.X // == 10
pt.Y // == 8
```

복합 문법

구조체의 각 필드의 초깃값을 지정하면서 구조체를 생성하는 복합 문법(Composite literals)에 대해 알아보자. {} 안에 각 필드의 초깃값을 나열할 수 있고, 각각의 값은 구조체에서 필드가 정의된 순서에 따라 나열되어야 한다.

다음 예제에서는 먼저 정의된 필드 X에 1번째 초깃값인 1이, Y에 2번째 초깃값 2가 할당된다.

```
pt := Point {1, 2}
pt.X // == 1
pt.Y // == 2
```

구조체의 각 필드의 초깃값을 지정하면서 생성하는 것은 때론 유용하지만 초깃값의 순서와 구조체 안의 필드의 순서를 일치시킬 필요가 있으며, 만약 구조체의 필드 정의에 변화가 있다면 초깃값과 어긋나버리는 등의 문제가 발생할 수 있다.

이러한 문제를 방지하기 위해 필드를 명시적으로 지정하고 값을 정의하는 복합 문법도 존재한다.

```
pt := Point{X: 1, Y: 2}
pt.X // == 1
pt.Y // == 2
```

[필드]:[값]의 형태로 필드와 값을 쌍으로 연결하여 구조체의 필드를 초기화시킬 수 있다. 또한 명시적으로 필드를 지정하였기 때문에 초깃값의 순서를 신경쓸 필요가 없어지므로 Point {Y:2, X:1}과 같이 순서에 의해 그 의미가 변하지 않는다.

필드를 명시적으로 지정하는 복합 문법을 사용하여 필드의 일부만을 초기화시킬 수도 있다. 다음의 예에서는 필드 Y에만 초깃값을 주고 필드 X는 int 타입의 기본값을 가지는 것을 볼 수 있다.

```
pt := Point{Y: 28}
pt.X // == 0
pt.Y // == 28
```

복합 문법에는 2종류의 방법이 있는 것을 알게 되었지만 특별한 이유가 없다면 후자의 필드를 명시적으로 지정하는 작성 방법을 선택하는 것을 추천한다. 프로그램의 유연성과 가독성을 크게 향상시킬 수 있을 것이다.

필드 정의에 대한 자세한 내용

구조체의 필드 이름에 대한 명명 규칙은 변수나 함수 등 다른 Go 식별자들과 다르지 않다. UTF-8로 인코딩만 가능하다면 다음과 같이 한글 필드 이름도 문제없이 사용할 수 있다.

```
type Person struct {
    ID uint
    name string
    부서 string
}

p := Person{ID: 17, name: "홍길동", 부서: "영업부"}
```

그러나 Go의 관례에 의하면 첫 글자가 영어 대문자이고 알파벳과 숫자가 조합된 필드 이름을 사용하는 것이 바람직하다. Go의 표준 패키지에 정의된 구조체들에서도 이러한 형식으로 많이 정의되어 있다.

사실 구조체에서 필드 이름을 생략할 수도 있다. 이럴 때에는 필드 이름과 자료형이 같다고 간주한다. 필드가 int 타입이나 string 타입처럼 기본 자료형일 경우에는 큰 장점은 없을 것이다. 그러나 구조체 안에 다른 구조체를 포함할 때에는 유용한 기능이 될 것이다. 이에 대해서는 잠시 후에 알아보기로 한다.

```
type T struct {
    int
    float64
    string
}

t := T{1, 3.14, "문자열"}
t.int // == 1
t.float64 // == 3.14
t.string // == "문자열"
```

구조체에 무명 필드(Blank field)를 정의할 수도 있다. 필드 이름에 _을 주면 그 필드는 무명 필드가 된다.

무명 필드는 필드 이름이 없기 때문에 참조 및 지정 등의 조작은 할 수 없다. 복합 문법을 이용하여 필드의 값을 초기화시킬 수도 없다. 그러나 다음의 구조체의 출력 결과에서 볼 수 있듯 하나의 필드로 존재하는 것은 분명하다.

```
type T struct {
    N uint
    _ int16
    S []string
}

t := T{
    N: 12,
    S: []string{"A", "B", "C"},
}
fmt.Println(t) // => "{12 0 [A B C]}"
```

무명 필드는 구조체의 메모리 정렬(Alignment)을 위해 필요하다. 이는 구조체가 메모리 상에서 어떤 영역에 배치되는지를 세밀하게 조정하기 위한 장치인 것이다. 이는 고급 프로그래밍을 위한 내용이므로 일반적인 Go 프로그래밍에서는 별로 필요하지 않다. 이러한 구조도 있다는 것만 알아두도록 하자.

구조체를 포함하는 구조체

필드 이름이 있는 경우

우선 구조체에 삽입된 구조체에 명시적으로 필드의 이름을 지정하는 방법을 살펴 보자. 다음 예제 코드에서는 Feed 타입의 구조체를 정의하고, 이를 Animal 타입 구조체에 필드로서 포함시켰다.

```
type Feed struct {
  Name string
  Amount uint
}

type Animal struct {
  Name string
  Feed Feed /* Feed 타입 구조체 추가 */
}
```

Animal 타입에 포함된 Feed 타입의 필드 이름이 자료형 이름과 같은 Feed이지만 큰 문제는 없다. 오히려 Go에서는 자주 볼 수 있는 형태이다.

복합 문법 안에 다시 복합 문법을 사용할 수 있기 때문에 구조체 내부에 포함된 Feed 타입 구조체의 내용도 함께 초기화시킬 수 있다. 이것은 구조체가 중첩된 복잡한 구조를 한꺼번에 초기화시킬 수 있는 편리한 구문이다. 이렇게 구조체 안에 포함된 구조체의 필드는 a.Feed.Name처럼 계층을 통해 접근할 수 있다.

```
a := Animal{
  Name: "Monkey",
  Feed : Feed {/* 복합 문법 속의 복합 문법 */
    Name: "Banana",
    Amount: 10,
  },
}

a.Name // == "Monkey"
a.Feed.Name // == "Banana"
a.Feed.Amount // == 10
```

```
a.Feed.Amount = 15
a.Feed.Amount // == 15
```

필드 이름을 생략한 경우

다음 코드는 앞의 코드와 거의 동일하지만 한 가지 다른 점이 있다. Animal 타입에 포함된 Feed 타입의 필드 이름을 생략한 것이다. 결과적으로 필드 이름은 암묵적으로 Feed가 되므로 앞의 프로그램과 동일하게 구조체를 조작할 수 있다. 다른 점은 Feed 타입의 필드 Amount에 접근해야 할 경우 a.Feed.Amount라고 쓰지 않고 a.Amount와 같이 필드 이름 Feed를 생략할 수 있다는 것이다.

```
type Feed struct {
  Name string
  Amount uint
}

type Animal struct {
  Name string
  Feed /* 필드 이름을 생략하여 구조체에 추가 */
}

a := Animal{
  Name: "Monkey",
  Feed: Feed{
    Name: "Banana",
    Amount: 10,
  },
}

a.Amount // == 10

a.Amount = 15
a.Amount // == 15
a.Feed.Amount // == 15
```

이렇게 Go의 구조체에서는 필드 이름을 생략하여 포함시킨 구조체의 필드 이름이 유일할 경우 중간의 필드 이름을 생략하여 접근할 수 있다.

위의 프로그램에서 보면 Feed 타입의 Name 필드에 접근하기 위해서는 a.Feed.

Name과 같이 써야 한다. Name이라는 필드는 Animal 타입에도 정의되어 있으므로 두 구조체 중 어느 것의 필드인지를 식별할 수 없기 때문이다. Amount라는 필드는 Feed 타입에만 정의되어 있기 때문에 고유하게 식별이 가능하고, 결과적으로 필드 이름 Feed를 생략할 수 있다.

중간의 필드 이름을 생략하는 접근 방법은 더 깊이 중첩된 구조체라도 문제 없이 작동한다. 필드 이름을 고유하게 만들기만 하면 다음과 같이 3중으로 중첩된 구조체의 필드도 직접 접근할 수 있다.

```
type T0 struct {
  Name1 string
}

type T1 struct {
  T0
  Name2 string
}

type T2 struct {
  T1
  Name3 string
}

t := T2{T1: T1{T0: T0{Name1: "X"}, Name2: "Y"}, Name3: "Z"}
t.Name1 // == "X"
t.Name2 // == "Y"
t.Name3 // == "Z"
```

필드 이름을 생략하여 구조체에 추기하는 방법은 어떤 장점이 있을까? 이는 다른 구조체에 공통의 성질을 가지게 만들고 싶을 때 효과적으로 이용할 수 있다. 다음 예제 코드에서는 구조체 A와 B에 공통되는 필드로 Base 타입의 구조체를 정의하였다. 이렇게 다른 구조체 간에 공유할 수 있는 필드들을 Base 타입과 같은 구조체를 만들어 이용함으로써 구조체 간의 공통점을 만들 수 있다.

```
type Base struct {
  Id int
  Owner string
}
```

```
type A struct {
  Base /* 공통 필드 */
  Name string
  Area string
}

type B struct {
  Base /* 공통 필드 */
  Title string
  Bodies []string
}

a := A {
  Base: Base {17, "홍길동" },
  Name: "Taro",
  Area: "Tokyo",
}
b := B {
  Base: Base {81, "전우치" },
  Title: "no title",
  Bodies: []string {"A", "B" },
}

a.Id // == 17
a.Owner // == "홍길동"
b.Id // == 81
b.Owner // == "전우치"
```

필드 이름을 생략했을 경우의 주의사항

필드 이름을 정의하지 않고 구조체에 추가하였을 경우에는 주의해야 할 것이 있다.

```
struct {
  T1 // 필드 이름은 T1
  *T2 // 필드 이름은 T2
  P.T3 // 필드 이름은 T3
  *P.T4 // 필드 이름은 T4
}
```

이 *T2처럼 포인터를 포함한 경우 필드 이름은 T2로 암묵적으로 결정된다. 그리고 P 패키지에 의해 정의된 T3도 P.T3과 같은 형태로 구조체에 추가되면 필드 이름이 T3으로 정해진다.

이처럼 포인터를 나타내는 연산자, 패키지에 의한 접두사 등이 모두 무시되고 이름 부분만 필드 이름으로 지정되기 때문에 주의가 필요하다.

재귀적 정의 금지

구조체의 필드로서 그 구조체 본체를 포함하는 재귀적인 정의는 컴파일 오류를 발생시킨다.

```
type T struct {
  T // 컴파일 오류
}
```

또한 다음과 같아 필드에 포함된 구조체가 그 자신을 포함하는 것도 재귀적인 정의로 간주된다.

```
type T0 struct {
  T1 // 컴파일 오류 : T1이 T0을 포함하고 있음
}

type T1 struct {
  T0
}
```

무명 구조체

구조체를 정의할 때에는 보통 type과 같이 사용하여 이름을 부여하지만, struct {필드 정의}와 같이 구조체 자체만을 이용할 수도 있다. 다음 예제 코드에서는 struct {X, Y int}가 이름 없이 구조체 자체로만 동작하는 것을 볼 수 있다.

```
func showStruct(s struct{ X, Y int }) {
  fmt.Println(s)
}
```

```
s := struct{ X, Y int }{X: 1, Y: 2}
showStruct(s) // => "{1 2}"
```

물론 이렇게 번거로운 일을 해야 할 필요는 없다. 구조체를 정의할 때에는 가능하면 type과 같이 사용하여 구조체의 별칭을 정해주도록 하자.

여기서 한 걸음 더 들어가 보면 type으로 구조체에 별칭을 정해주면 원래의 구조체와 별칭 사이에 호환성이 생긴다. 다음의 예에서 볼 수 있듯이 Point 타입은 struct {X, Y int} 형과 호환된다. 이론상으로는 type MyInt int에서 MyInt가 int와 호환되는 것과 다르지 않다.

```
type Point struct {
   X, Y int
}

func showStruct(s struct { X, Y int }) {
   fmt.Println(s)
}

p := Point {X: 3, Y: 8}
showStruct(p) // => " {3 8}"
```

구조체 포인터

구조체는 값을 가지는 자료형이다. 따라서 함수의 파라미터로 구조체를 주면 그 구조체의 값이 복사되고, 복사된 값에 대해 작업을 수행하기 때문에 원래의 구조체는 영향을 받지 않는다.

다음 예제 코드는 Point 타입의 구조체를 함수 swap에 넣어 처리하려고 하고 있지만, 원래 변수 p가 가리키는 구조체와 swap 함수의 p가 가리키는 구조체는 그 값만 같을 뿐 전혀 다른 것이다.

```
type Point struct {
   X, Y int
}

func swap(p Point) {
   /* 필드 X, Y,의 값을 바꿈 */
```

```
    x, y := p.Y, p.X
    p.X = x
    p.Y = y
}

p := Point {X: 1, Y: 2}
swap(p) /* 구조체는 값만 전달됨 */

p.X // == 1
p.Y // == 2
```

```
/* Point 타입의 포인터를 받도록 변경 */
func swap(p *Point) {
    x, y := p.Y, p.X
    p.X = x
    p.Y = y
}

p := Point {X: 1, Y: 2}
swap(&p) /* Point 타입 포인터를 파라미터로 */
p.X // == 2
p.Y // == 1
```

구조체를 함수에 참조 형식으로 보내야 할 때 필요한 것이 구조체 포인터이다. 다음 코드에서는 함수 swap의 파라미터로 *Point 타입을 받도록 수정하였고, 함수 호출 부분에서도 &p와 같이 Point 타입의 포인터를 전달하였다.

```
/* 변수 p는 *Point 타입 */
p := &Point {X: 1, Y: 2}
```

이렇게 수정하면 구조체를 함수에 값이 아닌 참조로 전달하여 함수 swap이 제대로 작동한다. 이와 같이 구조체는 주로 포인터와 함께 사용한다. 구조체를 값으로만 사용할 일은 매우 한정되어 있기 때문이다.

원래의 코드는 &p와 같이 연산자 &를 이용하여 포인터를 생성하였지만, 위와 같이 구조체의 포인터 변수를 직접 정의하여 사용하는 것이 보다 바람직하다. 이 표현들은 Go 프로그래밍을 할 때 자주 보게 될 것이다.

new

지정된 자료형의 포인터를 생성하고자 할 때에서는 내장함수 new를 사용한다. new(자료형) 형식으로 사용한다.

```
type Person struct {
  Id int
  Name string
  Area string
}
/* 변수 p는 *Person 형 */
p := new(Person)

p.Id // == 0
p.Name // == ""
p.Area // == ""
```

new는 구조체 전용 함수는 아니다. 다음과 같이 기본 자료형과 참조형에도 사용할 수 있다. 하지만 별 장점이 없기 때문에 주 용도는 구조체 포인터 생성이라고 알아두자.

```
/* 변수 i는 int 타입 포인터 */
i := new(int)
*i // == 0
/* 변수 s는 []string 타입 포인터 */
s := new([]string)
*s // == nil
```

new를 이용하여 구조체의 포인터를 생성하든, 연산자 &와 복합 문법을 통해 구조체의 포인터를 생성하든 작동하는 것에 큰 차이는 없다. 프로그램의 상황에 따라 구분하면 된다.

```
/* new를 사용하여 구조체 포인터 초기화 */
p := new(Point)
p.X = 1
p.Y = 2

/* 복합 문법을 통한 구조체 포인터 초기화 */
p := &Point {X: 1, Y: 2}
```

메소드

Go의 메소드(Method)는 특별하다. 다른 객체지향 프로그래밍 언어에서 자주 보았던 것과는 다르다. Go에서 메소드는 특정 자료형에 특화된 함수를 정의하기 위한 구조이다.

메소드 정의

다음은 간단한 구조체 및 메소드 정의 예시이다.

```
type Point struct{ X, Y int }

/* *Point 타입의 메소드 Render */
func (p *Point) Render() {
   fmt.Printf("<%d,%d>\n", p.X, p.Y)
}

p := &Point{X: 5, Y: 12}
/* Render 메소드 호출 */
p.Render()
/* 출력 결과 */
<5,12>
```

메소드는 함수와 달리 func와 메소드 이름 사이에 리시버(Receiver)의 자료형과 그 변수의 이름이 필요하다. 이 코드에서는 *Point 타입 변수 p가 리시버에 해당한다.

```
func (p *Point) Render()
```

정의된 메소드는 [리시버].[메소드 이름]으로 호출할 수 있다. 변수 p가 가리키는 *Point 타입 포인터가 리시버이다.

```
p.Render()
```

메소드는 함수와 마찬가지로 파라미터도 받을 수 있고, 리턴값도 있다. 리시버의 정의가 필요한 것 외에는 일반 함수와 다른 점은 없다

```
/* 두 점 사이의 거리를 계산함 */
func (p *Point) Distance(dp *Point) float64 {
   x, y := p.X-dp.X, p.Y-dp.Y
```

```
  return math.Sqrt(float64(x*x + y*y))
}

p := &Point {X: 0, Y: 0 }
p.Distance(&Point {X: 1, Y: 1 }) // == 1.4142135623730951
```

함수는 파라미터나 리턴값이 다르더라도 이름이 같으면 한 패키지에 여러 개의 함수를 정의할 수 없다. 하지만 메소드는 리시버가 다르면 같은 이름의 메소드를 여러 개 정의할 수 있다. 다음 예제 코드에서는 IntPoint 타입과 FloatPoint 타입의 포인터 타입에 대한 Distance 메소드를 2개 정의하였다.

```
type IntPoint struct{ X, Y int }
type FloatPoint struct{ X, Y float64 }

/* *IntPoint 타입 Distance 메소드 */
func (p *IntPoint) Distance(dp *IntPoint) float64 {
  x, y := p.X-dp.X, p.Y-dp.Y
  return math.Sqrt(float64(x*x + y*y))
}
/* *FloatPoint 타입 Distance 메소드 */
func (p *FloatPoint) Distance(dp *FloatPoint) float64 {
  x, y := p.X-dp.X, p.Y-dp.Y
  return math.Sqrt(x*x + y*y)
}
```

메소드 별칭

메소드는 구조체에서만 정의할 수 있는 것은 아니다. 다음과 같이 int 타입의 별칭으로 MyInt를 정의하고 MyInt 타입에 대한 메소드를 정의할 수도 있다.

```
type MyInt int

  func (m MyInt) Plus(i int) int {
  return int(m) + i
}

MyInt(4).Plus(2) // == 6
```

또한 다음 예제 코드에서는 배열과 참조형의 별칭에 대한 메소드를 정의하고 있다. 이처럼 메소드는 구조체뿐만 아니라 다양한 자료형에 대해 정의할 수 있는 유연함을 가지고 있다.

```
/* [2]int 타입의 별칭 IntPair */
type IntPair [2]int

/* 페어의 1번째 값을 리턴하는 메소드 */
func (ip IntPair) First() int {
  return ip[0]
}

/* 페어의 2번째 값을 리턴하는 메소드 */
func (ip IntPair) Last() int {
  return ip[1]
}

/* []string 타입의 별칭 MyString */
type Strings []string

/* 문자열의 슬라이스를 구분 문자로 연결하는 메소드 */
func (s Strings) Join(d string) string {
  sum := ""
  for _, v := range s {
    if sum != "" {
    sum += d
  }
  sum += v
  }
  return sum
}

ip := IntPair{1, 2}
ip.First() // == 1
ip.Last() // == 2

Strings{"A", "B", "C"}.Join(",") // == "A,B,C"
```

자료형의 생성자

Go는 객체지향 프로그래밍 언어에서 자주 볼 수 있는 생성자(Constructor)를 공식적으로 제공하지는 않지만 자료형의 생성자라는 것을 이용하여 비슷한 작업을 수행할 수 있다.

다음 예제 코드에서는 구조체 User형과 그 구조체의 초기화를 위한 NewUser가 정의되어 있다. 이처럼 자료형의 생성자를 나타내는 함수는 New[자료형 이름]으로 이름을 짓는 것이 일반적이다. 또한 자료형의 생성자는 그 자료형의 포인터를 리턴하도록 정의하는 것이 바람직하다.

```
type User struct {
  Id int
  Name string
}

func NewUser(id int, name string) *User {
  u := new(User)
  u.Id = id
  u.Name = name
  return u
}

fmt.Println(NewUser(1, "Taro")) // => "& {1 Taro }"
```

자료형의 생성자를 패키지 외부에 공개하려면 NewUser라는 이름을 사용해도 상관없지만, 패키지 내부에서만 사용해야 할 경우에는 newUser처럼 첫 문자를 소문자로 하여 공개되지 않도록 하는 것이 좋다.

NewXXX라는 일종의 관용구는 Go 표준 패키지에서도 자주 이용되고 있기 때문에 외부 패키지를 이용할 때 알아두면 편리할 것이다.

함수로서의 메소드

메소드는 정의할 때 리시버를 정의해야 하기 때문에 일반 함수의 정의와는 약간 다르다. 하지만 실제로 동작하는 것은 함수와 다를 것이 없다. 메소드를 함수와 같이 참조할 때에는 [리시버의 자료형].[메소드]와 같이 쓰면 된다. 다음의 코드를 보자.

```
type Point struct {X, Y int}

func (p *Point) ToString() string {
  return fmt.Sprintf("[%d,%d]", p.X, p.Y)
```

```
}

/* 변수 f는 (func(*Point)string)형 변수 */
f := (*Point).ToString
f(&Point {X: 7, Y: 11 }) // == "[7,11]"
```

(*Point).ToString 부분이 메소드를 함수로서 사용하고 있는 부분이다. *Point 타입의 메소드 ToString을 함수 관점에서 보면 func(*Point)string와 같다. 즉 메소드는 리시버를 첫 번째 파라미터로 취하는 단순한 함수일 뿐인 것이다. 실제로 f(&Point{X:7, Y:11})라고 쓰면 리시버를 거치지 않고 일반 함수처럼 호출할 수도 있다.

약간 복잡하지만, 변수를 이용하지 않고 메소드를 함수로 참조하여 호출하는 과정을 정리하면 다음과 같다. 이러한 코드는 자주 사용하지 않는 것이 좋지만, 이런 것도 가능하다는 것을 알아두자.

```
((*Point).ToString)(&Point{X: 11, Y: 33}) // == "[11,33]"
```

메소드를 함수로써 참조할 때 [리시버].[메소드]로 쓸 수도 있다. p.Tostring으로 호출된 함수는 func() string 타입이므로, 아까와는 결과가 조금 다른 것을 볼 수 있다. 이것은 리시버의 내용이 구체적으로 결정되어 있기 때문에 1번째 파라미터로 리시버를 받을 필요가 없는 함수의 형태가 된 것이다. 조금 난해하지만 원리 자체는 간단하다.

실제로 이러한 프로그램을 작성할 일은 많지 않겠지만, Go를 이해하는데 도움이 될 것이다.

```
p := &Point{X: 2, Y: 3}
f:= p.ToString // 변수 f는 func()string 타입 변수
f() // == "[2,3]"
```

리시버와 포인터

메소드를 정의할 때 신경써야 할 것은 리시버의 자료형을 수치형으로 할 것인가 포인터형으로 할 것인가이다. 기본적으로 구조체에 정의된 메소드의 리시버는 포인터형으로 하는 것이 좋다. 실제로 리시버의 자료형에 따라 어떤 차이가 있는지 알아보자.

```
type Point struct{ X, Y int}

/* Point 타입 리시버 */
func (p Point) Set(x, y int) {
    p.X = x
    p.Y = y
}

/* 변수 p1은 Point 타입 */
p1 := Point{}
p1.Set(1, 2)
p1.X // == 0
p1.Y // == 0

/* 변수 p2는 *Point 타입 */
p2 := &Point{}
p2.Set(1, 2)
p2.X // == 0
p2.Y // == 0
```

우선은 구조체의 자료형 Point를 그대로 리시버로 사용한 예를 살펴보자. 메소드 Set은 리시버의 Point 타입의 필드 X, Y를 주어진 내용으로 변경한다.

예상했겠지만 이 메소드는 예상대로 작동되지 않으며, 호출에 의해 필드가 업데이트되지 않는다. 이것은 리시버가 값을 파라미터로 받았기 때문이다.

함수와 마찬가지로 메소드도 리시버가 값을 가지면 그 값을 복사하여 사용한다. 따라서 메소드 호출 시 전달한 리시버와 메소드 내부의 리시버는 다를 수 있다. 이것이 리시버를 포인터형으로 해야 하는 가장 큰 이유이다.

위의 프로그램에서 한 가지 더 지켜봐야 할 곳이 있다. 메소드 Set의 리시버는 Point 타입이지만 메소드를 호출할 때 파라미터가 Point 타입이든 *Point 타입이든 별 문제 없이 실행되는 것이다. Go에서는 메소드를 호출할 때 리시버가 값을 가지든 포인터형이든 딱히 구별하지 않고 메소드를 호출할 수 있다. 자료형에 대해서 엄격한 Go로서는 약간 어설퍼 보이는 부분이지만, 값인지 포인터인지를 신경쓰지 않고 메소드를 사용할 수 있다는 장점도 있다.

메소드 Set의 리시버를 *Point 타입으로 바꾸어 보자.

```
type Point struct { X, Y int }
```

```
/* *Point 타입 리시버 */
func (p *Point) Set(x, y int) {
    p.X = x
    p.Y = y
}

/* 변수 p1은 Point 타입 */
p1 := Point { }
p1.Set(1, 2)
p1.X // == 1
p1.Y // == 2

/* 변수 p2는 *Point 타입 */
p2 := &Point { }
p2.Set(1, 2)
p2.X // == 1
p2.Y // == 2
```

이번에는 의도한 대로 프로그램이 작동하였다. 또한 리시버를 *Point 타입으로 변경하여도 호출 시 Point 타입, *Point 타입 모두 메소드를 호출할 때 이용할 수 있는 것을 볼 수 있다. 정리를 해 보면 메소드에 대해서 리시버가 값으로 전달되는지, 또는 참조로 전달되는지는 메소드 정의 시에 리시버의 형식이 값인지, 또는 포인터인지에 의해서만 결정되는 것이다.

메소드는 자료형과 그 자료형에 대한 처리를 위한 구조이다. 리시버의 값을 복사하여 사용하는 처리를 필요로 하는 경우는 극히 드물 것이다. 이렇기 때문에 구조체에 대한 메소드의 리시버는 포인터형으로 하는 것을 원칙으로 알아두기로 하자.

필드 및 메소드의 가시성

패키지에 정의된 함수가 외부 함수에서 참조가 가능한지의 여부는 함수 이름의 1번째 문자가 유니코드 상에서 대문자인가 아닌가에 의해 결정된다. 이것은 함수뿐만 아니라 상수나 패키지 변수 등의 식별자 전체에 적용되는 법칙이고, 구조체의 필드나 메소드에 대해서도 마찬가지이다.

다음 예제 코드에서는 foo 패키지에 정의된 구조체 T와 그 메소드를 main 패키지에서 참조하고 있다. 식별자가 소문자로 시작하는 필드 및 메소드는 외부 패키지에서 참조할 때 컴파일 오류가 발생한다.

```
package foo

type T struct {
  Field1 int // 공개 필드
  field2 int // 비공개 필드
}

/* 공개 메소드 */
func (t *T) Method1() int {
return t.Field1
}

/* 비공개 메소드 */
func (t *T) method2() int {
return t.field2
}
```

```
package main

t := &foo.T{}
t.Method1() // OK
t.Field1 // OK
t.method2 () // 컴파일 오류
t.field2 // 컴파일 오류
```

C++과 Java의 액세스 지정자와 같지는 않지만, Go에서도 이렇게 패키지 내부의 구조체의 공개 여부를 제어하고, 내부 구조를 은폐할 수 있다. 구조체의 필드를 모두 비공개로 처리하고 메소드를 모두 공개하면 인터페이스가 명확하고 유지보수가 편리한 패키지를 만들 수 있을 것이다.

슬라이스와 구조체

슬라이스와 구조체를 결합하는 것은 Go에서 흔한 일이다. 다음 예제 코드와 같이 make와 구조체를 결합하여 구조체의 슬라이스를 만들 수 있다. new를 이용하여 개별적으로 구조체를 여러 개 생성하는 것보다 한꺼번에 생성하여 메모리 영역을 확보하는 것이 메모리 효율과 실행 효율 측면에서 유리하다.

```
type Point struct{ X, Y int }

ps := make([]Point, 5)
for _, p := range ps {
 fmt.Println(p.X, p.Y)
}

/* 출력 결과 */
0 0
0 0
0 0
0 0
0 0
```

또한 []*Point와 같이 복잡한 자료형에 대해 type으로 별칭을 부여하고 그 별칭에 대해 메소드를 정의하여 자료형을 다루기 쉽게 할 수도 있다. Go에서는 구조체, 포인터, 참조형을 조합하여 복잡한 데이터 구조를 만들어낸다. 복잡한 것을 복잡한 모양으로 그대로 두지 말고, 적절히 알기 쉽고 사용하기 쉬운 형태로 표현하는 방법을 찾아보도록 하자.

```
type Points []*Point

func (ps Points) ToString() string {
  str := ""
  for _, p := range ps {
    if str != "" {
    str += ","
    }
    if p == nil {
    str += "<nil>"
    } else {
    str += fmt.Sprintf("[%d,%d]", p.X, p.Y)
    }
  }
  return str
}

ps := Points { }
ps = append(ps, &Point {X: 1, Y: 2 })
ps = append(ps, nil)
```

```
ps = append(ps, &Point {X: 3, Y: 4 })
ps.ToString() // == "[1,2],<nil>,[3,4]"
```

맵과 구조체

Go의 맵에서는 구조체를 키와 값으로 모두 사용할 수 있다. 그리고 이럴 때 유용하게 사용할 수 있는 문법도 제공한다. 구조체를 맵의 키로 사용하든 값으로 사용하든 구조체의 자료형 이름을 생략할 수 있다.

User 타입 구조체를 초기화할 때 일반적으로는 User {Id : ..., Name : ...} 라고 써야 하지만 {Id : ..., Name : ...}라고만 써도 초기화를 할 수 있다.

```
type User struct {
  Id int
  Name string
}

/* 키가 구조체의 맵 */
m1 := map[User]string {
  {Id: 1, Name: "Taro" }: "Tokyo",
  {Id: 2, Name: "Jiro" }: "Osaka",
}
/* 값이 구조체의 맵 */
m2 := map[int]User {
  1: {Id: 1, Name: "Taro" },
  2: {Id: 2, Name: "Jiro" },
}
```

구조체 이름을 생략할 수 있는 것은 키와 값이 슬라이스나 맵일 때도 가능하다. 복잡한 맵을 초기화할 때 활용하도록 하자.

```
/* 값이 슬라이스의 맵 */
ms := map[int][]string{
  1: {"A", "B", "C"},
}
/* 값이 맵의 맵 */
mm := map[int]map[int]string{
  1: {1: "Apple", 2: "Banana", 3: "Cherry"},
}
```

태그

Go에서는 구조체에 태그(Tag)를 이용하여 필드의 메타 정보를 저장할 수 있다. 다음의 구조체 User는 필드 Id에 ID라는 태그를 붙이고, 필드 Name에는 이름이라는 태그를 붙였다.

태그는 문자열 또는 RAW 문자열을 이용하지만 태그의 "(큰따옴표)가 의도하지 않은 의미를 가질 수 있기 때문에 RAW 문자열을 사용하는 것이 좋다.

```
type User struct {
  Id int "ID"
  Name string "이름"
}
```

태그는 어디까지나 구조체의 필드에 대한 메타 정보이다. 문자열에 문제가 없다면 프로그램의 실행에는 아무런 영향을 끼치지 않는다. 이 태그의 용도는 도대체 무엇인가?

다음은 프로그램 안의 구조체에 부여된 태그를 참조하는 예제 코드이다. 자세한 내용을 지금 알 필요는 없다. 프로그램이 실행되면 태그의 내용을 볼 수 있다는 것만 이해하도록 하자. 프로그램 실행 시 자료형 정보를 참조하기 위해 reflect 패키지를 추가하였다.

```
package main

import (
  "fmt"
  "reflect"
)

type User struct {
  Id int "사용자 ID"
  Name string "이름"
  Age uint "나이"
}

func main() {
  u := User{Id: 1, Name: "Taro", Age: 32}
```

```
    /* 변수 t는 reflect.Type 타입 */
    t := reflect.TypeOf(u)
    /* 구조체의 모든 필드를 처리함 */
    for i := 0; i < t.NumField(); i++ {
        /* i 번째 필드에 대한 처리 */
        f := t.Field(i)
        fmt.Println(f.Name, f.Tag)
    }
}
```

이 프로그램을 실행하면 다음과 같은 출력을 얻을 수 있다.

```
Id 사용자 ID
Name 이름
Age 나이
```

reflect 패키지의 기능을 이용하여 User 타입의 필드 이름을 검색하고, 필드에 붙어 있는 태그의 내용도 출력할 수 있다. 태그는 구조체의 필드에 문자열을 사용하여 메타 정보를 줄 수 있는 유연성을 제공한다. 태그의 내용이 어떻게 사용될지는 라이브러리나 프로그램의 구현에 따라 다를 것이다.

구조체의 태그가 활용되는 예 중 하나로 json 패키지를 이용한 예제 프로그램을 살펴보도록 하자. json 패키지를 이용하면 구조체와 같은 복잡한 데이터 구조를 JSON 형식의 텍스트로 쉽게 변환할 수 있다. 또한 json 패키지는 주어진 필드의 태그를 조사하여 json:[키 이름]이라는 문자열을 발견하면 자동으로 그 정보를 획득하여 출력할 때 JSON 텍스트 키 이름으로 사용한다. 이렇게 태그를 프로그램이나 라이브러리에 메타 정보로서 이용할 수 있다.

```
package main

import (
    "fmt"
    "encoding/json"
)

type User struct {
    Id int `json:"user_id"`
    Name string `json:"user_name"`
```

```
    Age uint `json:"user_age"`
}

func main() {
    u := User{Id: 1, Name: "Taro", Age: 32}
    bs, _ := json.Marshal(u)
    fmt.Println(string(bs))
}
/* 출력 내용 */
{"user_id":1,"user_name":"Taro","user_age":32}
```

태그를 이용할 때 주의해야 할 것은 태그는 어디까지나 단순한 문자열 데이터라는 것이다. 여기에 오류가 있다고 해도 컴파일러가 검출해주지 않는다. 태그를 이용할 때에는 실수하지 않도록 주의하고 실행 시 제대로 작동하는지 테스트를 해보는 것이 좋다.

5.4 인터페이스

인터페이스란

인터페이스(Interface)는 Go 프로그래밍에서 자료형의 유연성을 보장하는 아주 중요한 기능이다. 인터페이스는 자료형의 일종이며 임의의 자료형이 어떤 메소드를 구현해야 하는가를 규정하는 역할을 수행한다. Java나 C#에 있는 인터페이스와 유사한 구조로 생각해도 좋다.

Go의 자료형 체계에는 계층 관계가 존재하지 않는다는 특징이 있다. 객체지향 프로그래밍에서 부모 클래스, 자식 클래스와 같은 계층 관계가 익숙해졌다면 Go에 이러한 계층이 없다는 것이 낯설게 느껴질 수도 있다.

Go의 자료형은 본질적으로 자료형 변환이 불가능하다는 것을 생각해 보면 C의 자료형보다 유연성이 높다고는 할 수 없다. 그러나 인터페이스를 잘 활용하면 자료형의 유연성과 표현력이 비약적으로 상승한다. 인터페이스를 이용하여 어떤 일을 할 수 있는지 살펴보자.

error 인터페이스

인터페이스를 이해하기 위해서는 그림으로 보는 것이 도움이 된다. Go의 내장 자료형 error는 인터페이스로 정의되어 있다. 인터페이스는 예약어 interface를 이용하여 interface {메소드 시그니처를 나열}의 형태로 정의할 수 있다. error 타입에 대한 메소드는 문자열을 반환하는 메소드 Error만 정의되어 있다.

```
type error interface {
   Error() string
}
```

Go에서 오류가 발생할 수 있는 함수나 메소드의 리턴값으로 error 타입을 자주 이용한다. 실제로 패키지나 자료형에 따라 독자적인 오류 유형을 정의하는데 이들은 모두 error 인터페이스에 의해 은폐되어 있다. 이렇기 때문에, Go에서의 오류 처리는 error 타입을 어떻게 처리할지에 대한 것이 대부분이다.

```
func DoSomething() (int, error) {
   (중략)
}

_, err := DoSomething()
if err != nil {
   fmt.Println(err.Error())
}
```

error 인터페이스를 실제로 정의해 보자. 다음 예제 코드에서는 구조체 Myerror 타입을 정의하고 error 인터페이스가 필요로 하는 Error()string을 메소드 시그니처에 따라 정의한다. 이것만 하면 인터페이스의 구현이 끝난다. 구조체의 정의와 메소드의 정의에서 임의의 인터페이스를 가지고 있다는 선언은 필요하지 않다.

이렇게 정의함으로써 RaiseError 함수가 리턴하는 error 타입으로 Myerror 타입을 사용할 수 있게 된다. 다음의 코드를 살펴보자.

```
/* 독자적으로 정의한 에러를 표시하는 자료형 */
type MyError struct {
   Message string
   ErrCode int
```

```
}

/* error 인터페이스의 메소드를 구현 */
func (e *MyError) Error() string {
  return e.Message
}

func RaiseError() error {
  return MyError{Message : "오류가 발생하였습니다", ErrCode : 1234}
}

err := RaiseError()
err.Error() // == "오류가 발생하였습니다"
```

변수 err의 실제 자료형은 MyError이지만 프로그램 상에서는 error 타입 변수로 취급되는 것을 유의하자. error 타입을 통해 Myerror 타입의 필드 ErrCode 등을 참조할 수 있다.

만약 변수 error에서 원래 자료형인 Myerror 타입에 대한 연결을 끊어야 한다면 다음과 같이 자료형 주장을 사용한다. 자료형 주장이 성공하면 원래의 자료형인 Myerror 타입을 구조체로서 사용할 수 있다.

```
/* 자료형 주장을 통해 원래 자료형으로 복귀 */
e, ok := err.(MyError)
if ok {
  e.ErrCode // == 1234
}
```

이처럼 인터페이스는 메소드들의 정의를 기초로 한 다양한 형태를 총칭한다. 인터페이스에 의해 정의된 자료형에 다른 자료형을 포함시키는 것도 가능하다.

여기서 본 내장 자료형 error는 Go에서 오류를 나타내는 기본적인 자료형이다. 독자적인 오류 유형을 정의할 때에도 error 타입의 인터페이스에 맞게 구현하는 것이 바람직하다.

인터페이스의 장점

Go에서 인터페이스는 다방면에 활용할 수 있지만 error 인터페이스처럼 다른 자료형에 공통적인 성질을 가지게 할 때 가장 많이 이용될 것이다.

```
/* 문자열로 변환이 가능함을 나타내는 인터페이스 */
type Stringify interface {
  ToString() string
}

/* 구조체 Person 정의 */
type Person struct {
  Name string
  Age int
}

func (p *Person) ToString() string {
  return fmt.Sprintf("%s(%d)", p.Name, p.Age)
}

/* 구조체 Car 정의 */
type Car struct {
  Number string
  Model string
}

func (c *Car) ToString() string {
  return fmt.Sprintf("[%s] %s", c.Number, c.Model)
}

/* 다른 자료형을 공통의 인터페이스로 묶어낼 수 있음 */
vs := []Stringify {
  &Person {Name: "Taro", Age: 21 },
  &Car {Number: "XXX-0123", Model: "PX512" },
}
for _, v := range vs {
  fmt.Println(v.ToString())
}
/* 출력 결과 */
Taro(21)
[XXX-0123] PX512
```

위의 예제 코드에서는 Person 타입과 Car 타입의 두 가지의 전혀 다른 자료형을 정의한 다음, 각각 자료형에 Stringify 인터페이스에 정의된 메소드를 구현하였다.

Person 타입과 Car 타입은 각각 메소드 ToString을 구현하였다는 공통점이 있다.

결과적으로 각각의 자료형은 Stringify 타입 데이터로 묶을 수 있다.

또한 인터페이스를 잘 활용하면 범용성이 높은 함수와 메소드를 정의할 수 있다. 다음 예제 코드에서 정의한 Println 함수는 Stringify 인터페이스를 구현하면 어떤 자료형을 사용하더라도 호출할 수 있다.

```
func Println(s Stringify) {
  fmt.Println(s.ToString())
}

Println(&Person{Name: "Hanako", Age: 23}) // => "Hanako(23)"
Println(&Car{Number: "XYZ-9999", Model: "RT-38"}) // => "[XYZ-9999] RT-38"
```

이처럼 자료형의 성질을 추출하는 인터페이스를 사용하면 Go의 엄격한 자료형 체계에 유연성을 줄 수 있다. 인터페이스를 잘 활용하는 것이 Go를 잘 활용하는 것이라고 해도 과언이 아니다.

fmt.Stringer

fmt 패키지에 정의되어 있는 Stringer 타입은 인터페이스이다. Stringer는 매우 간단한 인터페이스로 그 안에는 문자열을 리턴하는 String 메소드만 정의되어 있다.

```
type Stringer interface {
  String() string
}
```

다음 코드에서 정의된 T 타입의 포인터를 fmt.Println 함수에 파라미터로 전달하면 &{10 Taro} 와 같은 문자열이 출력된다.

```
type T struct {
  Id int
  Name string
}

t := &T {Id: 10, Name: "Taro" }
fmt.Println(t) // => "& {10 Taro }"
```

fmt 패키지 아래의 함수들은 다양한 자료형을 interface{} 타입으로 받아들여 읽기 쉬운 형태로 적절히 변환해주는 편리한 기능을 가지고 있다. 위와 같이 그대로 사용해도 나름대로 읽을만한 출력을 얻을 수 있지만, fmt.Stringer 인터페이스를 활용하면 모든 자료형의 문자열 표현에 대해 정의할 수 있다.

T 타입에 fmt.Stringer 인터페이스가 필요로 하는 String 메소드를 정의해보자.

```
func (t *T) String() string {
    return fmt.Sprintf("<<%d, %s>>", t.Id, t.Name)
}

t := &T {Id: 10, Name: "Taro" }
fmt.Println(t) // => "<<10, Taro>>"
```

간단한 코딩으로 fmt.Println이 출력하는 내용이 T 타입에 정의한 String 메소드를 리턴하는 문자열로 변했다. 이처럼 fmt 패키지는 fmt.Stringer 인터페이스를 구현하였다면 String 메소드가 리턴한 문자열을 출력 등에 사용할 수 있다.

인터페이스가 정의한 메소드의 가시성

인터페이스에 정의된 메소드는 구조체에 정의된 메소드와 마찬가지로 메소드 이름의 1번째 문자가 유니코드에서 대문자인 경우에만 외부에서 참조할 수 있다. 인터페이스의 메소드를 외부에 은폐함으로써 얻을 수 있는 이점은 거의 없으므로 원칙적으로 외부에서 참조할 수 있는 메소드만 정의하는 것이 좋다.

```
package foo

type I interface {
    Method1() string
    method2() string
}

type T struct { }

func (t *T) Method1() string {
    return "Method1()"
}

func (t *T) method2() string {
    return "method2()"
```

```
}

func NewI() I {
  return &T { }
}
```

```
package main

t := foo.NewI()
t.Method1() // OK
t.method2 () // 컴파일 오류
```

인터페이스를 포함한 인터페이스

인터페이스의 내부에 인터페이스를 포함하고 정의할 수도 있다. 다음 예제 코드의 인터페이스 I1은 그 정의에 인터페이스 I0을 포함하고 있기 때문에 결과적으로 인터페이스 I1에서 구현해야 하는 메소드는 Method1과 Method2 2개이다. 마찬가지로 인터페이스 I3에서는 Method1, Method2, Method3의 3개의 메소드를 필요로 한다.

```
type I0 interface {
  Method1() int
}

type I1 interface {
  I0 // 인터페이스 I0를 포함
  Method2() int
}

type I3 interface {
  I1 // 인터페이스 I1을 포함
  Method3() int
}
```

이처럼 인터페이스의 정의를 다른 인터페이스의 정의에 포함시킬 수 있는 편리한 기능이 있지만, 메소드 이름이 중복되지 않게 주의하도록 하자.

interface{}의 본질

3장에서 설명한 interface{}는 Go의 모든 자료형과 호환되는 특수한 자료형이다. 이름에 기호가 포함된 것이 약간 이상하게 느껴지지 않았는가? 이는 인터페이스 구조를 알게 되면 이해할 수 있게 된다.

struct로 구조체를 정의할 때 type에 의한 별칭을 생략하고 사용할 수 있는 것은 이미 확인하였다. interface도 마찬가지로 별칭을 정의하지 않고 사용할 수 있다.

다음 예제에서는 type을 사용하여 인터페이스의 이름을 정하지 않고 ShowId 함수의 파라미터에 직접 interface {GetId() Int}라고 전달하고 있다. 구조체 T는 인터페이스가 요구하는 메소드인 GetId() int를 가지고 있기 때문에 ShowId의 파라미터로 전달할 수 있다.

```
type T struct{ Id int }

func (t *T) GetId() int { return t.Id }

func ShowId(id interface { GetId() int }) {
  /* 변수 id는 "GetId() int"라는 메소드를 가지고 있는 자료형 */
  fmt.Println(id.GetId())
}

t := &T{Id: 19}
ShowId(t) // => "19"
```

물론 이렇게 interface를 사용하는 것을 권장하는 것은 아니다. 이렇게 사용할 수도 있다는 것을 이해하기 위한 예제이다.

하지만 여기서 interface{} 타입의 본질을 이해해볼 수 있다. interface{} 타입은 따지고 보면 구현해야 할 메소드가 하나도 정의되어 있지 않은 인터페이스이다. Go 문법에 의해 특별취급을 받는 특수한 자료형이 아니라 문법 상 빈 인터페이스를 나타내는 것이다.

즉 int 타입이든 [3]*float64 타입이든 Go 프로그램에서 정의된 모든 자료형은 interface{} 타입이기도 한 것이다.

Chapter

6

Go 툴

~여러 가지 명령

6.1 Go 툴

Go에는 기본적으로 다양한 툴이 포함되어 있다. 이러한 툴에 대한 지식은 Go 프로그램을 실행할 때 꼭 필요하다. 앞에서 프로그램의 빌드를 위한 go build, 프로그램의 간이적 실행을 위한 go run과 같은 명령을 실행해 보았는데, 이번 장에서 더 자세히 알아보기로 한다.

이번 장에는 이해를 돕기 위해 콘솔 상의 출력 예시를 많이 보여주고 있다. 이들은 Linux 환경에서의 실행 결과이다. Windows 등 OS에 따라 출력 내용에 다소 차이가 날 수 있지만, 각 명령의 동작은 플랫폼에 상관없이 일정하므로 참고하도록 하자.

6.2 go 명령

Go의 툴은 go [명령]의 형태로 사용한다. 단순히 go만 실행하면 다음과 같이 도움말이 나온다.

```
$ go
Go is a tool for managing Go source code.

Usage:

  go command [arguments]

The commands are:

  build     compile packages and dependencies
  clean     remove object files
  doc       show documentation for package or symbol
  env       print Go environment information
  fix       run go tool fix on packages
  fmt       run gofmt on package sources
  generate  generate Go files by processing source
  get       download and install packages and dependencies
  install   compile and install packages and dependencies
  list      list packages
```

```
  run       compile and run Go program
  test      test packages
  tool      run specified go tool
  version   print Go version
  vet       run go tool vet on packages

Use "go help [command]" for more information about a command.
```

build, clean, doc, … 등의 각종 명령이 나열되어 있는데 이것들이 바로 Go 툴의 명령들이다. 각 명령에 대한 문서를 읽어보려면 go help [명령]을 실행하면 된다.

```
$ go help version
usage: go version

Version prints the Go version, as reported by runtime.Version.
```

6.3 go version

go version은 Go의 버전 정보를 확인하는 명령이다.

```
$ go version
go version go1.6 linux/amd64
```

위의 예시에서 Go 버전이 1.6임을 알 수 있다. 또한 linux/amd64 는 OS가 Linux이고, CPU가 amd64인 환경에 대응한 Go가 설치되어 있다는 것을 의미한다.

6.4 go env

go env는 Go의 빌드 시스템에 관련된 환경 변수의 내용을 확인하기 위한 명령이다.

```
$ go env
```

```
GOARCH="amd64"
GOBIN=""
GOEXE=""
GOHOSTARCH="amd64"
GOHOSTOS="linux"
GOOS="linux"
GOPATH="/path/to/gopath"
GORACE=""
GOROOT="/usr/local/go"
GOTOOLDIR="/usr/local/go/pkg/tool/linux_amd64"
GO15VENDOREXPERIMENT="1"
CC="gcc"
GOGCCFLAGS="-fPIC -m64 -pthread -fmessage-length=0"
CXX="g++"
CGO_ENABLED="1"
```

위는 go env의 출력 예시이다. 이렇게 Go에 관련된 환경 변수를 확인할 수 있다. 표 6.1은 프로그램의 빌드에 관련된 주요 환경 변수의 목록이다.

〈표 6.1〉 Go 빌드에 관련된 환경 변수

환경 변수	값	내용
GOARCH	amd64, 386, arm, ppc64	컴파일러가 대상으로 하는 CPU
GOBIN	디렉토리	go install에 의해 설치되는 명령들이 저장된 디렉토리, 별도로 지정하지 않았다면 $GOPATH/bin
GOOS	linux, darwin, windows, netbsd	컴파일러가 대상으로 하는 OS
GOPATH	디렉토리	패키지의 소스코드와 오브젝트 파일, 실행 파일 등이 저장되는 디렉토리
GORACE	문자열	레이스 컨디션(Race condition) 문제를 감지하는 툴에 지정할 옵션
GOROOT	디렉토리	Go 설치 위치

Go에서 빌드 및 컴파일에 필요한 기본적인 환경 변수들은 위와 같다. C GO_ENABLED나 CC 등의 환경 변수는 C나 C++ 프로그램과 연계할 때 필요하므로 이 책에서는 설명을 생략한다. 개발자의 주의가 필요한 것은 GOPATH 정도로, 그 이외의 환경 변수들은 Go가 제대로 설치되었다면 별 문제가 발생하지 않는다.

6.5 go fmt

go fmt는 Go로 작성된 소스 코드를 정리하는 명령이다.

```
go fmt [-n] [-x] [packages]
```

go fmt는 소스 코드 자체를 분석하여 문법 오류를 감지한다. 또한 들여쓰기 및 빈 행, 불필요한 공백과 괄호를 정리하고, import를 정렬하는 등 소스 코드의 문제를 찾아 수정한다. go fmt은 표준 툴에 해당하므로 특별한 이유가 없다면 소스 코드 작성 후 항상 사용하는 것이 좋다.

소스 코드 정리

예를 들어 다음과 같은 main.go 파일이 있다고 가정하자.

```
package main

import (
  "math/rand"
  "fmt"
)
type T struct  {
  Id int
  Name string
}

func main()  {
i := rand.Intn(10)


  fmt.Println(i)



}
```

들여쓰기나 의미 없이 띄어진 행 등이 보이는 이 소스 코드가 있는 디렉토리로 가서 go fmt를 실행해 보자.

```
$ go fmt
main.go
```

명령을 실행하면 main.go라는 파일명만 화면에 나타난다. 이것이 go fmt에 의해 정리된 파일명이다.

go fmt으로 정리한 main.go는 다음과 같다.

```
package main

import (
    "fmt"
    "math/rand"
)

type T struct {
    Id int
    Name string
}

func main() {
    i := rand.Intn(10)

    fmt.Println(i)
}
```

들여쓰기의 간격이 조정되고, 빈 행들이 정리된 것을 볼 수 있다. import도 패키지 이름이 알파벳 순으로 정렬되었으며, 구조체의 필드 이름과 자료형 정의도 보기 좋게 수정되었다.

옵션

go fmt은 내부적으로 Go의 부속 명령인 gofmt을 호출하여 -n, -x 등의 옵션을 지정하여 명령 실행 시 내부의 진행 내용을 나타나게 할 수 있다(표 6.2).

〈표 6.2〉 go fmt의 기타 옵션

옵션	효과
-n	실행되는 명령 표시(파일은 수정되지 않음)
-x	실행되는 명령 표시

주의할 것은 -n 옵션으로 명령 처리 결과를 표시하지만, 실제로 실행은 되지 않는다. 대상이 될 파일을 미리 확인할 경우에 이용하길 바란다.

```
$ go fmt -n
/usr/local/go/bin/gofmt -l -w main.go
```

gofmt

go fmt는 내부적으로 $GOROOT/bin/gofmt내의 gofmt 명령을 사용한다. 다음은 gofmt 명령의 도움말 메시지이다.

```
usage: gofmt [flags] [path ...]
  -cpuprofile string
    write cpu profile to this file
  -d  display diffs instead of rewriting files
  -e  report all errors (not just the first 10 on different lines)
  -l  list files whose formatting differs from gofmt's
  -r  string
      rewrite rule (e.g., 'a[b:len(a)] -> a[b:]')
  -s  simplify code
  -w  write result to (source) file instead of stdout
```

일반적으로 사용할 때에는 go fmt 명령만으로 충분하지만, 내부적으로 gofmt 명령이 사용된다는 사실은 알아두도록 하자.

6.6 go doc

go doc은 Go 패키지의 문서를 참조하기 위한 명령이다.

```
go doc [-u] [-c] [package|[package.]symbol[.method]]
```

패키지 문서 참조

go doc을 이용하여 난수에 관련된 math/rand 패키지의 문서를 출력하면 다음과 같다. 이렇게 패키지의 문서를 참조할 수 있다.

```
$ go doc math/rand
package rand // import "math/rand"

Package rand implements pseudo-random number generators.

Random numbers are generated by a Source. Top-level functions, such as
Float64 and Int, use a default shared Source that produces a deterministic
sequence of values each time a program is run. Use the Seed function to
initialize the default Source if different behavior is required for each
run. The default Source is safe for concurrent use by multiple goroutines.

For random numbers suitable for security-sensitive work, see the crypto/rand
package.
func ExpFloat64() float64
func Float32() float32
func Float64() float64
func Int() int
func Int31() int32
func Int31n(n int32) int32
func Int63() int64
func Int63n(n int64) int64
func Intn(n int) int
func NormFloat64() float64
func Perm(n int) []int
func Read(p []byte) (n int, err error)
func Seed(seed int64)
func Uint32() uint32
func New(src Source) *Rand
func NewSource(seed int64) Source
func NewZipf(r *Rand, s float64, v float64, imax uint64) *Zipf
type Rand struct { ... }
type Source interface { ... }
type Zipf struct { ... }
```

패키지 이름 뒤에 마침표(.)를 이용하여 상수나 함수 등의 식별자를 지정하는 것도 가능하다. 다음 예제에서는 rand 패키지의 Intn 함수에 대한 설명을 출력한 것이다.

```
$ go doc math/rand.Intn
func Intn(n int) int
    Intn returns, as an int, a non-negative pseudo-random number in [0,n) from
    the default Source. It panics if n <= 0.
```

식별자 뒤에 메소드 이름을 추가할 수도 있다. go doc time.Time.Unix라고 쓰면 time 패키지에 정의되어 있는 Time 타입 메소드 Unix에 대한 문서를 참조한다.

```
$ go doc time.Time.Unix
func (t Time) Unix() int64
    Unix returns t as a Unix time, the number of seconds elapsed since January
    1, 1970 UTC.
```

패키지 문서 작성

직접 만든 패키지를 go doc에 연결시키는 것은 매우 간단하다. Go에서는 소스 코드 내의 주석들을 그대로 문서로 이용하기 때문이다.

예를 들어 foo라는 패키지를 만들어 보자. 그 위치는 다음과 같이 환경 변수 GOPATH로 지정된 디렉토리 아래이다.

```
$GOPATH
└──── src
        └──── foo
                └──── foo.go
```

foo.go 파일의 내용은 다음과 같다. 주석을 자세히 보도록 하자.

```
// foo 패키지의 개요
package foo

const (
    // 최댓값
    MAX = 100
)

const (
    A = iota
```

```
  B
  C
)

// T 타입의 정의
type T struct {
  Filed1 int
  field2 string
}

// * T 타입에 정의 된 1번째 메소드
func (t *T) Method1() {
}

// * T 타입에 정의 된 2번째 메소드
func (t *T) Method2() {
}

// 타입 생성자
func New() *T {
  return &T { }
}
```

foo 패키지에 대한 문서를 살펴 보자

```
$ go doc foo
package foo // import "foo"

foo 패키지의 개요
const A = iota ...
const MAX = 100
func New() *T
type T struct { ... }
```

소스 코드의 package 위에 적힌 주석이 패키지의 개요로 나타나는 것을 볼 수 있다.

foo 패키지 내의 T 타입에 대해서는 다음과 같은 결과를 얻을 수 있다.

```
$ go doc foo.T
type T struct {
```

```
    Filed1 int
    // Has unexported fields.
}

    T 타입의 정의

func New() *T
func (t *T) Method1()
func (t *T) Method2()
```

T 타입을 구성하는 구조체의 정의와 그 자료형의 생성자인 함수 New 및 *T 타입에 대해 정의된 메소드에 대한 정보를 볼 수 있다. 또한 필드 이름이 소문자로 시작하는 비공개 필드는 기본적으로 표시되지 않고, Has unexported fields와 같이 비공개 식별자가 있다는 메시지만 출력된다.

```
$ go doc foo.T.Method1
func (t *T) Method1()

    *T 타입에 정의된 1번째 메소드
```

메소드에 대한 문서도 문제없이 확인할 수 있었다.

이렇게 Go는 소스 코드의 주석을 그대로 패키지 문서로 제공한다. 문서를 작성하기 위한 특별한 형식이 없는 것에서 Go의 단순성을 엿볼 수 있다.

옵션

go doc으로 출력되는 식별자나 메소드의 이름은 기본적으로 대소문자를 가리지 않는다. 이에 대소문자를 구별하는 옵션 -c와, 기본적으로는 표시되지 않는 비공개 식별자도 출력시킬 수 있는 -u 옵션이 있다(표 6.3).

〈표 6.3〉 go doc의 추가 옵션

옵션	효과
-c	식별자의 대소문자를 구별함
-u	비공개 식별자와 메소드에 대해서도 출력함

6.7 go build

go build는 Go 프로그램을 빌드하기 위한 명령이다. 옵션에 따라 다양한 동작을 수행하기 때문에 조금 까다롭기도 하다. 지금부터 구체적인 go build의 사용법에 대해 알아보자.

```
go build [-o output] [-i] [build flags] [packages]
```

파일이나 패키지를 지정하지 않는 빌드 방법

```
app
 ├──── config.go (package main)
 └──── main.go   (package main)
```

다음은 main.go와 config.go 2개의 파일이 한 디렉토리에 들어있는 단순한 예제이다. 2개의 파일 모두에 main 패키지의 정의가 들어 있다.

```
$ go build
```

이 app 디렉토리에서 별다른 옵션 없이 go build를 실행해 보자. 콘솔에 아무 것도 출력되지 않고 app라는 실행 파일이 생겼다면 빌드가 성공한 것이다.[1)]

```
app
 ├──── app       (실행 파일)
 ├──── config.go (package main)
 └──── main.go   (package main)
```

이처럼 특정 파일이나 패키지를 지정하지 않고 go build 명령을 실행하면 현재 디렉토리의 모든 go 파일을 컴파일 대상으로 삼는다. 그런 다음 빌드의 결과로서 현재 디렉토리의 이름을 가진 실행 파일을 생성한다.

go build가 실행되면 무슨 일이 일어날까? 그것을 알아보기 위해 이번에는 -x 옵션을 주고 go build를 실행해 보자. -x 옵션은 go build 내부의 작업을 출력하기 위한

1) Windows에서는 app.exe가 생성된다.

옵션이다.

```
$ go build -x
```

다음은 go build -x를 실행한 경우의 출력 화면이다. Go의 설치 위치가 /usr/local/go이고, app 디렉토리는 /home/golang/app인 경우의 출력 결과이다.

```
WORK=/tmp/go-build588185536
mkdir -p $WORK/_/home/golang/app/_obj/
mkdir -p $WORK/_/home/golang/app/_obj/exe/
cd /home/golang/app
/usr/local/go/pkg/tool/linux_amd64/compile -o $WORK/_/home/golang/app.a -trimpath↙
$WORK -p main -complete -buildid b8ac071d46e8ddb04bc3c16d2391ac17531402d6 -D ↙
_/home/golang/app -I $WORK -pack ./config.go ./main.go
cd .
/usr/local/go/pkg/tool/linux_amd64/link -o $WORK/_/home/golang/app/_obj/exe/↙
a.out -L $WORK -extld=gcc -buildmode=exe -buildid=b8ac071d46e8ddb04bc3c16d2391ac1↙
7531402d6 $WORK/_/home/golang/app.a
mv $WORK/_/home/golang/app/_obj/exe/a.out app
```

빌드를 위한 임시 디렉토리가 생성되고, config.go와 main.go 파일에 대해 컴파일러(/usr/local/go/pkg/tool/linux_amd64/compile)를 실행하여 오브젝트 파일을 만들고, 링커(/usr/local/go/pkg/tool/linux_amd64/link)를 실행하여 이 오브젝트 파일을 실행 파일 a.out으로 만든다. 마지막으로 실행파일 a.out을 app이라는 이름으로 현재 디렉토리로 이동시킴으로써 빌드 작업이 완료된다.

이처럼 go build는 눈에 보이지 않는 처리 과정이 많다. 빌드가 잘 되지 않았을 경우 -x 옵션을 주어 구체적인 내용을 확인해 보면 문제 해결에 도움이 될 것이다.

이번에는 디렉토리 구조는 그대로 하고, main 패키지가 외부 패키지를 필요로 하는 경우를 생각해 보자. main 패키지의 import "foo"로 환경 변수 GOPATH 아래에 있는 foo 패키지를 추가한다.

```
app
 ├──── config.go (package main)
 └──── main.go   (package main)
```

```
$GOPATH
└── src
    └── foo
        └── bar.go (package foo)
```

go build -x를 이용해 빌드 과정을 출력해 보면 다음과 같다.

```
$ go build -x
WORK=/tmp/go-build254708157
mkdir -p $WORK/foo/_obj/
mkdir -p $WORK/
cd /home/golang/app/src/foo
/usr/local/go/pkg/tool/linux_amd64/compile -o $WORK/foo.a -trimpath $WORK -p foo↙
-complete -buildid 58b55c7ba1ed45f2bca5c9dca73f89be6964b40c -D _/home/golang/app/↙
src/foo -I $WORK -pack ./bar.go
mkdir -p $WORK/_/home/golang/app/_obj/
mkdir -p $WORK/_/home/golang/app/_obj/exe/
cd /home/golang/app
/usr/local/go/pkg/tool/linux_amd64/compile -o $WORK/_/home/golang/app.a -trimpath↙
$WORK -p main -complete -buildid a06d4609134aec696b512b9afeb4a633a28b75c8 -D ↙
_/home/golang/app -I $WORK -I ./pkg/linux_amd64 -pack ./config.go ./main.go
cd .
/usr/local/go/pkg/tool/linux_amd64/link -o $WORK/_/home/golang/app/_obj/exe/↙
a.out -L $WORK -L /home/golang/app/pkg/linux_amd64 -extld=gcc -buildmode=exe ↙
-buildid=a06d4609134aec696b512b9afeb4a633a28b75c8 $WORK/_/home/golang/app.a
mv $WORK/_/home/golang/app/_obj/exe/a.out app
```

main 패키지의 import를 자동으로 분석하여 GOPATH 아래의 foo 패키지도 함께 빌드 대상으로 지정된 것을 볼 수 있다. 이처럼 go build 명령을 실행하면 컴파일러는 import를 분석하여 컴파일 대상을 자동으로 설정한다. 추가한 외부 패키지나 소스 코드의 위치를 상세하게 지정할 필요가 없는 것이다.

-o 옵션을 이용하면 생성되는 실행 파일의 이름을 지정할 수 있다. main 패키지에 추가된 패키지들이 모두 GOPATH 아래에 있다면 다음의 명령만으로 실행파일을 생성할 수 있다.

```
$ go build foo
```

패키지 빌드 방법

go build 명령에 다음과 같이 옵션을 주면 foo 패키지의 빌드가 실행된다.

```
$ go build foo
```

빌드해야 할 foo 패키지의 구성은 다음과 같다.

```
$GOPATH
 └──── src
        └──── foo
               ├──── bar1.go (package foo)
               └──── bar2.go (package foo)
```

```
$ go build -x foo
WORK=/tmp/go-build640635072
mkdir -p $WORK/foo/_obj/
mkdir -p $WORK/
cd /home/golang/app/src/foo
/usr/local/go/pkg/tool/linux_amd64/compile -o $WORK/foo.a -trimpath $WORK -p foo↙
-complete -buildid 5dde8cfc918ac69fb394595c9bed527f06f0767d -D _/home/golang/↙
app/src/foo -I $WORK -pack ./bar1.go ./bar2.go
```

go build -x 명령을 이용해 빌드 정보를 확인해 보면, foo 패키지를 구성하는 bar1.go와 bar2.go 파일이 컴파일된 것을 확인할 수 있다.

컴파일 결과는 foo.a라는 이름으로 Go 오브젝트 파일로 생성되지만, 이 파일은 임시 작업 디렉토리에 생성된 후 컴파일이 끝나면 사라진다. main 패키지를 포함했을 때와는 달리 실행 파일이 생성되지 않는 것이다.

이 때 -o 옵션을 이용하면 패키지 컴파일 후 Go 오브젝트 파일을 삭제하지 않고 파일로 보존할 수 있다.

```
$ go build -x -o foo.a foo
```

파일을 지정한 빌드 방법

다음과 같이 하나의 디렉토리에 여러 개의 패키지가 포함된 상태에서 go build 명령을 실행하면 일반적으로는 빌드 오류가 발생한다. 그러나 개별적으로 빌드할 파일을 지정하면 빌드를 수행할 수 있다.

```
app
 ├──── config.go (package main)
 ├──── main.go   (package main)
 └──── foo.go    (package foo)
```

다음과 같이 go build 명령을 실행하면 main.go, config.go 파일에 대해서만 빌드가 수행된다. 빌드할 파일에 main 패키지가 있는 경우 실행 파일이 생성되고, 그 실행 파일의 이름은 go build 명령에서 지정한 1번째 파일 이름 main.go에서 확장자를 제외한 것이 된다.

```
$ go build main.go config.go
```

같은 방법으로 foo 패키지에 대해서도 빌드를 수행할 수 있다. 그러나 파일을 지정했다고 하더라도 여러 개의 패키지 정의가 포함되면 빌드 오류가 발생한다.

```
$ go build foo.go
```

이처럼 환경변수 GOPATH와 상관없이 개별적으로 파일을 지정하여 빌드를 수행할 수도 있다. 하지만 실질적으로 이러한 방법을 선택할 이유는 없다. 가능한 한 Go에서 추천하는 구성 방법에 따라 디렉토리를 구성하도록 하자.

옵션

〈표 6.4〉 go build의 기타 옵션

옵션	효과
-i	추가한 패키지를 설치한다

패키지 설치에 대해서는 다음 go install에서 살펴보기로 한다.

6.8 go install

go install 명령은 내부적으로 go build를 사용한다. go install 명령은 패키지나 실행 파일을 빌드한 결과를 환경 변수 GOPATH에 지정된 기본 위치에 설치하는 작업을 수행한다.

```
go install [build flags] [packages]
```

환경 변수 GOPATH는 단순하게 보면 다음과 같은 구조를 가지고 있다. $GOPATH/src에 있는 패키지의 소스 코드를 빌드한 결과가 실행 파일이면 $GOPATH/bin 디렉토리에 설치되고, 실행파일이 아니면 $GOPATH/pkg 디렉토리에 설치된다.

```
$GOPATH
  ├──── bin
  │       └──── [실행 파일의 설치 위치]
  ├──── pkg
  │       └──── [빌드한 패키지의 설치 위치]
  └──── src
          └──── [패키지의 소스 코드의 위치]
```

$GOPATH 이후의 경로가 이렇게 되어 있다고 가정하자.

```
$GOPATH
  └──── src
          └──── foo
                  └──── bar.go (package foo)
```

-x 옵션을 추가하여 내부의 처리 과정을 확인해 보자. 출력의 5번째 줄까지는 go build와 같고, 마지막 2줄이 설치 과정에 해당한다.

```
$ go install -x foo
WORK=/tmp/go-build442630059
mkdir -p $WORK/foo/_obj/
mkdir -p $WORK/
cd /home/golang/app/src/foo
/usr/local/go/pkg/tool/linux_amd64/compile -o $WORK/foo.a -trimpath $WORK -p foo↙
```

```
-complete -buildid 58b55c7ba1ed45f2bca5c9dca73f89be6964b40c -D _/home/golang/app/↙
src/foo -I $WORK -pack ./bar.go
mkdir -p /home/golang/app/pkg/linux_amd64/
mv $WORK/foo.a /home/golang/app/pkg/linux_amd64/foo.a
```

결과적으로 설치 후 $GOPATH의 내부는 다음과 같은 상태가 된다.

```
$GOPATH
 ├──── pkg
 │      └──── [OS와 CPU 아키텍쳐 이름]
 │              └──── foo.a
 └──── src
        └──── foo
                └──── bar.go (package foo)
```

$GOPATH/pkg 아래에는 OS와 CPU 아키텍쳐 이름을 결합한 이름의 디렉토리가 자동으로 생성된다. 빌드 환경의 OS가 Linux이고 CPU 아키텍처가 amd64인 경우 linux_amd64라는 디렉토리가 생성된다. 그리고 그 디렉토리 아래에 foo 패키지의 빌드 결과인 오브젝트 파일 foo.a가 존재한다.

이처럼 go install은 지정된 패키지의 빌드와 설치를 함께 실행하는 명령이다. 또한 위의 foo.a와 같이 패키지를 오브젝트 파일로 미리 컴파일해 두면 foo 패키지를 사용하는 프로그램의 컴파일 시간을 단축시킬 수 있다.

한편, main 패키지가 go install 명령의 빌드 대상에 포함되면 이 명령은 조금 다르게 동작된다. 다음 구조에서는 $GOPATH에 main 패키지에 해당하는 baz/main.go라는 파일이 포함되어 있다. 그리고 이 main 패키지는 foo 패키지를 이용한다. 이 상황에서 go isntall baz를 실행하면 어떻게 될까?

```
$GOPATH
 └──── src
        ├──── baz
        │      └──── main.go (package main)
        └──── foo
               └──── bar.go (package foo)
```

다음은 go install baz를 실행한 후 $GOPATH의 상태이다.

```
$GOPATH
├──── bin
│      └──── baz (Windows에서는 baz.exe)
├──── pkg
│      └──── [OS와 CPU 아키텍쳐 이름]
│             └──── foo.a
└──── src
       ├──── baz
       │      └──── main.go (package main)
       └──── foo
              └──── bar.go  (package foo)
```

main 패키지에서 참조하는 foo 패키지에 대해서도 빌드와 설치가 진행된 것을 볼 수 있다. 또한 main 패키지의 빌드 결과는 실행 파일이므로 $GOPATH/bin 디렉토리에 설치되었다. baz라는 디렉토리 이름이 패키지 이름이 아니라 실행 파일의 이름이라는 것에 유의하자.

이처럼 go install 명령에는 Go 프로그램의 빌드를 포함한 다양한 처리가 포함되어 있다. Makefile 등을 이용한 고전적인 빌드 방법들에 비해 간단하게 패키지나 실행 파일의 빌드가 가능하도록 설계되어 있다.

Go의 빌드 시스템을 이해하는데 있어 무엇보다도 가장 중요한 것은 환경 변수 $GOPATH의 구조와 역할이다. 프로그램의 빌드와 설치 및 환경 변수 GOPATH와의 관계에 대해 제대로 이해하면 Go의 빌드 시스템을 자유자재로 다룰 수 있게 될 것이다.

6.9 go get

go get은 외부 패키지 다운로드 및 설치를 수행한다. go get 명령은 지정된 경로에 패키지의 소스 코드를 다운로드하고, 그 패키지에 대해 go install을 실행하는 2단계로 구성되어 있다.

```
go get [-d] [-f] [-fix] [-insecure] [-t] [-u] [build flags] [packages]
```

이 명령은 1.8 개발 환경에서도 가볍게 언급했듯이 GitHub 등의 서비스에서 찾아볼 수 있는 Go 패키지 등에 사용할 수 있다. 다운로드한 패키지가 다른 패키지를 이용하는 경우에도 자동으로 종속성을 분석하여 필요한 패키지를 다운로드하고 설치를 수행한다.

다음은 Go 공식 홈페이지에서 발췌한 go get을 이용할 수 있는 사이트와 import 방법 예시이다. 특히 GitHub에는 수많은 Go 패키지가 개발되고 있으며, 이러한 것들을 이용하기 위해서 개발 환경에 Git을 도입하는 것은 필수라고 할 수 있다.

```
Bitbucket (Git, Mercurial)

  import "bitbucket.org/user/project"
  import "bitbucket.org/user/project/sub/directory"

GitHub (Git)

  import "github.com/user/project"
  import "github.com/user/project/sub/directory"

Google Code Project Hosting (Git, Mercurial, Subversion)

  import "code.google.com/p/project"
  import "code.google.com/p/project/sub/directory"

  import "code.google.com/p/project.subrepository"
  import "code.google.com/p/project.subrepository/sub/directory"

Launchpad (Bazaar)

  import "launchpad.net/project"
  import "launchpad.net/project/series"
  import "launchpad.net/project/series/sub/directory"

  import "launchpad.net/~user/project/branch"
  import "launchpad.net/~user/project/branch/sub/directory"

IBM DevOps Services (Git)

  import "hub.jazz.net/git/user/project"
  import "hub.jazz.net/git/user/project/sub/directory"
```

확장 패키지 이용하기

Go에는 유용한 패키지가 표준으로써 많이 포함되어 있지만, 그 외에도 다양한 확장 패키지들이 개발되고 있으며, GitHub(https://github.com/golang) 등에서 찾아볼 수 있다.

예를 들면 Go를 이용한 Android/iOS용 어플리케이션 개발을 지원하는 golang/mobile(https://github.com/golang/mobile) 패키지가 있다. 이러한 확장 패키지들은 실험적인 요소가 있고, 많은 버그를 가지고 있을 수 있기 때문에 사용할 때에는 주의해야 한다. 여기에서는 go get을 이용하여 HTTP 프로토콜의 최신 버전인 HTTP2를 다루기 위한 패키지[2)]를 설치해 보자. go get 명령은 다음과 같다.

```
$ go get golang.org/x/net/http2
```

Go의 HTTP2 확장 패키지는 golang.org에 의해 제공되고, 패키지 이름은 golang.org/x/net/http2이다. 아무것도 출력되지 않으면 명령이 성공적으로 실행된 것이다. 다른 명령들과 마찬가지로 내부 과정을 확인하기 위해서 -x 옵션을 사용할 수 있다. go get 실행 후 $GOPATH는 다음과 같다. go install 명령과 마찬가지로 패키지의 컴파일 작업까지 완료된 것을 볼 수 있다.

```
$GOPATH
├──── pkg
│      └──── [OS와 CPU 아키텍쳐 이름]
│              └──── golang.org
│                      └──── x
│                             └──── net
│                                    ├──── http2.a
│                                    └──── http2
│                                           └──── hpack.a
└──── src
       └──── golang.org
              └──── x
                     └──── net
                            └──── [소스 코드 등]
```

2) Go 1.6 버전에서 표준 패키지로 제공되고 있는 http 패키지로도 HTTP2 통신을 수행할 수 있지만, HTTP2 고유의 기능을 이용하기 위해서는 확장 패키지가 필요하다.

다운로드한 HTTP2 패키지를 프로그램에서 사용하려면 다음과 같이 import한다.

```
import "golang.org/x/net/http2"
```

go get을 이용하면 이렇게 Go의 확장 패키지를 쉽게 활용할 수 있다. GitHub에서 제공하는 패키지를 사용하는 경우에도 같은 순서로 패키지를 설치하여 이용할 수 있다.

옵션

〈표 6.5〉 go get의 기타 옵션

옵션	효과
-d	대상 패키지의 다운로드만 중지
-f	대상 패키지의 경로로 추측된 디렉토리의 검증을 건너뜀(-u로 지정했을 때)
-fix	대상 패키지의 의존성 문제를 해결하기 전에 go fix 명령을 실행함
-insecure	개인 저장소를 사용할 경우 비보안 프로토콜의 사용을 허용함(예: HTTP)
-t	대상 패키지에 포함된 테스트가 필요로 하는 패키지도 함께 다운로드함
-u	대상 패키지의 업데이트와 의존성이 있는 패키지의 업데이트를 검색하고 다시 다운로드 및 설치

6.10 go test

go test는 Go 패키지에 포함된 테스트를 실행하기 위한 명령이다.

```
go test [-c] [-i] [build and test flags] [packages] [flags for test binary]
```

만약 foo 패키지가 다음과 같이 구성되어 있다면 bar.go, baz.go는 패키지의 본체가 되고, 파일 이름이 *_test.go 형식을 가지고 있는 qux_test.go, foobar_test.go 파일이 foo 패키지의 테스트 코드가 된다. 이러한 테스트용 Go 파일들은 go test foo가 실행되었을 때 내부적으로 하나의 실행 파일로 합쳐진 다음 실행된다.

```
foo
 ├──── bar.go
 ├──── baz.go
 ├──── qux_test.go
 └──── foobar_test.go
```

테스트 코드의 예

foo 패키지에는 파라미터로 주어진 정수의 값이 1인가 아닌가를 bool 타입으로 리턴하는 간단한 함수 IsOne이 정의되어 있다.

```
package foo

func IsOne(n int) bool {
  if n == 1 {
    return true
  } else {
    return false
  }
}
```

함수 IsOne을 테스트하기 위한 코드는 다음과 같다. Test로 시작하는 이름을 주어 함수가 테스트용 함수임을 나타내고, *testing.T 타입의 파라미터를 1개 취하도록 한다. 이름이 Test로 시작하지 않아도 문제가 발생하지는 않는다.

```
package foo

import (
  "testing"
)

func TestIsOne(t *testing.T) {
  n := 1
  b := IsOne(n)
  if b != true {
    t.Errorf("%d is not one", n)
  }
}
```

go test foo 명령으로 테스트를 실행하자.

```
$ go test foo
ok foo 0.002s
```

많은 내용이 나오진 않지만, foo 패키지의 테스트는 무사히 통과한 것으로 보인다.

테스트가 실패하면 어떻게 될까? 방금 만든 테스트용 함수 TestIsOne을 의도적으로 잘못된 테스트 코드로 바꿔보자.

```
func TestIsOne(t *testing.T) {
   n := 0 // 잘못된 테스트 코드
   b := IsOne(n)
   if b != true {
      t.Errorf("%d is not one", n)
   }
}
```

```
$ go test foo
--- FAIL: TestIsOne (0.00s)
   foo_test.go:11: 0 is not one
FAIL
FAIL foo 0.002s
```

go test foo 명령을 실행해 보면 테스트에 실패한 것을 볼 수 있다. 실패한 부분에 대해 상세하게 내용이 출력되는 것을 알 수 있다.

커버리지 비율 측정

go test는 테스트를 수행할뿐만 아니라, 실행한 테스트들이 패키지에 포함된 코드를 충분히 반영하고 있는지에 대한 커버리지 비율을 측정할 수도 있다. go test에 -cover 옵션을 주면 테스트의 결과가 출력되는 동시에 커버리지 비율에 대한 내용이 추가된다.

```
$ go test -cover foo
ok foo 0.002s coverage: 66.7% of statements
```

위는 foo 패키지에 대해 테스트의 커버리지 비율이 66.7%임을 나타낸다. foo.IsOne 함수에서 true를 리턴하는 패턴에 대해서는 테스트를 수행하였지만, false에 대해서는 테스트하지 않기 때문이다. 테스트 커버리지 비율을 100%로 높이고 싶다면 패키지에 포함된 코드의 모든 가능한 분기에 대한 테스트가 수행되어야 한다.

Go 패키지 테스트

Go에 내장된 패키지에 대해서도 테스트를 수행할 수 있다. 다음은 math 패키지를 테스트한 예이다.

```
$ go test -cover math
ok math 0.003s coverage: 77.1% of statements
```

옵션

〈표 6.6〉 go test의 기타 옵션

옵션	효과
-c	패키지 테스트의 빌드만 실행하고 테스트는 수행하지 않음
-i	의존성이 있는 패키지를 설치
-o	테스트 실행 파일을 임의의 파일 이름으로 출력

6.11 벤더링

Go 1.5버전에서 실험적으로 추가된 벤더링(Vendoring) 기능이 1.6버전에는 정식으로 활성화되었다. GO15VENDOREXPERIMENT가 벤더링을 활성화하기 위한 환경 변수인데, Go 1.6버전에는 이 값이 기본적으로 1로 설정된다.[3)]

벤더링은 임의의 패키지가 필요로 하는 다른 패키지를 고정화하기 위한 관리 프레임워크라고 할 수 있다. Go는 환경 변수 GOPATH에 설정된 디렉토리가 매우 중요한 역할을 수행한다. 앞에서 본 것처럼 go build, go get같은 명령들은 모두

3) Go 1.7버전에는 이 환경 변수 자체가 사라질 예정이다.

GOPATH 디렉토리를 기점으로 실행된다. 간단하고 알기 쉽기도 하지만, 상황에 따라 GOPATH에서 모두 처리하기 곤란한 경우도 있다.

예를 들어 하나의 개발 환경에서 여러 개의 프로그램을 동시에 개발하는 상황을 생각해 보자. 개발 중인 프로그램 A, B가 모두 공통 패키지 X를 참조한다고 가정하자. 이 때 프로그램 A가 사용하는 패키지 X의 버전은 1.0이고, 프로그램 B가 사용하는 패키지 X의 버전이 1.2라면 문제가 발생한다. GOPATH에서 패키지의 버전 차이까지 관리해주는 것은 아니기 때문에, 프로그램마다 패키지 버전을 다르게 하는 것은 쉽지 않다.

단순무식하게 프로그램마다 GOPATH를 다르게 설정할 수도 있다. 그러나 이것은 미봉책에 불과하다. 다른 툴과 IDE 등을 이용하여 처리할 수도 있겠지만, 이럴 때에는 Go의 벤더링 기능을 사용하는 것이 가장 좋은 방법이다.

벤더링 과정

Go에서는 패키지에 포함된 vendor라는 디렉토리가 특별한 의미를 가진다. 다음과 같이 GOPATH가 구성되어 있다고 가정하자.

프로그램 A와 B는 모두 패키지 X를 이용한다. 하지만 프로그램 A는 그 패키지 안에 vendor라는 이름의 디렉토리가 있고, 그 안에 패키지 X가 포함되어 있다. 각 파일의 내용은 다음 코드와 같다.

```
$GOPATH
 └──── src
         ├──── A
         │      ├──── a.go
         │      └──── vendor
         │              └──── X
         │                     └──── x.go
         ├──── B
         │      └──── b.go
         └──── X
                └──── x.go
```

■ $GOPATH/src/A/a.go

```
package main

import (
    "X"
)

func main() {
    println(X.VERSION)
}
```

■ $GOPATH/src/A/vendor/X/x.go

```
package X

const VERSION = "1.0"
```

■ $GOPATH/src/B/b.go

```
package main

import (
    "X"
)

func main() {
    println(X.VERSION)
}
```

■ $GOPATH/src/X/x.go

```
package X

var VERSION = "1.5"
```

프로그램 A의 vendor 디렉토리에 포함된 패키지 X의 버전이 1.0이고, GOPATH/src에 포함된 패키지의 X의 버전이 1.5인 것에 주의하자. 프로그램 A와 B는 모두 같은 패키지 X를 사용하고 있지만, 무엇이 다른 것일까?

우선 프로그램 A를 실행해 보자. 다음과 같이 $GOPATH/src/A/vendor/X/x.go에 의해 정의된 상수 VERSION이 1.0인 것을 볼 수 있다.

```
$ go run src/A/a.go
1.0
```

그렇다면 프로그램 B를 살펴보자. 프로그램 A와는 달리 $GOPATH/src/X/x.go의 상수 VERSION의 값이 1.5인 것을 볼 수 있다.

```
$ go run src/B/b.go
1.5
```

여기에서 알 수 있듯이, 프로그램 A와 B는 패키지 X를 사용함에도 불구하고, 서로 다른 패키지를 이용하고 있는 것이다. 이 프로그램 A의 구성에서 볼 수 있듯이 프로그램 내부에 vendor 디렉토리를 두면 그 안에 있는 패키지를 GOPATH에 있는 패키지보다 우선적으로 추가한다. 이 방법을 이용하면 프로그램이 사용하는 패키지를 고정할 수 있는 것이다.

이처럼 Go의 벤더링은 매우 간단하다. RubyGems[4]와 같은 편리한 패키지 관리 시스템에 익숙한 사람이라면 아쉬움을 느낄 수도 있지만, 이것 또한 복잡한 기능을 추구하지 않는 Go다운 구조가 아닐까. 이보다 더 복잡한 패키지 관리가 필요하다면 다른 툴들을 추가로 도입하는 것이 좋을 것인가?

4) Ruby 표준 패키지 관리 시스템

Chapter

7

Go 패키지

~ 자주 사용되는 표준 패키지와 코딩 사례

7.1 시작하기

Go는 많은 유용한 패키지가 기본적으로 제공된다. 이 패키지들은 수학, 문자열, OS, 정규식, 영상, 알고리즘 등 다양한 기능을 가지고 있으며 잘 정리되어 있다. 특히 외부의 패키지를 별도로 활용하지 않고 Go 기본 패키지만 가지고도 실용적인 프로그램을 만들 수 있다는 것이 Go의 큰 장점 중 하나라고 할 수 있다.

이 장에서는 Go 기본 패키지의 사용 방법에 대해 알아본다. 모든 패키지를 다 다룰 수는 없기 때문에 자주 사용되는 패키지를 중심으로 설명하도록 한다. Go 기본 패키지를 모두 알아보고 싶다면 Go 공식 홈페이지의 패키지 목록(https://golang.org/pkg/)에서 각 패키지에 대한 문서를 참조하도록 하자.

7.2 os

```
import "os"
```

os 패키지는 Go가 실행되는 OS에 따라 필요한 기능들을 갖춰 플랫폼에 독립적인 API를 제공한다. 파일이나 환경 변수의 조작, 프로세스 정보를 참조하는 기능 등이 포함되어 있다.

프로그램 종료

Go 프로그램은 별도의 처리가 없다면 main 함수가 끝나는 시점에 종료된다. 이때 프로세스의 종료 상태는 0(성공)이다. os.Exit 함수를 이용하면 프로그램 중지 시점을 지정할 수 있다. 또한 파라미터를 주어 종료 상태의 값을 지정할 수 있다.

```
os.Exit(1) // 종료 상태 1로 종료시킴
```

os.Exit 함수를 이용하여 프로그램을 정지시키면 defer는 무시된다. 따라서 다음 프로그램을 실행하면 defer라는 출력을 얻을 수 없다. 그렇기 때문에 os.Exit 함수는 가능한 main함수 등 프로그램의 진입점으로 사용하는 것이 적절하다.

```
func main() {
   /* defer는 os.Exit에 의해 무시됨 */
   defer func() {
   fmt.Println("defer")
}()

   os.Exit(0)
}
```

log.Fatal

프로그램 실행 중 오류가 발생했을 때, 해당 오류 메시지를 출력하기 위해 log 패키지의 Fatal 함수를 사용할 수 있다. 다음의 예제 코드는 존재하지 않는 파일에 접근했을 때 발생하는 오류 처리에 대한 것이다.

```
import (
   "os"
   "log"
)

_, err := os.Open("foo")
if err != nil {
   log.Fatal(err)
}
```

log.Fatal을 별도의 설정 없이 사용하면 파라미터로 준 interface{} 타입의 값을 표준 출력으로 출력한 후 os.Exit(1)가 실행된다. 이 구문은 예제 코드에서 자주 나오는 표현이니 잘 알아두도록 하자

명령줄 파라미터

Go로 작성된 예제 프로그램 getargs에 3개의 파라미터를 주어 실행시켰을 때 이 명령줄 파라미터는 어떻게 프로그램에서 사용할 수 있을까?

```
$ getargs 123 456 789
```

os 패키지에는 Args라는 패키지 변수가 정의되어 있다. 변수 os.Args는 string 타입

의 슬라이스 타입이며, 임의 개수의 명령줄 파라미터가 저장된다. 주의할 것이 있다면 os.Args[0]의 값은 프로그램을 실행하기 위한 명령 이름이기 때문에 슬라이스의 2번째 값부터 명령줄 파라미터라는 것이다.

```
fmt.Println(os.Args[0]) // 실행한 명령
fmt.Println(os.Args[1]) // 1번째 명령줄 파라미터
fmt.Println(os.Args[2]) // 2번째 명령줄 파라미터
fmt.Println(os.Args[3]) // 3번째 명령줄 파라미터"
```

테스트를 위해 다음과 같이 Go 프로그램을 작성하고 getargs 프로그램을 빌드하자.

```
package main

import (
    "fmt"
    "os"
)

func main() {
    /* os.Args의 크기를 표시 */
    fmt.Printf("length=%d \n", len(os.Args))
    /* os.Args의 내용을 모두 출력 */
    for _, v := range os.Args {
        fmt.Println(v)
    }
}
```

위 프로그램을 getargs.go라는 파일명으로 저장하고 go build -o getargs getargs.go 으로 빌드하자(Windows라면 실행 파일 이름에 확장자 exe를 추가하도록 하자).

이 프로그램을 다음과 같이 실행해 보자.

```
$ ./getargs 123 456 789
```

그러면 다음과 같은 출력을 얻을 수 있다.

```
length=4
./getargs
```

```
123
456
789
```

파일 조작

읽기 전용 파일 열기

os.Open 함수는 파라미터로 지정된 파일을 읽기 전용으로 읽어오는 함수이다. *os.File 타입과 error 타입의 값을 리턴한다.

```
f, err := os.Open("foo.txt")
```

os.Open 함수뿐만 아니라 Go에서는 자원을 효율적으로 관리하기 위해 defer를 사용할 수 있다. 다음 예제 코드에서는 파일 열기에 성공했을 경우 그 파일을 닫는 처리를 defer에 작성하였다. 이렇게 함으로써 사용한 자원을 효과적으로 해제하고 메모리 누출 등의 문제를 방지할 수 있다.

```
f, err := os.Open("foo.txt")
if err != nil {
    /* 파일 열기에 실패하면 프로그램 종료 */
    log.Fatal(err)
}

/* 함수가 종료될 때 자원 해제 */
defer f.Close()
```

os.File

os.File 타입은 파일과 디렉토리의 파일 시스템을 추상화한 구조체로 다양한 메소드가 준비되어 있다.

os.File 타입의 파일 입출력에는 []byte 타입이 사용된다. 또한 파일을 읽어들이는 Read 메소드 및 명시적으로 파일의 오프셋을 지정하여 접근하는 ReadAt 메소드 등이 포함되어 있다. 파일의 오프셋을 변경할 때에는 Seek 메소드를 이용한다. os.File 타입을 처리할 때에는 항상 처리에 실패할 가능성을 고려해야 한다. 또한 Stat 메소드를 사용하면 파일의 각종 정보를 정리한 os.FileInfo 타입의 데이터를 얻을 수 있고, 여기에서 파일의 이름이나 크기 등의 정보를 얻을 수 있다.

```
/* 변수 f는 *os.File 타입 */

/* []byte 타입의 슬라이스에 파일의 내용을 읽어들임 */
bs := make([]byte, 128)
n, err = f.Read(bs) // n은 실제로 읽은 바이트 수

/* 파일의 오프셋을 지정하여 읽어들임 */
bs := make([]byte, 128)
n, err := f.ReadAt(bs, 10) // 10번째 바이트

/* 파일 탐색 */
offset, err := f.Seek(10, os.SEEK_SET) // 파일의 처음부터 10번째 바이트
offset, err := f.Seek(-2, os.SEEK_CUR) // 지금 위치부터 -2바이트 이동
offset, err := f.Seek(0, os.SEEK_END) // 파일의 끝에서 0번 째 바이트

/* 파일의 상태를 취득 */
fi, err : = f.Stat () // fi는 os.FileInfo 타입
fi.Name () // 파일 이름 (string)
fi.Size () // 파일 크기 (int64)
fi.Mode () // 파일의 모드 (os.FileMode)
fi.ModTime () // 파일의 마지막 수정 시간 (time.Time)
fi.IsDir () // 디렉토리 여부 (bool)
```

새 파일 만들기

os.Create 함수를 이용하면 새 파일을 만들 수 있다. 파라미터로 지정한 파일 이름이 파일 시스템에 이미 존재할 경우, 그 파일의 내용이 삭제되고 크기가 0인 파일에 내용이 작성되니 유의하도록 하자. 또한 Write, WriteAt 메소드를 이용하면 바이트 단위로 파일에 내용을 기록할 수 있다. WriteString 메소드를 이용하면 문자열 단위로 파일에 기록할 수 있다.

```
/* 파일 이름을 지정하여 파일 생성 */
f, _ := os.Create("foo.txt")

/* 새 파일의 상태 */
fi, _ := f.Stat()
```

```
fi.Name() // == "foo.txt"
fi.Size() // == 0
fi.IsDir() // == false

f.Write([]byte("Hello, World!\n")) // 파일에 []byte 타입의 내용 입력
f.WriteAt([]byte("Golang"), 7) // 오프셋을 지정하여 내용 입력
f.Seek(0, os.SEEK_END) // 파일의 마지막으로 오프셋 이동
f.WriteString("Yeah!") // 문자열을 파일에 추가

/* 새 파일의 내용 */
Hello, Golang
Yeah!
```

파일 오픈에 대한 자세한 내용

더 자세한 옵션이나 모드를 이용하여 파일을 열 수 있는 os.OpenFile 함수를 살펴보자. 2번째 파라미터로 플래그를 지정하고, 3번째 파라미터에는 퍼미션(Permission)을 지정할 수 있다. 퍼미션은 다음의 예에서 볼 수 있듯 0666과 같은 8진수를 이용하면 이해하기 쉬울 것이다.

```
/* foo.txt 파일을 읽기 전용으로 열기 */
f, err := os.OpenFile("foo.txt", os.O_RDONLY, 0666)
```

os.OpenFile 함수를 이용하여 지정할 수 있는 플래그 상수들을 표 7.1에 정리하였다. 이러한 상수들은 논리합 연산자 | 를 이용하여 여러 종류를 조합할 수도 있다.

〈표 7.1〉 os.Open에 지정할 수 있는 플래그들

플래그	의미
O_RDONLY	읽기 전용
O_WRONLY	쓰기 전용
O_RDWR	읽기 / 쓰기 가능
O_APPEND	파일의 끝에 추가함
O_CREATE	파일이 존재하지 않으면 새로 만들기
O_TRUNC	가능하다면 파일을 열 때 내용 비우기

다음 코드는 os.Create 함수의 내부 코드로, os.OpenFile이 사용된 것을 볼 수 있다. 각 플래그나 퍼미션을 상세하게 지정해야 한다면 os.OpenFile 함수를 사용하도

록 하자.

```
func Create(name string) (*File, error) {
   return OpenFile(name, O_RDWR|O_CREATE|O_TRUNC, 0666)
}
```

파일 삭제

os.Remove 함수를 이용하면 파일을 삭제할 수 있다. 파라미터로 지정된 이름의 파일을 파일 시스템에서 삭제하는데, 파일이 존재하지 않거나 권한이 부족할 경우 오류가 발생한다.

```
/* foo.txt 파일을 삭제 */
err := os.Remove("foo.txt")
```

디렉토리를 제거할 때에도 os.Remove 함수를 사용한다. 지정된 디렉토리에 파일이나 디렉토리가 남아있을 경우 오류가 발생한다.

```
/* foo 디렉토리를 삭제 */
err := os.Remove("foo")
```

파일이나 디렉토리가 포함된 디렉토리를 삭제하려면 os.RemoveAll 함수를 사용해야 한다.

```
/* foo 디렉토리와 그 안의 내용을 모두 삭제 */
err := os.RemoveAll("foo")
```

파일 이름 바꾸기 및 이동

파일이나 디렉토리의 이름을 바꾸기 위해서는 os.Rename 함수를 사용한다. 1번째 파라미터에 변경할 원본 파일 이름 및 경로를 주고, 2번째 파라미터에 변경될 파일 경로를 전달한다.

```
/* foo.txt 파일의 이름을 bar.txt로 변경 */
err := os.Rename("foo.txt", "bar.txt")

/* foo 디렉토리의 이름을 bar로 변경 */
```

```
err := os.Rename("foo", "bar")
```

os.Rename 함수는 파일 경로를 바꾸는 것이기 때문에, 파일 및 디렉토리를 이동할 때에도 사용할 수 있다.

```
/* foo.txt 파일을 bar 디렉토리 아래로 이동 */
err := os.Rename("foo.txt", "bar/foo.txt")
```

디렉토리 조작

현재 디렉토리

os.Getwd 함수를 이용하여 프로그램이 실행 중인 현재 디렉토리의 이름을 문자열로 얻을 수 있다.

```
dir, err := os.Getwd()
```

또한 os.Chdir 함수를 이용하여 디렉토리를 이동할 수 있다. 존재하지 않는 디렉토리에 대해 os.Chdir 함수가 실행되면 오류가 발생한다.

디렉토리 읽기

*os.File 타입의 Readdir 메소드를 이용하면 디렉토리의 파일 정보를 읽고 해석할 수 있다. Readdir(n) 메소드에서 n을 0으로 지정하면 모든 파일의 정보를 읽어들이고, n에 양의 정수를 지정하였을 때에는 n개의 파일 정보를 가져온다.

이 때 *os.File 타입이 가리키는 파일은 반드시 디렉토리여야 하고, 아니라면 오류가 발생한다. 메소드가 성공적으로 동작하였다면 각 파일 정보를 []os.FileInfo 타입으로 얻을 수 있다.

```
/* 현재 디렉토리 열기 */
f, err := os.Open(".")
if err != nil {
  log.Fatal(err)
}
defer f.Close()
```

```
/* 현재 디렉토리 아래의 디렉토리를 나열 */
fis, err := f.Readdir(0)
for _, fi := range fis {
  if fi.IsDir() {
    fmt.Prinln(fi.Name()) // 디렉토리 이름 출력
  }
}
```

디렉토리 만들기

디렉토리를 만들기 위해서 os.Mkdir 함수를 사용할 수 있다. 1번째 파라미터로 디렉토리의 이름을 지정하고, 2번째 파라미터로 권한을 부여한다. 또한 여러 층의 디렉토리를 한꺼번에 만들 수 있는 os.MkdirAll 함수도 제공된다. foo/bar/baz와 같이 깊은 구조를 쉽게 만들 수 있지만, 일부 디렉토리가 이미 존재할 때에도 오류가 발생하지 않기 때문에 유의해야 한다.

```
/* 현재 디렉토리 아래에 foo 디렉토리를 생성 */
err := os.Mkdir("foo", 0775)
/*  현재 디렉토리 아래에 foo/bar/baz 디렉토리를 한꺼번에 생성 */
err := os.MkdirAll("foo/bar/baz", 0775)
```

디렉토리 삭제

파일 삭제와 같다.

디렉토리 이름 바꾸기 및 이동

파일 이름 바꾸기 및 이동과 같다.

기타 파일 작업

시스템 임시 디렉토리

시스템의 임시 디렉토리의 경로를 os.TempDir 함수로 얻을 수 있다. 결과값으로는 Linux 등에서는 주로 /tmp를 얻을 수 있고, Windows나 OS X 등에서는 각 시스템의 고유한 파일 경로가 리턴된다.

```
os.TempDir() // == "/tmp"
```

심볼릭 링크 작업

심볼릭 링크를 사용할 수 있는 환경이라면 os.Symlink 함수를 이용하여 심볼릭 링크를 만들 수 있다. 1번째 파라미터에 원본 파일 경로, 2번째 파라미터로 심볼릭 링크의 경로를 지정한다. 또한 심볼릭 링크에 연결된 경로를 읽어들일 수 있는 os.Readlink 함수도 준비되어 있다.

```
/* 심볼릭 링크 bar.txt 생성 */
err := os.Symlink("foo.txt", "bar.txt")
/* 심볼릭 링크에 연결된 경로를 읽어들임 */
path, err := os.Readlink("bar.txt") // path == "foo.txt"
```

호스트 이름 검색

os.Hostname 함수를 이용하면 OS 환경에서 설정된 호스트 이름을 문자열 형태로 가져올 수 있다.

```
host, err : = os.Hostname () // host == 호스트 이름 문자열
```

환경 변수

os.Environ 함수를 이용하면 환경 변수의 목록을 []string 타입으로 획득할 수 있다. 각 환경 변수의 값은 [환경 변수 = 값] 형태로 저장되어 있다.

```
for _, v := range os.Environ() {
  fmt.Println(v)
}
/* 출력 결과 */
SHELL=/bin/bash
USER=foo
PATH=/usr/local/go/bin:/usr/local/sbin:/usr/local/bin:/usr/sbin:/usr/bin:/sbin:/bin
LANG=ko_KR.UTF-8
GOPATH=/path/to/gopath
  (이하 생략)
```

다음과 같이 os 패키지를 이용하여 환경 변수를 조작할 수 있다. os.Getenv 함수

로 존재하지 않는 환경변수를 참조하면 빈 문자열을 리턴하기 때문에, 환경 변수의 존재를 확인할 필요가 있을 때에는 os.LookupEnv 함수를 이용하도록 하자.

```
/* 모든 환경 변수를 삭제 */
os.Clearenv()

/* 환경 변수의 이름을 지정하고 값을 불러옴 */
os.Getenv("HOME") // == ""

/* 환경 변수 HOME 설정 */
os.Setenv("HOME", "/path/to/home")
os.Getenv("HOME") // == "/path/to/home"

/* 환경 변수 HOME 삭제 */
os.Unsetenv("HOME")

/* 환경 변수 HOME의 존재 여부를 확인하고 값을 참조함 */
if home, ok := os.LookupEnv("HOME"); ok {
   fmt.Println(home)
} else {
   fmt.Println("no $HOME")
}
```

프로세스 정보

os 패키지에는 실행 중인 프로세스에 대한 정보를 획득하는 기능도 포함되어 있다. 다음 예제는 프로세스 ID와 부모 프로세스의 ID, 사용자 및 그룹 정보 등을 참조한다. Windows 환경에서는 프로세스 ID 등의 성보는 얻을 수 있지만 사용자 ID 및 그룹 ID는 존재하지 않기 때문에 항상 –1이 리턴된다.

```
os.Getpid() // 프로세스 ID
os.Getppid() // 부모 프로세스 ID
os.Getuid() // 사용자 ID
os.Geteuid() // 유효 사용자 ID
os.Getgid() // 그룹 ID
os.Getegid() // 유효 그룹 ID
```

7.3 time

```
import "time"
```

time 패키지에는 날짜와 시간을 다루기 위한 기능들이 포함되어 있다.

현재 시간

time.Now 함수를 사용하면 현재 시간을 나타내는 time.Time 타입 구조체를 얻을 수 있다. 이 time.Time 타입은 time 패키지의 핵심 데이터 구조이다.

```
t := time.Now() // t는 time.Time 타입
```

지정된 시간 생성

time.Date 함수를 이용하여 지정한 날짜와 시간을 가지는 time.Time 타입 데이터를 자유롭게 생성할 수 있다. 다음과 같이 time.Time 타입에는 시간을 구성하는 정보를 참조하는 방법이 많이 마련되어 있다.

```
/* 시간대가 KST인 환경에서의 실행 예시 */
t := time.Date(2015, 7, 19, 10, 14, 23, 0, time.Local)
fmt.Println(t) // => "2015-07-19 10:14:23 +0900 KST"
fmt.Println(t.Year()) // => "2015"
fmt.Println(t.YearDay()) // => "200"
fmt.Println(t.Month()) // => "July"
fmt.Println(t.Weekday()) // => "Sunday"
fmt.Println(t.Day()) // => "19"
fmt.Println(t.Hour()) // => "10"
fmt.Println(t.Minute()) // => "14"
fmt.Println(t.Second()) // => "23"
fmt.Println(t.Nanosecond()) // => "0"
fmt.Println(t.Zone()) // => "KST 32400"
```

time.Date 함수의 마지막 파라미터는 시간대를 나타낸다. time 패키지에 미리 정의된 변수 time.Local을 지정하여 실행 환경의 시간대와 동일한 시간을 얻을 수 있다. 만약 UTC 시간대의 시간이 필요하다면 time.Local을 time.UTC로 변경하면 된다.

time.Time 타입에 정의된 메소드의 의미는 표 7.2와 같다. 대부분은 int타입의 값으로 획득할 수 있지만 월은 time.Month 타입, 요일은 time.Weekday 타입, 시간대는 string 타입, 초는 int 타입 오프셋 초를 리턴한다. 또 time 패키지의 최소 시간 단위는 나노초이다.

〈표 7.2〉 time.Time 타입의 메소드

메소드	리턴 타입	의미
Year	int	년
YearDay	int	날짜(1 ~ 366)
Month	time.Month	월
Weekday	Time.Weekday	요일
Day	int	일(1 ~ 31)
Hour	int	시간(0 ~ 23)
Minute	int	분(0 ~ 59)
Second	int	초(0 ~ 59)
Nanosecond	int	나노초(0 ~ 999)
Zone	int	시간대 이름과 오프셋 초

정의를 살펴보면 알 수 있듯이, time.Month 타입은 int 타입의 별칭에 불과하다. 또한 월의 경우 time.May와 같이 상수가 영어 이름으로 정의되어 있다. time.January의 값이 int 타입으로 1이므로, 달 이름을 숫자로 표현할 경우에도 불편함 없이 사용할 수 있다.

```
/* Go의 time.Month 타입 정의 */
type Month int

const (
  January Month = 1 + iota
  February
  March
  April
  May
  June
  July
  August
  September
```

```
    October
    November
    December
)
```

time.Weekday 타입도 time.Month 타입과 마찬가지로 int 타입의 별칭이다. 요일을 나타내는 상수가 영어로 정의되어 있는 것도 마찬가지이다.

```
/* Go의 time.Weekday 타입 정의 */
type Weekday int

const (
    Sunday Weekday = iota
    Monday
    Tuesday
    Wednesday
    Thursday
    Friday
    Saturday
)
```

time.Month 타입, time.Weekday 타입에는 각각 메소드 String이 정의되어 있어서, 이렇게 달의 이름과 요일의 이름을 문자열로 얻을 수도 있다.

시간 간격 표현

time.Duration 타입은 시간 간격을 표현하기 위한 타입이다. time 패키지에는 다음과 같은 상수들이 미리 정의되어 있다.

```
fmt.Println(time.Hour) // => "1h0m0s"
fmt.Println(time.Minute) // => "1m0s"
fmt.Println(time.Second) // => "1s"
fmt.Println(time.Millisecond) // => "1ms"
fmt.Println(time.Microsecond) // => "1µs"
fmt.Println(time.Nanosecond) // => "1ns"
```

time.Duration 타입 데이터는 문자열로도 생성 가능하다. 다음 예제에서는 "2h30m"이라는 문자열로부터 2시간 30분을 나타내는 time.Duration 타입 데이터를 생성한다.

"5ms"라고 쓰면 5밀리세컨드, "47s"라고 쓰면 47초를 나타낼 수 있기 때문에 복잡한 시간 간격을 표현할 수 있다.

```
/* 문자열로부터 "2시간 30분"에 해당하는 time.Duration 타입 데이터를 생성함 */
d, _ := time.ParseDuration("2h30m")
```

time.Duration 타입은 time.Time 타입과 조합하여 효과적으로 활용할 수 있다. 다음과 같이 time.Time 타입의 메소드 Add에 임의의 time.Duration 타입 데이터를 넣으면 시각에 임의의 시간 간격을 추가할 수 있다.

```
t := time.Now()
t=.t.Add(2*time.Minute+15*time.Second)
  // 현재 시간보다 2분 15초 후의 시간을 나타내는 time.Time 타입 데이터 획득
```

시간의 차이 구하기

두 time.Time 타입 데이터의 차이를 얻으려면 Sub 메소드를 사용한다. 리턴값은 time.Duration 타입이다. 지금 시점으로부터 지정한 날짜까지 남은 시간을 알 수 있다.

```
/* 2018 평창 동계올림픽까지 남은 시간 */
t0 := time.Date(2018, 2, 9, 0, 0, 0, 0, time.Local)
t1 := time.Now()
d := t0.Sub(t1) // d == 6296h31m57.4587153s
```

시간 비교하기

Before 메소드와 After 메소드를 이용하면 time.Time 타입 데이터들이 나타내는 시간들 간의 전후 관계를 확인할 수 있다. 각 메소드의 리턴값은 bool 타입이다. t1.Before(t0)은 t1이 가리키는 시간이 t0보다 앞에 있는가?라는 의미를 가진다.

```
t0 := time.Date(2015, 10, 1, 0, 0, 0, 0, time.Local) // 2015/10/01 00:00:00 KST
t1 := time.Date(2015, 11, 1, 0, 0, 0, 0, time.Local) // 2015/11/01 00:00:00 KST

t1.Before(t0) // == false
t1.After(t0) // == true
```

```
t0.Before(t1) // == true
t0.After(t1) // == false
```

또한 두 time.Time 타입 데이터가 가리키는 시간이 같은지를 비교하는 Equal 메소드도 있다. 다음의 예와 같이 시간대가 다르더라도 시간이 동일하면 true를 리턴하니 유의하도록 하자.

```
t0 := time.Date(2015, 10, 1, 9, 0, 0, 0, time.Local) // 2015/10/01 09:00:00 KST
t1 := time.Date(2015, 10, 1, 0, 0, 0, 0, time.UTC) // 2015/10/01 00:00:00 UTC
t0.Equal(t1) // == true
```

날짜 변경

time.Time 타입의 메소드 AddDate는 날짜를 구성하는 년, 월, 일을 변경할 수 있다. 3개의 int 타입 파라미터가 각각 년, 월, 일에 해당한다.

```
func (t Time) AddDate(years int, months int, days int) Time
```

다음과 같이 날짜를 임의로 조정할 수 있다. 파라미터가 양수면 년, 월, 일의 날짜 요소가 증가하고, 음수면 감소한다. 파라미터가 0이면 변경되지 않는다.

```
t0 := time.Date(2015, 1, 1, 0, 0, 0, 0, time.Local)

/* 1년 증가 */
t1 := t0.AddDate(1, 0, 0) // 2016-01-01 00:00:00 +0900 KST
/* 1개월 감소 */
t2 := t0.AddDate(0, -1, 0) // 2014-12-01 00:00:00 +0900 KST
/* 1일 감소 */
t3 := t0.AddDate(0, 0, -1) // 2014-12-31 00:00:00 +0900 KST
/* 2개월 증가, 12일 감소 */
t4 := t0.AddDate(0, 2, -12) // 2015-02-17 00:00:00 +0900 KST
```

문자열에서 시간 생성

time.Parse 함수는 문자열에 주어진 형식을 바탕으로 하여 시간을 생성한다. 하지만 우리가 생각하는 것과는 조금 다르게 동작한다.

```
t, err := time.Parse("2006/01/02", "2015/11/27")
if err != nil {
   log.Fatal(err)
}
fmt.Println(t) // => "2015-11-27 00:00:00 +0000 UTC"
```

2006/01/02와 2015/11/27 두 문자열은 날짜만을 표현하고 있지, 시간을 표현하고 있지는 않다.

이는 "2006/01/02"는 시간을 나타내는 형식만을 알려주는 것이고, 뒤의 "2015/11/27"이 실제로 파싱할 문자열이기 때문이다. Go에서는 시간 형식에 yyyy나 %Y와 같은 지정자를 사용하지 않고 "2006년 1월 2일 토요일 15시 4분 5초"와 같은 시간 자체를 그대로 이용한다. 위처럼 "2006/01/02"과 같은 간단한 형식을 사용하면 나머지 시각은 UTC 기준으로 생성된다.

time 패키지는 이미 다양한 시각의 형식들이 상수로 정의되어 있다. 아직 한글은 이용할 수 없지만 ANSI C, UnixDate, RFC 등에서 사용하는 시각의 형식은 바로 이용할 수 있다.

```
const (
   ANSIC = "Mon Jan _2 15:04:05 2006"
   UnixDate = "Mon Jan _2 15:04:05 MST 2006"
   RubyDate = "Mon Jan 02 15:04:05 -0700 2006"
   RFC822 = "02 Jan 06 15:04 MST"
   RFC822Z = "02 Jan 06 15:04 -0700" // RFC822 with numeric zone
   RFC850 = "Monday, 02-Jan-06 15:04:05 MST"
   RFC1123 = "Mon, 02 Jan 2006 15:04:05 MST"
   RFC1123Z = "Mon, 02 Jan 2006 15:04:05 -0700" // RFC1123 with numeric zone
   RFC3339 = "2006-01-02T15:04:05Z07:00"
   RFC3339Nano = "2006-01-02T15:04:05.999999999Z07:00"
   Kitchen = "3:04PM"
   // Handy time stamps.
   Stamp = "Jan _2 15:04:05"
   StampMilli = "Jan _2 15:04:05.000"
   StampMicro = "Jan _2 15:04:05.000000"
   StampNano = "Jan _2 15:04:05.000000000"
)
```

예를 들어 time.RFC822 라면 다음과 같이 사용할 수 있다.

```
t, err := time.Parse(time.RFC822, "27 Nov 15 18:00 KST")
if err != nil {
    log.Fatal(err)
}
fmt.Println(t) // => "2015-11-27 18:00:00 +0900 KST"
```

다음과 같이 한글을 섞어도 문제없이 작동한다. 다양한 변형이 존재하는 시간 형식을 유연하게 표현할 수 있는 것을 알 수 있다.

```
t, err : = time.Parse("2006년 1월 2일 15시 04분 05초", "2015년 11월 27일 14시30분29")
if err != nil {
    log.Fatal(err)
}
fmt.Println(t) // => "2015-11-27 14:30:29 +0000 UTC"
```

시간 형식은 월, 일이나 시, 분, 초가 없더라도 잘 작동한다. 이 때 부족한 값은 1월과 0초와 같이 초깃값으로 설정된다.

```
t, err := time.Parse("2006", "2015")
if err != nil {
    log.Fatal(err)
}
t.Year() // == 2015
t.Month() // == time.January
t.Day() // == 1
t.Hour() // == 0
t.Minute() // == 0
t.Second() // == 0
t.Nanosecond() // == 0
t.Zone() // == UTF, 0
```

시간에서 문자열 생성하기

time.Time 타입의 Format 메소드는 임의의 형식으로 날짜를 문자열로 변환할 수 있다. 시간의 형식은 위에서 설명한 문자열에서 시간을 생성하는 것과 마찬가지이다.

```
t := time.Date(2015, 11, 27, 15, 43, 28, 12345, time.Local)
```

```
t.Format(time.RFC822) // == "27 Nov 15 15:43 KST"
t.Format(time.RFC3339Nano) // == "2015-11-27T15:43:28.000012345+09:00"
t.Format("2006년1월2일 15시04분05초") // == "2015년11월27일 15시43분28초"
t.Format("2006/01/02") // == "2015/11/27"
```

시간을 UTC 기준으로 변경

time.Time 타입의 UTC 메소드를 이용하면 시간대를 UTC로 변경하여 새로운 시각을 생성할 수 있다.

```
/* KST 시간대 */
t := time.Date(2015, 11, 27, 15, 0, 0, 0, time.Local)
utc := t.UTC()
fmt.Println(utc) // => "2015-11-27 06:00:00 +0000 UTC"
```

시간을 현지 시간대 기준으로 변경

time.Time 타입의 Local 메소드를 이용하면 현지 시간대로 변환한 새로운 시간을 얻을 수 있다. 다음 예제는 실행 환경의 시간대가 한국 시간대 KST일 때를 가정한다. Local 메소드는 현재 환경의 시간대 정보를 가져와 시간을 변환한다.

```
t := time.Date(2015, 11, 27, 15, 0, 0, 0, time.UTC)
KST := t.Local()
fmt.Println(KST) // => "2015-11-28 00:00:00 +0900 KST"
```

UNIX 시간과의 상호 변환

Unix 메소드는 일반 시간을 UNIX 시간으로 변환한다. UNIX 시간(UNIX Time)은 1970년 1월 1일 오전 0시를 기점으로 현재 시점까지 누적된 초의 값이다. 이 메소드의 리턴값은 int64 타입이다. UNIX 시간의 최소 단위는 초이므로 time.Time 타입이 가지고 있는 나노초 단위의 정확도가 손실될 수 있다.

```
t := time.Date(2015, 11, 27, 15, 0, 0, 0, time.UTC)
/* UNIX 시간으로 변환 */
```

```
unix := t.Unix() // unix == 1448636400
```

반대로 UNIX 시간을 나타내는 정수로부터 time.Time 타입 시간 데이터를 생성할 수도 있다. time.Unix 함수의 1번째 파라미터로 UNIX 시간, 2번째 파라미터로 나노초를 지정하여 모든 UNIX 시간으로부터 time.Time 타입 시간 데이터를 얻을 수 있다.

```
t := time.Unix(1448636400, 0)
fmt.Println(t) // => "2015-11-28 00:00:00 +0900 KST"
```

일정 시간동안 슬립(Sleep)

time.Sleep 함수를 이용하면 실행 중인 Go 루틴을 나노 초 단위로 일정 시간 정지시킬 수 있다. time.Second 함수처럼 Duration 타입의 정수를 결합하면 중지 시간을 알기 쉽게 표현할 수 있다.

```
/* 5초동안 Go 루틴을 정지 */
time.Sleep(5 * time.Second)
```

time.Tick

time.Tick 함수는 지정된 시간 간격으로 현재 시간을 나타내는 time.Time 타입의 값이 전송되는 채널을 생성한다.

다음 프로그램의 채널에서 3초에 1번 time.Time 타입의 값을 받을 수 있다. 이 프로그램은 무한 반복문 안에서 채널에서 데이터를 수신하고 있기 때문에 강제로 종료하지 않으면 멈추지 않는다.

```
/* ch는 chan time.Time 타입 */
ch := time.Tick(3 * time.Second)
for {
  t : = <-ch // t는 time.Time 타입
  fmt.Println(t)
}
/* 출력 결과 */
2015-11-27 19:33:20.375923453 +0900 KST
2015-11-27 19:33:23.376038259 +0900 KST
```

```
2015-11-27 19:33:26.376144041 +0900 KST
2015-11-27 19:33:29.376317635 +0900 KST
2015-11-27 19:33:32.376399711 +0900 KST
  (이하 생략)
```

time.After

time.After 함수는 생성한 채널에 지정된 시간 후에 현재 시간을 나타내는 time.Time 타입의 값을 1번 전송한다. 따라서 다음 프로그램은 시작 후 약 5초 간 정지 후 현재 시간을 표시하고 종료된다.

```
ch := time.After(5 * time.Second)
fmt.Println (<- ch) // 5 초 후에 그 시간이 표시됨
```

time.After 함수는 타이머를 만들 때 유용하게 이용할 수 있다.

다음 코드는 Go의 예제 코드에서 발췌한 것이다. select와 결합하여 채널에서 데이터를 받는 시간에 제한을 주었다. 구체적으로는 m:=<-c라는 채널과 <-time.After(5*time.Minute)라는 채널 중 먼저 오는 쪽을 처리하기 위해 select를 이용하여 타이머를 구현한 것이다.

```
select {
  case m := <-c:
    handle(m)
  case <-time.After(5 * time.Minute):
    fmt.Println("timed out")
}
```

7.4 math

```
import "math"
```

math 패키지에는 수학과 관련된 기능이 마련되어 있다.

수학 상수

math 패키지에는 다음과 같이 수학과 관련된 상수가 많이 정의되어 있다. 상수 자체는 float64 타입을 훨씬 능가하는 정밀도로 정의되어 있지만, 실제로 프로그램에서 사용될 경우에는 float64 타입 이하의 정밀도로 사용된다.

```
/* 원주율 */
math.Pi // == 3.141592653589793
/* 황금 비율 */
math.Phi // == 1.618033988749895
/* 자연상수 */
math.E // == 2.718281828459045
/* 2의 제곱근 */
math.Sqrt2 // == 1.4142135623730951
```

수치 타입에 관련된 상수

math 패키지에는 float32 타입과 float64 타입이 표현할 수 있는 최댓값과 0이 아닌 최솟값에 대한 상수가 미리 정의되어 있다.

```
/* float32로 표현 가능한 최대 값 */
math.MaxFloat32 // == 3.40282346638528886e+38
/* float32로 표현 가능한 0이 아닌 최솟값 */
math.SmallestNonzeroFloat32 // == 1.401298464324817e-45
/* float64로 표현 가능한 최대 값 */
math.MaxFloat64 // == 1.7976931348623157e+308
/* float64로 표현 가능한 0이 아닌 최솟값 */
math.SmallestNonzeroFloat64 // == 5e-324
```

int8 타입, int16 타입 등 정수 타입에 대해서도 최댓값, 최솟값을 나타내는 상수가 정의되어 있다.

```
math.MaxInt8 // == 127
math.MinInt8 // == -128
math.MaxInt16 // == 32767
math.MinInt16 // == -32768
math.MaxInt32 // == 2147483647
math.MinInt32 // == -2147483648
```

```
math.MaxInt64 // == 9223372036854775807
math.MinInt64 // == -9223372036854775808
math.MaxUint8 // == 255
math.MaxUint16 // == 65535
math.MaxUint32 // == 4294967295
math.MaxUint64 // == 18446744073709551615
```

절댓값

절댓값을 구할 때에는 math.Abs 함수를 사용한다.

```
math.Abs(3.14) // == 3.14
math.Abs(-3.14) // == 3.14
```

제곱

math.Pow는 임의의 숫자를 거듭제곱한 값을 리턴한다.

```
/* 0의 제곱 */
math.Pow(0, 2) // == 0
/* 1의 10 제곱 */
math.Pow(1, 10) // == 1
/* 2의 8 제곱 */
math.Pow(2, 8) // == 256
```

제곱근과 세제곱근

임의의 수에 대해 math.Sqrt 함수는 제곱근을, math.Cbrt 함수는 세제곱근을 계산한다.

```
/* 2의 제곱근 */
math.Sqrt(2) // == 1.4142135623730951
/* 8의 세제곱근 */
math.Cbrt(8) // == 2
```

최댓값과 최솟값

math.Max 함수와 math.Min 함수는 파라미터로 받은 2개의 수 중 큰 값과 작은 값을 각각 리턴한다.

```
/* 최댓값 (더 큰 값)을 리턴 */
math.Max(1, 2) // == 2
/* 최솟값 (더 작은 값)을 리턴 */
math.Min(1, 2) // == 1
```

소수점 이하 잘라내기 및 반올림

math.Trunc 함수는 부호와 상관없이 소수점 이하 수를 잘라낸다.

```
/* 소수점 이하 잘라내기 */
math.Trunc(1.5) // == 1
math.Trunc(-1.5) // == -1
```

math.Floor 함수는 버림, math.Ceil 함수는 올림을 수행한다. 양수의 경우 math.Floor는 소수점 이하 잘라내기, math.Ceil은 반올림과 같은 결과를 갖지만 음수일 때에는 주의해야 한다.

```
/* 입력받은 값보다 작은 최대 정수 */
math.Floor(1.5) // == 1
math.Floor(-1.5) // == -2
/* 입력받은 값보다 큰 최소 정수 */
math.Ceil(1.5) // == 2
math.Ceil(-1.5) // == -1
```

기타 수학 함수

이외에도 다음과 같이 여러 가지 함수가 준비되어 있다.

```
/* 사인 */
func Sin(x float64) float64
/* 하이퍼볼릭 사인 */
func Sinh(x float64) float64
```

```
/* 아크사인 */
func Asin(x float64) float64
/* 하이퍼볼릭 아크사인 */
func Asinh(x float64) float64
/* 코사인 */
func Cos(x float64) float64
/* 하이퍼볼릭 코사인 */
func Cosh(x float64) float64
/* 아크코사인 */
func Acos(x float64) float64
/* 하이퍼볼릭 아크코사인 */
func Acosh(x float64) float64
/* 사인코사인 */
func Sincos(x float64) (sin, cos float64)
/* 탄젠트 */
func Tan(x float64) float64
/* 하이퍼볼릭 탄젠트 */
func Tanh(x float64) float64
/* 아크탄젠트 */
func Atan(x float64) float64
/* 하이퍼볼릭 아크탄젠트 */
func Atanh(x float64) float64
/* x-y좌표의 아크탄젠트 */
func Atan2(y, x float64) float64
```

또한 로그 연산에 관련된 함수도 마련되어 있다.

```
/* 자연로그 */
func Log(x float64) float64
/* 상용로그 */
func Log10(x float64) float64
/* 1과 합산된 값의 자연로그 */
func Log1p(x float64) float64
/* 밑이 2인 로그 */
func Log2(x float64) float64
```

무한대와 NaN

함수 math.Sqrt(-1)의 결과는 NaN(Not a Number, 수가 아님)이다. 이처럼 수인지 아닌지를 판정하기 위해 math.IsNaN 함수를 사용할 수 있다.

```
/* -1의 제곱근은 수가 아님 */
n := math.Sqrt(-1) // n == NaN
math.IsNaN(n) // == true
```

float32 타입과 float64 타입은 연산의 결과에 따라 무한대 및 NaN 상태를 가질 수 있다. 이러한 상태를 명시적으로 나타내는 함수도 다음과 같이 사용할 수 있다.

```
/* 양의 무한대 (0 이상의 파라미터) */
math.Inf(0) // == +Inf
/* 음의 무한대 (음수 파라미터) */
math.Inf(-1) // == -Inf
/* NaN */
math.NaN() // == NaN
```

7.5 math/rand

```
import "math/rand"
```

math/rand는 유사(pseudo) 난수를 생성하는 기능을 가지고 있는 패키지이다. 런타임 전체에서 공유되는 기본 유사 난수 생성기 및 모든 시드(seed)값을 바탕으로 한 의사 난수 발생기 등을 지원한다.

가장 간단하게 난수를 만드는 방법은 rand.Seed 함수에 임의의 int64 타입 값을 주어 기본 유사 난수 발생기에 시드값을 설정하는 것이다. rand.Float64 함수는 역시 기본 유사 난수 발생기를 이용하며, 0.0과 1.0 사이의 난수를 생성한다.

다음 예제에서는 시드값이 256으로 고정되어 있기 때문에 여러 번 실행하더라도 같은 난수값이 생성된다.

```
rand.Seed(256) // 기본 유사 난수 생성기의 시드 설정

rand.Float64() // == 0.813527291469711
rand.Float64() // == 0.5598026045235738
rand.Float64() // == 0.6695717783859498
```

현재 시간을 이용한 난수 생성

프로그램에서 매번 다른 값의 난수를 발생시키려면 현재 시간을 이용하는 방법이 가장 간단하다. time 패키지를 이용하여 다음과 같이 현재 시간을 이용하여 초깃값을 설정할 수 있다.

```
/* 1970/1/1 이후 누적 나노초를 시드로 설정 */
rand.Seed(time.Now().UnixNano())

/* 0 ~ 99 사이의 난수 */
rand.Intn(100) // 예시: 92
/* int 타입의 유사 난수 */
rand.Int()
/* int32 타입의 유사 난수 */
rand.Int31()
/* int64 타입의 유사 난수 */
rand.Int63()
/* uint32 타입의 유사 난수 */
rand.Uint32()
```

rand 패키지는 다양한 정수 타입의 범위에 알맞은 난수를 생성할 수 있지만, 특히 rand.Intn(n) 함수는 0보다 크고 n보다 작은 난수를 생성하기 때문에 유용하게 사용할 수 있을 것이다.

난수 생성기 만들기

rand.Seed 함수와 rand.Intn 함수는 Go 런타임에 포함된 기본 난수 생성기를 공유한다. 간단한 프로그램의 경우에는 큰 문제가 없겠지만, 프로그램의 의도하지 않은 부분에서 시드값이 바뀌는 등의 위험이 발생할 수 있다.

이러한 문제를 해결하기 위해 난수 생성기를 명시적으로 생성하고 관리할 수 있다. rand.NewSource 함수에 임의의 시드값을 주어 rand.Source 타입 데이터를 생성하고, Rand.New 함수를 이용하여 독립적인 난수 생성기를 만들어낼 수 있다. rand.Rand 타입은 rand.Intn 등의 함수와 메소드가 정의되어 있기 때문에 기본 난수 생성기를 이용한 경우와 같은 결과를 가진다.

```
/* 유사  난수 생성기의 소스를 현재 시간에서 생성 */
src := rand.NewSource(time.Now().UnixNano())
```

```
/* 소스를 바탕으로 유사 난수 생성기를 생성 */
rnd := rand.New(src)

/* 0~99 사이의 난수 */
rnd.Intn(100)
/* int 타입의 유사 난수 */
rnd.Int()
/* int32 타입의 유사 난수 */
rnd.Int31()
/* int64 타입의 유사 난수 */
rnd.Int63()
/* uint32 타입의 유사 난수 */
rnd.Uint32()
```

7.6 flag

```
import "flag"
```

flag 패키지는 명령줄에서 프로그램에 주어진 파라미터와 옵션 등을 효율적으로 처리하기 위한 기능을 제공한다. 간단한 명령줄 처리를 하기에는 충분한 기능을 가지고 있다.

예를 들어 다음과 같이 getflags라는 명령을 내린다고 가정하자.

```
$ getflags -n 100 -m message -x
```

-n 100, -m message는 파라미터이고, -x는 옵션이다. 이러한 명령줄을 처리할 때 os.Args 등을 이용하여 1부터 접근하는 것은 굉장히 어렵다. -n, -m, -x 등의 옵션 및 파라미터가 어떠한 순서로 주어지는지, 옵션이 있는지 없는지 등을 고려해야 하기 때문이다. 이럴 때 flag 패키지를 이용하면 번거로운 작업을 줄일 수 있다.

명령줄 옵션 처리

명령줄 처리 예제로 다음과 같이 getflags 명령을 정의해 보자. [-x]는 옵션을 임의로 설정 가능하다는 의미이다.

```
getflags [-n 최대로 처리할 옵션 수 (기본값 32) ] [-m 처리 메시지 ] [-x]
```

다음과 같이 getflags 명령의 옵션을 처리할 수 있다.

```
package main
import (
  "flag"
  "fmt"
)

func main() {
  /* 명령 줄 옵션의 정의 */
  var (
    max int
    msg string
    x bool
  )
  /* 명령줄 옵션 정의 */
  flag.IntVar(&max, "n", 32, "처리 수의 최대치")
  flag.StringVar(&msg, "m", "", "처리 메시지")
  flag.BoolVar(&x, "x", false, "확장 옵션")
  /* 명령 줄을 구문 분석 */
  flag.Parse()

  fmt.Println("처리 수의 최대 값 =", max)
  fmt.Println("처리 메시지 =", msg)
  fmt.Println("확장 옵션 =", x)
}
```

flag.IntVar, flag.StringVar, flag.BoolVar와 같은 함수를 이용하여 각각의 옵션을 정의할 수 있다. 옵션을 정의할 때에는 옵션의 타입에 맞는 포인터, 옵션의 이름, 기본값, 옵션 설명 등 총 4개의 파라미터가 필요하다.

flag.IntVar는 정수가 주어진 옵션을 의미하므로 int 타입 포인터를 사용하고, flag.StringVar는 string 타입 포인터를 취한다. flag.BoolVar과 같이 bool 타입을 취하는 옵션은 명령줄에 -x가 주어졌는지 아닌지를 참/거짓으로 판단한다.

flag.XXXVar에 의해 옵션 처리가 완료되면 flag.Parse 함수가 실행된다. 실제로 명령줄 옵션이 해석되고 그 내용이 프로그램의 변수에 할당되는 것은 이 flag.Parse가 실행될 때이다.

getflags 명령을 실행해 보자. 우선 별도의 옵션없이 실행한 예를 보자. 옵션값에 해당하는 변수의 값이 기본값으로 채워진 것을 알 수 있다.

```
$ ./getflags
최대로 처리할 옵션 수 = 32
처리 메시지 =
확장 옵션 = false
```

이제 다양한 옵션을 이용해 보자. 옵션의 순서와 조합을 바꾸어도 제대로 작동하는 것을 볼 수 있다.

```
$ ./getflags -n 100
최대로 처리할 옵션 수 = 100
처리 메시지 =
확장 옵션 = false

$ ./getflags -m 메시지 -x
최대로 처리할 옵션 수 = 32
처리 메시지 = 메시지
확장 옵션 = true

$ ./getflags -x -n 256
최대로 처리할 옵션 수 = 256
처리 메시지 =
확장 옵션 = true
```

옵션과 그 값을 -[옵션] = 값과 같은 형식으로 사용할 수도 있다. 또한 -m 옵션의 값처럼 공백이 포함된 경우 큰 따옴표로 둘러싸서 사용할 수 있다.

```
$ ./getflags -n=128 -m="메시지 내용"
최대로 처리할 옵션 수= 128
처리 메시지 = 메시지 내용
확장 옵션 = false
```

만약 정의하지 않은 옵션을 주면 어떻게 될까? 다음은 정의되지 않은 옵션 -z를 사용한 결과이다.

```
$ ./getflags -z
```

```
flag provided but not defined: -z
Usage of ./getflags:
  -m string
    처리 메시지
  -n int
    최대로 처리할 옵션 수 (기본값 : 32)
  -x 확장 옵션
```

flag.Parse는 잘못된 옵션을 감지하면 명령의 도움말 메시지를 출력하고 프로그램을 종료시킨다. 옵션 정의에 사용된 설명이 그대로 도움말 메시지에 사용된 것을 알 수 있다.

이렇게 flag 패키지를 사용하면 명령줄 옵션 분석 및 도움말 메시지 표시 등의 작업을 간단하게 수행할 수 있다.

7.7 fmt

```
import "fmt"
```

fmt 패키지는 포맷 처리 등 입출력 처리를 위한 기능을 가지고 있다. C의 printf, scanf 와 유사한 함수들이 정의되어 있다.

다음 예제에서는 가장 대표적인 fmt.Printf 함수의 사용법을 알아본다. 1번째 파라미터에 문자열로 포맷을 지정하고, 2번째 파라미터부터는 문자열에 포함된 데이터들을 interface{} 타입으로 나열한다. 포맷 문자열에 %d와 같은 지정자를 사용하여 데이터의 위치와 서식을 지정할 수 있다. 포맷 문자열 안의 %문자는 특별한 의미를 가지므로, % 문자를 그대로 사용할 경우에는 %%로 나타내어야 한다.

```
package main

import (
  "fmt"
)

func main() {
  n := 100
```

```
    f := 3.14
    fmt.Printf("%d * %.2f = %.2f \n", n, f, float64(n)*f)
}
/* 출력 결과 */
100 * 3.14 = 314.00
```

fmt 패키지에 정의된 출력 함수는 크게 3가지로 나눌 수 있다. 각각 표준 출력, 문자열, 임의의 io.Writer 타입으로 출력하지만 내용은 동일하다.

```
/* 표준 출력에 출력 함수 */
func Print(a ...interface { }) (n int, err error)
func Printf(format string, a ...interface { }) (n int, err error)
func Println(a ...interface { }) (n int, err error)
/* 문자열 출력 함수 */
func Sprint(a ...interface { }) string
func Sprintf(format string, a ...interface { }) string
func Sprintln(a ...interface { }) string
/* 모든 io.Writer 형식으로 출력 함수 */
func Fprint(w io.Writer, a ...interface { }) (n int, err error)
func Fprintf(w io.Writer, format string, a ...interface { }) (n int, err error)
func Fprintln(w io.Writer, a ...interface { }) (n int, err error)
```

이름이 f로 끝나는 함수는 포맷을 지정한다는 의미이다. 값, 실수와 같은 데이터를 형식에 맞추어 출력할 수 있다. 그리고 이름이 S로 시작하는 함수는 문자열(String)을 생성하고, F로 시작하는 함수는 내용을 파일(File)에 출력한다.

```
// 표준 출력으로 포맷 된 문자열을 출력
n := 4
fmt.Printf("%d * %d = %d\n", n, n, n*n)
// => "4 * 4 = 16"

// 포맷 된 문자열을 생성
s := fmt.Sprintf("[%.2f]\n", 1.23456)
// s == "[1.23]"

// 파일 포맷 한 문자열을 출력
f, err := os.Create("foo.txt")
if err != nil {
log.Fatal(err)
}
```

```
defer f.Close()
fmt.Fprintf(f, "|%05d|%05d|\n", 121, 33)
// [foo.txt의 텍스트]
// |00121|00033|
```

정수 형식 지정자

정수에 관련된 서식은 표 7.3과 같다.

〈표 7.3〉 정수 형식 지정자

형식 지정자	값	출력	보충 설명
%d	-1	"-1"	
%+d	1	"+1"	양의 정수의 경우도 부호를 출력
%5d	123	" 123"	지정된 자릿수에서 오른쪽 정렬
%-5d	123	"123"	지정된 자릿수에서 왼쪽 정렬
%05d	123	"00123"	지정된 자릿수까지 오른쪽으로 정렬하고 0의 접두사를 추가
%c	65	"A"	Unicode 문자
%q	36938	"遊"	작은 따옴표로 묶인 Unicode 문자
%o	100	"144"	8 진수
%#o	100	"0144"	0을 붙인 8 진수
%x	10203	"27db"	16 진수(a - f 소문자)
%X	10203	"27DB"	16 진수(A-F 대문자)
%#x	10203	"0x27db"	0x를 붙인 16 진수(a - f 소문자)
%#X	10203	"0x27DB"	0x를 붙인 16 진수(A-F 대문자)
%U	36938	"U+904A"	Unicode 코드 포인트
%#U	36938	"U+904A '遊'"	Unicode 코드 포인트와 문자
%b	250	"11111010"	2 진수

실수, 복소수 형식 지정자

실수 타입과 복소수 타입에 대한 서식을 표 7.4에 정리하였다.

〈표 7.4〉 실수, 복소수 형식 지정자

형식 지정자	값	출력	보충 설명
%f	123.456	"123.456000"	실수 표현
%F	123.456	"123.456000"	%f와 동일
%.2f	123.456	"123.46"	소수점 이하 2 자리로 끝맺음
%8.2f	123.456	"123.46"	소수점 이하 2 자리로 반올림 전체를 8 자리로 왼쪽 정렬
%-8.2f	123.456	" 123.45"	소수점 이하 2 자리로 반올림 전체를 8 자리로 오른쪽 정렬
%e	123.456	"1.234560e+02"	가수와 지수 표현
%E	123.456	"1.234560E+02"	가수와 지수 표현(E가 대문자)
%.2e	123.456	"1.23e+02"	유효 숫자를 소수점 이하 2 자리로 끝맺음
%12.2e	123.456	"1.23e+02 "	유효 숫자를 소수점 이하 2 자리로 반올림 전체를 12 자리로 왼쪽 정렬
%-12.2e	123.456	" 1.23e+02"	유효 숫자를 소수점 이하 2 자리로 반올림 전체를 12 자리로 오른쪽 정렬
%-12.2e	123.456	" 1.23e+02"	유효 숫자를 소수점 이하 2 자리로 반올림 전체를 12 자리로 오른쪽 정렬
%g			지수 부가 크면 %e, 그렇지 않으면 % f
%G			지수 부가 크면 %E, 그렇지 않으면 % F

문자열 형식 지정자

문자열 관련 서식으로는 표 7.5과 같은 것이 있다.

〈표 7.5〉 문자열 형식 지정자

형식 지정자	값	출력	보충 설명
%s	"Go 언어"	"Go 언어"	
%10s	"Go 언어"	" Go 언어"	문자 10에서 오른쪽 정렬
%-10s	"Go 언어"	"Go 언어 "	문자 10에서 왼쪽 정렬
%q	"Go 언어"	""Go 언어""	큰 따옴표 포함
%x	"Go 언어"	"476fe8a880e8aa9e"	16 진수(a - f 소문자)
%X	"Go 언어"	"476FE8A880E8AA9E"	16 진수(A-F 대문자)

기타 형식 지정자

숫자나 문자열이 아닌 자료형에 사용할 수 있는 서식 지정자를 표 7.6에 정리하였다. 특히 데이터의 원래 형태를 확인할 수 있는 %T는 유용하게 사용할 수 있을 것이다.

〈표 7.6〉 기타 형식 지정자

형식 지정자	값	출력	보충 설명
%t	true	"true"	bool 타입 전용
%p	모든 포인터 형	(예) "0xc82000a380"	포인터의 주소의 16 진수 표기
%T	모든 유형	(예) "int"	Go 유형

%v

%v는 Go의 다양한 타입의 값을 편리하게 출력할 수 있는 형식 지정자이다.

기본적인 타입에 대해 %v는 표 7.7의 형식 지정자로 동작한다. interface{} 타입 등 원래의 형태가 정해져 있지 않은 데이터를 출력할 때 유용하게 사용할 수 있다.

〈표 7.7〉 형식 지정자 % v와 형태의 관계

형태	% v의 작동 형태
bool	%b
int, init8 등	%d
uint, uinit8 등	%d
float64, complex128 등	%g
string	%s
채널	%p
포인터	%p

배열과 슬라이스, 맵에 대해서도 %v를 사용할 수 있다. 다음 예제에서 볼 수 있듯이 어떤 데이터를 갖고 있는지를 쉽게 알아볼 수 있다.

```
fmt.Printf("%v \n", [3]int {1, 2, 3 })
// => "[1 2 3]"
fmt.Printf("%v \n", []string {"A", "B", "C" })
```

```
// => "[A B C]"
fmt.Printf("%v \n", map[int]float64 {1: 1.0, 2: 4.0 })
// => "map[1:1 2:4]"
```

사용자가 정의한 구조체에 대해서도 %v를 이용하면 쉽게 출력할 수 있다. %+v를 사용하면 구조체의 필드 정보가 출력에 추가되고, %#v를 사용하면 구조체의 필드와 변수의 타입을 추가할 수 있다.

```
type User struct {
  Id int
  Email string
}

u := &User {Id: 123, Email: "mail@example.com" }
fmt.Printf("%v \n", u)
// => "& {123 mail@example.com }"

// % + v는 구조체의 필드도 출력
fmt.Printf("%+v \n", u)
// => "& {Id:123 Email:mail@example.com }"

// % # v는 구조체의 필드와 형태에 대해서도 출력
fmt.Printf("%#v \n", u)
// => "&main.User {Id:123, Email:"mail@example.com" }"
```

구조체를 사용할 때에는 fmt.Stringer 인터페이스의 메소드를 구현하여 %v로 출력될 내용을 바꿀 수 있다. 또한 %s를 사용하더라도 문제가 발생하지 않고 String 메소드가 리턴한 문자열이 출력된다. 그러나 %#v의 결과는 달라지지 않으므로 유의하도록 하자.

```
func (u *User) String() string {
  return fmt.Sprintf("<%d, %s>", u.Id, u.Email)
}

fmt.Printf("%s \n", u)
// => "<123, mail@example.com>"
fmt.Printf("%v \n", u)
// => "<123, mail@example.com>"
fmt.Printf("%+v \n", u)
```

```
// => "<123, mail@example.com>"
fmt.Printf("%#v \n", u)
// => "&main.User {Id:123, Email:"mail@example.com" }"
```

형식 없이 출력하기

fmt.Print 함수와 fmt.Println 함수는 interface{} 타입의 숫자 파라미터를 받아서 다양한 데이터 타입을 정리하고 출력할 수 있다.

fmt.Print 함수는 각 데이터가 문자열과 붙어있지 않은 경우 공백으로 구분된 출력을 생성한다. fmt.Println 함수는 각 데이터를 공백으로 구별하고, 마지막에 개행(줄바꿈)을 추가한 출력을 생성한다.

```
fmt.Print(123, 3.14, "Golang", struct { X, Y int } {1, 2 })
// => "123 3.14Golang {1 2 }"
fmt.Println(123, 3.14, "Golang", struct { X, Y int } {1, 2 })
// => "123 3.14 Golang  {1 2 }"
```

7.8 log

log 패키지를 이용하면 간단한 로깅을 할 수 있다. 별도의 설정 없이 log.Println 등의 함수를 이용하여 표준 오류 출력에 모든 로그 메시지를 출력할 수 있다. 로그의 내용에는 기본적으로 날짜와 시간이 포함된다.

```
package main

import (
   "log"
)

func main() {
   log.Print("로그의 1행\n")
   log.Println("로그의 2행")
   log.Printf("로그 %d행\n",3)
}
```

```
/* 표준 에러 출력의 출력 결과 */
2015/12/01 00:00:00 로그의 1행
2015/12/01 00:00:00 로그의 2행
2015/12/01 00:00:00 로그의 3행
```

로그의 출력 위치 변경하기

로그의 출력 위치를 변경하려면 log.SetOutput 함수를 사용한다. 다음 코드에서는 os 패키지로 정의된 패키지 변수 Stdout를 사용하여 로그의 출력 대상을 표준 출력으로 변경한다.

```
/* 로그 출력 위치를 표준 출력으로 변경 */
log.SetOutput(os.Stdout)
```

또한 임의의 파일을 출력 대상으로 설정할 수도 있다. 다음 예제에서는 os.Create로 생성한 test.log 파일을 출력 대상으로 설정하였다.

```
/* test.log 파일을 생성 */
f, err := os.Create("test.log")
if err != nil {
  return
}
/* 로그 출력을 test.log로 설정 */
log.SetOutput(f)
log.Println ( "로그 메시지")
```

log.SetOutput 함수는 파라미터로 io.Writer 타입을 가진다.

```
func SetOutput(w io.Writer)
```

io.Writer 타입은 인터페이스로 정의되어 있다. 즉 이 인터페이스를 구현했다면 어떤 것도 로그의 출력 대상으로 설정할 수 있다.

```
type Writer interface {
  Write(p []byte) (n int, err error)
}
```

로그 형식 지정하기

log.SetFlags 함수에 로그의 포맷에 관련된 상수를 논리합으로 결합하여 임의의 형식을 지정할 수 있다. 또한 log.SetPrefix 함수에 문자열을 주어 로그의 시작 부분에 추가될 문구를 설정할 수 있다.

```
/* 표준 로그 형식 */
log.SetFlags(log.LstdFlags)
log.Println("A") // => "2015/12/01 00:00:00 A"
/* 마이크로 초 추가 */
log.SetFlags(log.Ldate | log.Ltime | log.Lmicroseconds)
log.Println("B") // => "2015/12/01 00:00:00.153742 B"
/* 시간과 파일의 행 번호 (약식) */
log.SetFlags(log.Ltime | log.Lshortfile)
log.Println("C") // => "00:00:00 main.go:26: C"
/* 시간과 파일의 행 번호 (전체 경로) */
log.SetFlags(log.Ltime | log.Llongfile)
log.Println("D") // => "00:00:00 /Users/golang/main.go:29: D"

log.SetFlags(log.LstdFlags)

/* 로그 접두사 설정 */
log.SetPrefix("[LOG] ")
log.Println("E") // => "[LOG] 2015/12/01 00:00:00 E"
```

자세히 알아보기

로그를 출력하는 함수는 크게 3가지로 나눌 수 있다. 이름이 Print로 시작하는 함수는 로그를 출력할 뿐 다른 동작은 하지 않는다. 그러나 이름이 Fatal로 시작하는 함수는 로그 출력 후 os.exit(1)를 실행하기 때문에 프로그램이 종료된다. 그리고 Panic으로 시작하는 함수는 로그 출력 후 런타임 패닉을 발생시킨다.

```
/* 일반 로그 출력 */
func Print(v ...interface { })
func Printf(format string, v ...interface { })
func Println(v ...interface { })
/* os.Exit (1)과 함께 로그 출력 */
func Fatal(v ...interface { })
```

```
func Fatalf(format string, v ...interface { })
func Fatalln(v ...interface { })
/* panic()과 함께 로그 출력 */
func Panic(v ...interface { })
func Panicf(format string, v ...interface { })
func Panicln(v ...interface { })
```

로거(logger) 생성하기

log 패키지에 포함된 함수들은 기본적으로 설정되어 있는 하나의 로거를 공유하기 때문에 일부 로그만 출력 방식을 바꾸는 등의 작업은 쉽지 않다. 이 때 log.New 함수를 사용하면 log 패키지에서 사용하는 기본 로거와 다른 새 로거를 생성할 수 있다.

```
func New(out io.Writer, prefix string, flag int) *Logger
```

log.New 함수는 *log.Logger 타입을 리턴한다. 이 구조체는 log.Print 함수와 같이 로깅을 위한 메소드가 미리 정의되어 있기 때문에 기본 로거와 동일하게 동작한다.

```
/* 표준 출력을 대상으로 한 새로운 로거 생성 */
logger := log.New(os.Stdout, "", log.Ldate|log.Ltime|log.Lshortfile)
logger.Fatalln("message")
```

7.9 strconv

```
import "strconv"
```

strconv 패키지에는 Go의 기본 데이터 타입과 string 타입 간의 상호 변환을 지원하는 기능이 마련되어 있다.

참/거짓 값을 문자열로 변환하기

strconv.FormatBool 함수는 bool 타입의 값을 문자열로 변환한다.

```
b := true
strconv.FormatBool(b) // == "true"
```

정수를 문자열로 변환하기

정수를 문자열로 변환할 때 부호가 있는 정수는 strconv.FormatInt 함수를 이용하고, 부호 없는 정수는 strconv.FormatUint를 사용한다. 2번째 파라미터는 정수를 문자열로 변환할 때 사용할 진법을 지정한다. 2를 지정하면 2진수, 16을 지정하면 16진수 표현을 얻을 수 있다.

```
/* 기수 10으로 문자열 변환 */
strconv.FormatInt(-12345, 10) // == "-12345"
/* 기수 16으로 문자열 변환 */
strconv.FormatInt(-12345, 16) // == "-3039"
/* 기수 2에서 문자열 변환 */
strconv.FormatUint(12345, 2) // == "11000000111001"
```

strconv.itoa 함수는 C의 itoa 함수와 유사하다. 내부적으로는 strconv.FormatInt(i,10)과 동일하게 동작하는 단축 표현이다.

실수를 문자열로 변환하기

실수를 문자열로 변환하는 strconv.FormatFloat는 다른 함수와 달리 주의가 필요하다.

```
/* 지수 표현식을 문자열로 변환 */
strconv.FormatFloat(123.456, 'E', -1, 64) // == "1.23456E+02"
/* 지수 표현식을 문자열로 변환 (소수점 이하 2 자리까지) */
strconv.FormatFloat(123.456, 'e', 2, 64) // == "1.23e+02"
/* 실수 표현식을 문자열로 변환 */
strconv.FormatFloat(123.456, 'f', -1, 64) // == "123.456"
/* 실수 표현식을 문자열로 변환 (소수점 이하 2 자리까지) */
strconv.FormatFloat(123.456, 'f', 2, 64) // == "123.46"
/* 지수의 크기에 따라 변동하는 실수의 문자열 변환 */
strconv.FormatFloat(123.456, 'g', -1, 64) // == "123.456"
strconv.FormatFloat(123456789.123, 'g', -1, 64) // == "1.23456789123e+08"
/* 지수의 크기에 따라 변동하는 실수의 문자열 변환 (가수 부 전체가 4 자리까지) */
```

```
strconv.FormatFloat(123.456, 'g', 4, 64) // == "123.5"
/*지수의 크기에 따라 변동하는 실수의 문자열 변환 (가수 부 전체가 8 자리까지) */
strconv.FormatFloat(123456789.123, 'G', 8, 64) // == "1.2345679E+08"
```

2번째 파라미터는 byte 타입으로 e, E, f, F, G 중 하나를 지정할 수 있다. 이들은 fmt 패키지에서 실수를 표현할 때 나타내는 문자와 비슷한 의미를 가지므로, 자세한 내용은 fmt 패키지 부분을 참조하자. 3번째 파라미터는 자릿수의 제한을 나타낸다. -1을 지정하면 문자열로 변환할 자리수가 자동으로 선택된다. 마지막 파라미터는 문자열로 변환할 실수의 정밀도를 비트 수(32 또는 64)로 지정한다.

문자열을 bool 타입으로 변환하기

strconv.ParseBool 함수는 문자열을 분석하여 논리값을 리턴한다. 다음과 같이 다양한 문자열을 변환할 수 있다.

```
/* true로 변환할 문자열 */
strconv.ParseBool("true") // == true <nil>
strconv.ParseBool("1") // == true <nil>
strconv.ParseBool("t") // == true <nil>
strconv.ParseBool("T") // == true <nil>
strconv.ParseBool("TRUE") // == true <nil>
strconv.ParseBool("True") // == true <nil>
/* false로 변환할 문자열 */
strconv.ParseBool("false") // == false <nil>
strconv.ParseBool("0") // == false <nil>
strconv.ParseBool("f") // == false <nil>
strconv.ParseBool("F") // == false <nil>
strconv.ParseBool("FALSE") // == false <nil>
strconv.ParseBool("False") // == false <nil>
```

strconv.ParseBool의 2번째 리턴값은 error 타입이다. 문자열로 변환이 실패했을 경우 오류 처리에 사용할 수 있다.

```
_, err := strconv.ParseBool("Foo")
if err != nil {
  fmt.Println(err)
  // => "strconv.ParseBool: parsing "Foo": invalid syntax"
}
```

문자열을 정수로 변환하기

strconv.ParseInt 함수와 strconv.ParseUint 함수는 문자열을 분석하여 각각 부호있는 정수와 부호없는 정수를 리턴한다. 2번째 파라미터는 진법을 지정하고 마지막 파라미터는 정수의 정밀도를 비트 수로 지정한다. 정밀도에 0을 지정하면 Go 플랫폼의 int, uint 타입의 정밀도로 지정된다. strconv.ParseUint에 음수를 주거나 지정된 정밀도 이상의 정수 표현이 입력되면 오류가 발생한다.

```
/* 10 진수 표현으로 변환 */
strconv.ParseInt("12345", 10, 0) // == 12345 <nil>
strconv.ParseUint("12345", 10, 0) // == 12345 <nil>
strconv.ParseInt("-12", 10, 0) // == -12 <nil>
/* 8 진수 표현으로 변환 */
strconv.ParseInt("740", 8, 0) // == 480 <nil>
/* 16 진수 표현으로 변환 */
strconv.ParseInt("7F4D", 16, 0) // == 32589 <nil>

/* 음수를 변환할 수는 없다 */
strconv.ParseUint("-1", 10, 0) // == 0 strconv.ParseUint: parsing "-1": ↙
invalid syntax
/* 지정된 정밀도 이상의 정수 표현은 오류 발생 */
strconv.ParseInt("100000", 10, 16) // == 32767 strconv.ParseInt: parsing "100000":↙
value out of range
```

또한 진법에 0이 지정된 경우에는 문자열의 시작부분이 진법을 나타내는 접두사로 처리된다. 문자열이 0x로 시작하면 16진수, 0로 시작하면 8진수, 나머지는 10진수 표현으로 간주하여 분석한다.

```
/* 진법에 0이 지정된 경우 문자열 접두사를 이용함 */
strconv.ParseInt("123", 0, 0) // == 123 <nil>
strconv.ParseInt("0123", 0, 0) // == 83 <nil>
strconv.ParseInt("0x123", 0, 0) // == 291 <nil>
```

strconv.Atoi 함수는 C의 atoi 함수와 유사한 작업을 수행한다. 이는 strconv.ParseInt(s, 10, 0)의 단축 표현이다.

```
i, err := strconv.Atoi("12345") // i == 12345
```

문자열을 실수로 변환하기

strconv.ParseFloat 함수는 실수나 지수로 표현된 문자열을 분석하여 실수로 변환한다. 2번째 파라미터에 실수의 정밀도를 지정한다. 지정한 정밀도의 표현 범위를 넘어서면 오류가 발생하고, 그 값은 무한대를 나타내는 +Inf, -Inf가 된다.

```
/* 실수로 변환 */
strconv.ParseFloat("3.14", 64) // == 3.14 <nil>
strconv.ParseFloat(".2", 64) // == 0.2 <nil>
strconv.ParseFloat("-2", 64) // == -2 <nil>
strconv.ParseFloat("1.2345e8", 64) // == 1.2345e+08 <nil>
strconv.ParseFloat("1.2345E8", 64) // == 1.2345e+08 <nil>

/* 지정된 정밀도에 맞추어 반올림 */
strconv.ParseFloat("1.000000000001", 32) // == 1 <nil>
strconv.ParseFloat("1.000000000001", 64) // == 1.000000000001 <nil>

/* 정밀도를 초과하는 범위의 표현은 무한대와 오류 리턴 */
strconv.ParseFloat("1E500", 64) // == +Inf strconv.ParseFloat: parsing "1E500":↙
value out of range
strconv.ParseFloat("-1E500", 64) // == -Inf strconv.ParseFloat: parsing "-1E500":↙
value out of range
```

7.10 unicode

```
import "unicode"
```

unicode 패키지는 rune 타입이 표현하는 Unicode 코드 포인트 처리를 위한 기능이 포함된 패키지이다.

Unicode 카테고리 판별하기

unicode 패키지에는 Unicode 코드 포인트의 카테고리를 판별하는 함수가 많이 정의되어 있다. 다음 예제에서는 rune 타입으로 표현된 문자에 대해 숫자인지 문자인지를 판별한다. Go에서의 문자열 처리는 이러한 Unicode 코드 포인트의 카테고리를 자주 이용하므로, 미리 알아두면 문자열 처리를 쉽게 할 수 있을 것이다.

```
/* 숫자 */
unicode.IsDigit('X') // == false
unicode.IsDigit('3') // == true
unicode.IsDigit('３') // == true ※전각 숫자
unicode.IsDigit('三') // == false

/* 문자 */
unicode.IsLetter('A') // == true
unicode.IsLetter('Ａ') // == true ※전각 숫자
unicode.IsLetter('3') // == false
unicode.IsLetter('３') // == false ※전각 숫자
unicode.IsLetter('아') // == true
unicode.IsLetter('→') // == false

/* 공백 */
unicode.IsSpace(' ') // == true
unicode.IsSpace('\t') // == true
unicode.IsSpace('　') // == true ※전각 스페이스
unicode.IsSpace('_') // == false

/* 제어 문자 */
unicode.IsControl('\n') // == true
```

7.11 strings

```
import "strings"
```

strings 패키지를 이용하면 문자열을 쉽게 조작할 수 있다. 문자열 검색, 결합, 치환 등의 기능 및 다양한 변환 기능이 포함되어 있다.

문자열 결합하기

strings.Join 함수는 []string 타입에 포함된 문자열을 결합하여 새로운 문자열을 리턴한다. 2번째 파라미터에 구별자(Separator)를 지정하여 요소 사이에 임의의 문자

열을 삽입할 수 있다.

```
strings.Join([]string {"A", "B", "C" }, ",") // == "A,B,C"
strings.Join([]string {"Hello", ", ", "World!" }, "") // == "Hello, World!"
```

문자열 검색하기

strings.Index 함수는 문자열에 특정 문자열이 포함되는지의 여부를 확인한다. 검색한 문자열이 있을 경우 처음 나타난 곳의 인덱스가 int 타입으로 리턴된다. 또한 리턴값이 -1일 경우 검색한 문자열이 없음을 의미한다.

```
/* 문자열 "ABCDE"부분 문자열의 위치를 인덱스로 가져 오기 */
strings.Index("ABCDE", "A") // == 0
strings.Index("ABCDE", "BCD") // == 1
strings.Index("ABCDE", "X") // == -1
```

strings.LastIndex 함수는 검색한 문자열이 여러 곳에서 나타날 경우 마지막으로 나타난 곳의 인덱스를 리턴한다. 리턴값이 -1일 경우는 strings.Index 함수와 같다.

```
/* 부분 문자열 "ABC"가 마지막에 나타나는 위치의 인덱스를 가져 오기 */
strings.LastIndex("ABCABCABC", "ABC") // == 6
```

strings.IndexAny 함수는 strings.Index 함수와 달리 2번째 파라미터로 주어진 문자열 전체를 검색하지 않고 문자열에 포함된 문자를 각각 검색한다. "ABC"가 주어진 경우 A, B 또는 C 중 어느 하나의 문자가 처음 나타난 곳의 인덱스를 리턴한다. 또한 strings.LastIndexAny 함수는 문자가 마지막으로 나타난 인덱스를 리턴한다. 역시 검색 결과가 없을 때에는 -1이 리턴된다.

```
strings.IndexAny("ABC", "ABC") // == 0
strings.IndexAny("ABC", "BCD") // == 1
strings.IndexAny("ABC", "CDE") // == 2
strings.IndexAny("ABC", "XYZ") // == -1

strings.LastIndexAny("ABC", "ABC") // == 2
strings.LastIndexAny("ABC", "XYZ") // == -1
```

strings.HasPrefix 함수는 문자열이 지정된 문자열로 시작하는지 아닌지를 bool 타입으로 리턴한다. strings.HasSuffix 함수는 문자열이 지정된 문자열로 끝나는지를 확인한다.

```
strings.HasPrefix ("Go 언어", "Go") // == true
strings.HasSuffix ("Go 언어", "언어") // == true
```

단순하게 특정 문자열이 있는지 없는지만을 확인하고 싶다면 strings.Contains를 이용하면 된다. 또한 하나의 문자가 포함되어 있는지를 확인하는 strings.ContainsAny 함수도 준비되어 있다.

```
/* 지정된 부분 문자열의 포함 여부 확인 */
strings.Contains("ABCDE", "AB") // == true
strings.Contains("ABCDE", "CDE") // == true
strings.Contains("ABCDE", "XYZ") // == false
strings.Contains("ABC", "") // == true
strings.Contains("", "") // == true

/* 지정된 문자의 포함 여부 확인 */
strings.ContainsAny("ABCDE", "AE") // == true
strings.ContainsAny("ABCDE", "Cookbook") // == true
strings.ContainsAny("ABCDE", "XYZ") // == false
```

특정 문자열이 나타난 횟수를 알고 싶다면 strings.Count 함수를 사용한다. 검색할 문자열에 ""(빈 문자열)을 지정하지 않도록 주의하자.

```
strings.Count("ABC", "ABC") // == 1
strings.Count("ABCABCABC", "ABC") // == 3
strings.Count("ABCABCABC", "XYZ") // == 0
strings.Count("ABC", "") // == 4
```

문자열 반복하기

strings.Repeat 함수는 임의의 문자열을 지정한 횟수만큼 반복한 새로운 문자열을 생성한다. 반복 횟수에 -1을 지정하면 런타임 패닉이 발생한다.

```
strings.Repeat("ABC", 3) // == "ABCABCABC"
```

```
strings.Repeat("ABC", 0) // == ""
```

문자열 치환하기

strings.Replace 함수는 문자열에 포함된 문자열을 지정한 문자열로 치환한 문자열을 리턴한다. 2번째 파라미터에 지정한 문자열을 3번째 파라미터의 문자열로 치환한다. 마지막 파라미터는 치환 횟수를 의미하며 -1을 주었을 경우에는 해당하는 부분을 모두 치환한다.

```
strings.Replace("AAAAA", "A", "X", 1) // == "XAAAA"
strings.Replace("AAAAA", "A", "X", 2) // == "XXAAA"
strings.Replace("AAAAA", "A", "X", -1) // == "XXXXX"

strings.Replace("C언어", "C", "Go", 1) // == "Go언어"
```

문자열 분할하기

strings.Split 함수는 임의의 문자열을 지정한 문자열을 기준으로 여러 개로 분리한다. 리턴값은 []string 타입이다. strings.SplitAfter 함수는 분리 기준으로 사용한 문자열을 제거하지 않고 분리된 문자열에 포함시킨다. 또한 각각의 함수는 분리할 문자열 수의 최대를 지정한 strings.SplitN, strings.SplitAfterN이라는 변형 함수가 존재한다.

```
strings.Split("A,B,C,D,E", ",") // == ["A" "B" "C" "D" "E"]
strings.SplitAfter("A,B,C,D,E", ",") // == ["A," "B," "C," "D," "E"]
strings.SplitN("A,B,C,D,E", ",", 3) // == ["A" "B" "C,D,E"]
strings.SplitAfterN("A,B,C,D,E", ",", 3) // == ["A," "B," "C,D,E"]
```

대소문자 변환하기

strings.ToLower 함수를 이용하면 문자열에 포함된 모든 대문자를 소문자로 치환한 문자열을 얻을 수 있다. 반대로 strings.ToUpper 함수는 모든 소문자를 대문자로 치환한 문자열을 리턴한다. 한글이나 일본어 등에서는 큰 의미가 없지만 일반적인 문자뿐만 아니라 Unicode에서 대문자(Uppercase), 소문자(Lowercase)로 분류된 모든 문자 유형에 적용된다는 점은 알아두자.

```
/* 대문자를 소문자로 변환 */
strings.ToLower("ABCDE") // == "abcde"
strings.ToLower("X Y Z") // == "x y z"
strings.ToLower("Ë") // == "ë"

/* 문자를 대문자로 변환 */
strings.ToUpper("abcde") // == "ABCDE"
strings.ToUpper("x-y-z") // == "X-Y-Z"
strings.ToUpper("é") // == "É"
```

문자열 공백 제거하기

strings.TrimSpace 함수는 문자열 앞과 뒤에 있는 공백을 제거한 문자열을 리턴한다. ASCII 코드 상의 공백뿐만 아니라 탭, 줄바꿈, 전각 스페이스처럼 Unicode에서 공백으로 분류되는 문자들도 모두 포함되므로 유의하자.

```
/* 문자열의 앞뒤의 공백 삭제 */
strings.TrimSpace(" - Hello, World! - ") // == "- Hello, World! -"
/* 탭과 개행 문자도 제거된다 */
strings.TrimSpace(" \tGolang \r \n") // == "Golang"
/* 공백에는 전각 스페이스도 포함된다 */
strings.TrimSpace ( "  ← 공백 →  ") // == "← 공백 →" ※ 전각 스페이스
```

문자열 필드 추출하기

strings.Fields 함수는 문자열에 포함된 연속적인 공백을 기준으로 문자열을 분리하는 함수이다. 리턴값은 []string 타입이다. strings.TrimSpace 함수와 마찬가지로 공백에는 Unicode에서의 카테고리를 의미하며, 탭이나 줄바꿈, 전각스페이스 등도 포함된다.

```
strings.Fields("a b c") // == ["a" "b" "c"]
strings.Fields("A\tB\tC\nD") // == ["A" "B" "C" "D"]
strings.Fields(" X Y Z ") // == ["X" "Y" "Z"]
strings.Fields ( "가 나 다") // == [ "가" "나" "다"] ※ 전각 스페이스
```

7.12 io

```
import "io"
```

io 패키지에는 기본적인 입출력을 위한 데이터와 인터페이스가 포함되어 있다. io 패키지는 자체 기능은 많이 없지만 다른 패키지에서의 입출력 처리를 위해 이해할 필요가 있다.

입력 인터페이스

io.Reader 인터페이스는 어떤 바이트의 입력을 추상화하기 위한 기본 인터페이스이다. 메소드는 Read 하나만 정의되어 있다.

```
type Reader interface {
  Read(p []byte) (n int, err error)
}
```

io.Reader 인터페이스를 구현한 대표적인 예로는 os.File 타입이 있다.

```
/* f는 * os.File 타입 */
f, err := os.Open("foo.txt")
if err != nil {
log.Fatal(err)
}
/* 입력을 위해 크기가 128인 []byte 타입으로 초기화 */
bs := make([]byte, 128)
/* 바이트의 읽기 */
n, err : = f.Read(bs) // n은 실제로 읽은 바이트 수
```

os.File 타입은 io.Reader 인터페이스를 위한 Read 메소드가 구현되어 있기 때문에 os.File 타입은 io.Reader 타입이기도 하다. 즉 os.File 타입에서 사용하는 파일의 입력 처리를 io.Reader 인터페이스를 이용한 바이트의 입력으로 추상화할 수 있는 것이다.

이처럼 특정 타입을 기본 인터페이스에 알맞게 구성하면 파일의 입력뿐만 아니라 네트워크에서의 입력 등 다양한 입력 처리에 대해서도 io.Reader 인터페이스라는

공통의 형태로 처리하여 추상화 및 일반화를 할 수 있다.

```
func (f *File) Read(b []byte) (n int, err error)
```

출력 인터페이스

io.Writer는 어떤 바이트의 출력 처리를 추상화하기 위한 기본 인터페이스이고 Write 메소드가 정의되어 있다. Go 패키지에서 입력 처리를 담당하는 io.Reader 인터페이스와 더불어 출력 처리의 기본으로 사용된다.

```
type Writer interface {
    Write(p []byte) (n int, err error)
}
```

7.13 bufio

```
import "bufio"
```

bufio는 Go의 기본 입출력 처리에 버퍼가 추가된 패키지이다. io 패키지의 하위 레벨의 입출력 처리를 보완하기 위한 버퍼와 bufio.Scanner 타입에 의한 복잡한 입력 처리 등 다양한 기능이 포함되어 있다.

표준 입력을 줄 단위로 읽어오기

bufio.NewScanner 함수는 io.Reader 타입의 파라미터를 입력으로 하는 bufio.Scanner 타입 데이터를 생성한다. 별도의 설정이 되지 않은 bufio.Scanner 타입은 입력을 버퍼링하면서 줄바꿈을 구분자로 사용한다.

다음 코드에서는 for 반복문의 조건에 scanner.Scan()과 같이 스캐너의 처리 결과가 주어진다. 이 Scan 메소드는 스캔 작업이 성공하는 동안 계속 true를 리턴한다. 또한 스캔된 결과는 scanner.Text() 메소드를 이용하여 string 타입 데이터로 얻을 수 있다.

다음 프로그램은 표준 입력을 의미하는 os.Stdin을 입력 소스로 이용하여 키보드로 한 줄을 입력하면 그 내용을 그대로 표준 출력에 나타낸다.

```
package main

import (
   "bufio"
   "fmt"
   "os"
)

func main() {
   /* 표준 입력을 소스로 한 스캐너의 생성 */
   scanner := bufio.NewScanner(os.Stdin)

   /* 입력 검색이 성공하는 한 무한 반복 */
   for scanner.Scan() {
      fmt.Println(scanner.Text()) // 스캔 내용을 문자열로 입력
   }

   /* 검사 오류가 발생한 경우의 처리 */
   if err := scanner.Err(); err != nil {
      fmt.Fprintln (os.Stderr "읽기 오류 :"err)
   }
}
```

문자열을 줄 단위로 읽어오기

표준 입력이나 파일뿐만 아니라 모든 문자열에 대해서도 입출력 처리가 가능하다. strings.NewReader 함수는 주어진 문자열을 입력으로 받아 io.Reader 인터페이스와 호환되는 strings.Reader 타입 데이터를 생성한다. 다음은 표준 입력에서 줄 단위로 읽어오는 것과 마찬가지로 bufio.Scanner를 이용하여 처리할 수 있다.

```
package main

import (
   "bufio"
   "fmt"
```

```
    "strings"
)

func main() {
    s := `XXXXX
YYYYY
ZZZZZ`

    /* 문자열에서 Reader를 생성 */
    r := strings.NewReader(s)

    scanner := bufio.NewScanner(r)
    scanner.Scan()
    fmt.Println(scanner.Text()) // => "XXXXX"
    scanner.Scan()
    fmt.Println(scanner.Text()) // => "YYYYY"
    scanner.Scan()
    fmt.Println(scanner.Text()) // => "ZZZZZ"
}
```

스캔 방법 전환하기

bufio.NewScanner가 생성하는 스캐너는 기본적으로 줄 단위로 스캔한다. 생성한 bufio.Scanner 타입의 메소드 Split에 bufio 패키지에 정의된 다른 스캔 함수를 전달하여 스캔 단위를 바꿀 수 있다.

다음 예제에서는 bufio.ScanWords 함수는 연속된 Unicode의 공백을 구분자로 이용하여 단어(Word) 단위로 스캔을 수행한다. 이 함수를 스캐너로 설정하면 줄 단위가 아니라 단어 단위로 검색을 수행한다.

```
package main

import (
    "bufio"
    "fmt"
    "strings"
)

func main() {
```

```
    s := `ABC DEF
GHI JKL MNO
PQR STU VWX
YZ
`

    r := strings.NewReader(s)
    scanner := bufio.NewScanner(r)

    /* 검색 기능을 bufio.ScanWords로 변경 */
    scanner.Split(bufio.ScanWords)
    for scanner.Scan() {
        fmt.Println(scanner.Text())
    }
}
/* 출력 */
ABC
DEF
GHI
JKL
MNO
PQR
STU
VWX
YZ
```

bufio에 기본적으로 정의되어 있는 스캔 기능은 다음과 같이 4가지이다. 아무것도 설정하지 않으면 bufio.ScanLines가 사용된다. 또한 함수의 프로토타입에 맞춰서 구현하면 스캔 함수를 새롭게 정의하여 사용할 수도 있다.

```
func ScanBytes(data []byte, atEOF bool) (advance int, token []byte, err error)
func ScanLines(data []byte, atEOF bool) (advance int, token []byte, err error)
func ScanRunes(data []byte, atEOF bool) (advance int, token []byte, err error)
func ScanWords(data []byte, atEOF bool) (advance int, token []byte, err error)
```

입출력 버퍼

io.Reader와 io.Writer는 입출력 처리에서 가장 기본적으로 사용되는 타입이다.

이 타입으로 추상화된 입출력 처리는 bufio.NewReader 함수와 bufio.NewWriter 함수를 사용하여 내부에 버퍼를 삽입할 수 있다. 입출력 처리에 버퍼를 추가하면 일반적으로 실행 효율이 향상된다(항상 그런 것은 아니다). 또한 bufio.Reader와 bufio.Writer 타입에 정의된 고급 메소드를 이용할 수 있게 된다. bufio.NewReader와 bufio.NewWriter에 별도의 버퍼 크기를 할당할 수 있지만, 이를 생략하면 기본적으로 4096 바이트의 버퍼가 생성된다.

```
/* r은 io.Reader 타입, w는 io.Writer 타입 */

/* 버퍼가 추가된 reader 생성 */
br := bufio.NewReader(r)
br : = bufio.NewReaderSize (r, 8192) // 버퍼 크기를 지정

/* 버퍼가 추가된 writer 생성 */
bw := bufio.NewWriter(w)
bw : = bufio.NewWriterSize (r, 8192) // 버퍼 크기를 지정
```

버퍼 출력의 주의점

버퍼를 이용하여 출력을 할 때에는 버퍼에 남아있는 데이터가 자동으로 출력되지 않는다는 점에 주의해야 한다. 표준 출력이든 파일이든 마지막에는 버퍼에 남아있는 데이터를 강제로 출력시켜야 한다.

다음 예제 코드에서 bufio.Writer 타입의 Flush 메소드를 이용하여 버퍼를 정리하지 않으면 표준 출력에는 아무것도 출력되지 않고 프로그램이 종료된다.

```
/* 표준 출력에 출력을 버퍼링 */
w := bufio.NewWriter(os.Stdout)
w.WriteString("Hello, World! \n")
/* 버퍼의 내용을 클리어 */
w.Flush()
```

7.14 io/ioutil

io/ioutil 패키지는 입출력 처리를 지원하는 기능을 가지고 있다. 간단하게 파일을

읽거나 쓰고, 임시 파일을 생성하는 등의 기능을 제공한다.

입력된 모든 데이터를 읽어오기

ioutil.ReadAll 함수는 io.Reader 타입으로 얻을 수 있는 모든 항목을 읽어들인다. 읽어들인 데이터는 []byte 타입으로 저장되기 때문에 큰 데이터를 입력받을 때에는 적절하지 않다.

```
package main

import (
    "log"
    "os"
    "io/ioutil"
)

func main() {
    f, err := os.Open("foo.txt")
    if err != nil {
        log.Fatal(err)
    }

    /* foo.txt의 입력을 모두 읽어들임 */
    bs, err := ioutil.ReadAll(f)
    if err != nil {
        log.Fatal(err)
    }
    /* bs는 [] byte 타입으로 파일의 모든 바이트를 저장한다. */
}
```

파일 전체를 읽어오기

단순하게 파일의 전체 내용을 읽어오고 싶다면 ioutil.ReadFile 함수를 사용하자. 파일을 계속 불러오지 않아도 되기 때문에 편리하게 파일 내용을 읽어들일 수 있다.

```
package main
```

```
import (
    "log"

    "io/ioutil"
)

func main() {
    /* foo.txt 파일의 내용을 로드 */
    bs, err := ioutil.ReadFile("foo.txt")
    if err != nil {
    log.Fatal(err)
    }
    /* bs는 [] byte 타입으로 파일의 모든 바이트를 저장한다. */
}
```

임시 파일 생성하기

ioutil.Tempfile 함수를 이용하면 기존 파일과 중복되지 않은 이름을 가진 임시 파일을 생성할 수 있다. 임시 파일이 만들어질 디렉토리는 임의로 지정할 수 있지만 다음 프로그램에서는 os.TempDir 함수의 결과를 이용하여 각 OS에서 제공하는 임시 디렉토리를 이용한다.

또한 임시 파일 이름의 앞에 foo를 사용하도록 하였다. 생성된 임시 파일은 *os.File 타입이므로 모든 데이터를 출력할 수 있다. 임시 파일은 프로그램이 종료될 때 자동으로 삭제되지 않으므로, 더 이상 필요하지 않은 파일은 직접 삭제해야 한다.

```
package main

import (
    "fmt"
    "log"
    "os"

    "io/ioutil"
)

func main() {
    /* 접두사 "foo"에서 임시 파일을 열어서 */
    f, err := ioutil.TempFile(os.TempDir(), "foo")
```

```
    if err != nil {
        log.Fatal(err)
    }
    defer f.Close()

    /* 임시 파일에 쓰기 */
    f.WriteString("Hello, World!\n")

    fmt.Println(f.Name()) // => "/tmp/foo975810979"
}
```

7.15 regexp

```
import "regexp"
```

regexp 패키지는 정규 표현식 문자열 처리를 지원한다.

Go 정규 표현식

가장 간단한 사용 방법은 regexp.MatchString 함수를 이용한 정규 표현식 처리이다. 1번째 파라미터에 정규 표현식을 문자열로 주고, 2번째 파라미터에 검색할 문자열을 지정한다. 1번째 리턴값은 bool 타입으로 주어진 정규 표현식에 일치하는지의 여부를 나타낸다. 또한 정규 표현식 자체에 문법적인 문제가 있을 때에는 2번째 리턴값으로 error 타입이 리턴된다.

```
regexp.MatchString("A", "ABC") // == true <nil>
regexp.MatchString("A", "XYZ") // == false <nil>
```

regexp.MatchString은 쉽게 사용할 수 있지만 매 실행 때마다 정규 표현식을 컴파일하기 때문에 같은 정규 표현식을 반복하여 대량의 데이터를 처리할 때에는 적절하지 않다.

정규 표현식을 미리 컴파일하기 위해서는 regexp.Compile 함수를 사용한다. 정규 표현식을 문자열로 제공하면 *regexp.Regexp 타입 데이터를 생성한다. 또한 에러가 발생하면 2번째 리턴 값으로 확인할 수 있다.

```
/* 정규표현식의 패턴을 컴파일함 */
re, err := regexp.Compile("A")
```

일반적인 경우 regexp.Compile을 사용하면 문제가 없지만, regexp.MustCompile 함수를 이용하여 컴파일하는 것이 좋은 경우도 있다.

regexp.MustCompile 함수는 컴파일 오류가 발생하면 오류를 리턴하지 않고 직접 런타임 패닉을 발생시킨다. 런타임 패닉을 일부러 발생시키는 함수를 권장하는 것이 약간 의아할 수 있지만, 프로그램 내의 대부분의 정규 표현식은 고정된 패턴이 대부분이므로 정규 표현식의 오류를 확인하기 위해 들이는 시간도 낭비가 될 수 있고, 제대로 테스트를 수행하면 문제를 줄일 수 있기 때문이다. 만약 정규 표현식을 프로그램 실행 중에 동적으로 구성해야 한다면 regexp.Compile을 사용하는 것이 좋을 것이다.

```
/* 정규표현식의 패턴을 컴파일함(오류 시 패닉 발생) */
re := regexp.MustCompile("ABC")
```

Go에서는 정규 표현식에 \d와 같은 문자 클래스를 사용할 수 있다. 이러한 문자 클래스를 일반 문자열에 포함시킬 때에는 \\d와 같이 복잡해진다. 하지만 역따옴표를 사용하는 RAW 문자열이라면 그대로 사용할 수 있다. 특별한 이유가 없다면 정규 표현식은 RAW 문자열로 작성하는 것이 좋다.

```
/* \d를 일반 문자열로 표기 */
regexp.MustCompile(" \\d")
/* RAW 문자열 데이터 이용 */
regexp.MustCompile(`\d`)
```

정규 표현식 플래그

정규 표현식에 대해 강력한 기능을 제공하는 Perl에서는 정규 표현식의 끝에 "i" 등을 붙여 매칭 방법을 변경하기 위한 플래그를 지정할 수 있다. Go에서도 비슷한 기능을 제공하지만, 그 방법은 살짝 다르다.

```
/* i는 대문자와 소문자를 구별하지 않고 비교를 수행하도록 지정 */
$s =~ /abc/i
```

Go 정규표현식에서는 플래그를 정규표현식 그 자체에 (?i)과 같이 지정한다. 사용할수 있는 플래그는 표 7.8과 같다.

```
re := regexp.MustCompile(`(?i)abc`)
re.MatchString("ABC") // == true
```

〈표 7.8〉 정규식 플래그

플래그	의미	기본
I	대소 문자를 구별하지 않음	false
m	멀티라인 모드(^와 $가 문장 앞 · 끝에 붙어 행의 앞 · 끝에 매칭)	false
s	.가 ₩n에 매칭	false
U	최소 매칭으로 변환(x*는 x*?로, x+는 x+?로)	false

(?im)이라고 쓰면 i, m 2개의 플래그가 활성화된다. 또한 (?i-ms)라고 쓰면 i를 활성화하고 m과 s를 비활성화시킨다. 이 플래그들은 정규 표현식의 어디에서든 활성화/비활성화시킬 수 있지만, 표현식 자체가 복잡해지지 않도록 정규 표현식의 처음에만 사용할 것을 권장한다.

너비가 없는 정규 표현식

〈표 7.9〉 너비가 없는 정규식 패턴

패턴	의미
^	문장 앞(m 플래그가 설정되어 있으면 줄 머리에도)
S	문장 끝(m 플래그가 설정되어 있으면 줄 끝부분에도)
\A	문장 앞
\z	문장 끝
\b	ASCII에 의한 워드 경계
\B	비 ASCII에 의한 워드 경계

줄 머리와 문장 끝 등의 너비가 없는 정규 표현식의 패턴은 다음과 같다.

```
re := regexp.MustCompile(`^XYZ$`)
re.MatchString("XYZ") // == true
re.MatchString(" XYZ ") // == false
```

특히, ^와 $는 사용 빈도가 높은 패턴이다.

기본적인 정규 표현식

다음과 같이 정규 표현식에 문자를 나열하면 같은 문자열에 대해 매칭된다.

```
re := regexp.MustCompile(`bc`)
re.MatchString("abcdefg") // == true
```

.은 \n을 제외한 모든 문자 중 하나에 대응하는 문자 클래스이다. 플래그 s가 활성화되어 있다면 \n에도 대응한다.

```
re := regexp.MustCompile(`.`)
re.MatchString("ABC") // == true
re.MatchString("한글") // == true
re.MatchString(" \n") // == false
```

|는 정규표현식에서 or을 나타낸다. 다음의 예시에서는 abc또는 xyz 중 하나와 매칭된다.

```
re := regexp.MustCompile(`abc|xyz`)
re.MatchString("abc") // == true
re.MatchString("xyz") // == true
```

반복을 나타내는 정규 표현 패턴

*는 직전의 정규표현식이 0회 이상 반복, +는 1회 이상 반복된다는 의미이다. 다음 예제에서 aaaaabbbb와 매칭되는 것에서 알 수 있듯이 이러한 반복 패턴은 일치하는 최대의 길이를 찾게 설계되어 있다.

```
re := regexp.MustCompile(`a+b*`)
re.MatchString("ab") // == true
re.MatchString("a") // == true
```

```
re.MatchString("aaaaaabbbb") // == true
re.MatchString("b") // == false
```

*와 +에 ?를 추가하면 이와 반대로 최소 길이를 찾도록 할 수도 있다. 다음과 같이 A+?A+?X 패턴을 주면 예제에서 가장 짧은 문자열 AAX에 매칭된다.

```
re := regexp.MustCompile(`A+?A+?X`)
re.MatchString("AX") // == false
re.MatchString("AAX") // == true
re.MatchString("AAAX") // == true
re.MatchString("AAAAAX") // == true
```

이러한 반복 패턴은 표 7.10과 같다.

〈표 7.10〉 반복을 나타내는 정규 표현 패턴

패턴	의미
x*	0번 이상 반복 x(최대 매치)
x+	1회 이상 반복 x(최대 매치)
x?	0회 이상 1회 이하 반복 x
x{n,m}	n회 이상 m회 이하 반복 x(최대 매치)
x{n,}	n번 이상 반복 x(최대 매치)
x{n}	n번 반복 x(최대 매치)
x*?	0번 이상 반복 x(최소 매치)
x+?	1시간 以上 반복 x(최소 매치)
x??	0회 이상 1회 이하 반복 x(0 회 우선)
x{n,m}?	n회 이상 m회 이하 반복 x(최소 매치)
x{n,}?	n번 이상 반복 x(최소 매치)
x{n}?	n번 반복 x(최소 매치)

문자 클래스

[XYZ]와 같이 대괄호로 감싸서 임의의 문자 클래스를 정의할 수 있다. 이는 X 또는 Y 또는 Z 중 하나와 일치한다는 의미이다.

```
/* X, Y, Z 중 하나와 일치하는 정규 표현식 */
re := regexp.MustCompile(`[XYZ]`)
```

```
re.MatchString("X") // == true
re.MatchString("Y") // == true
re.MatchString("Z") // == true
re.MatchString("A") // == false
```

0-9와 같은 표기 방식은 범위를 나타낸 것이다. 이 표현은 0에서 9까지의 범위를 의미한다. 문자의 범위를 결합하여 [0-9A-Za-z_]처럼 영문자와 숫자, 밑줄을 포함한 복잡한 문자 클래스를 정의할 수도 있다.

```
/* 영, 숫자 또는 밑줄 문자와 일치하는 정규 표현식 */
re := regexp.MustCompile(`[0-9A-Za-z_]{3}$`)
re.MatchString("ABC") // == true
re.MatchString("x01") // == true
re.MatchString("abcdefg") // == false
re.MatchString ("한글") // == false
```

또한 문자 클래스에 부정을 나타내는 ^도 사용할 수 있다. [^0-9A-Za-z_]는 영문자, 숫자, 밑줄이 아닌 문자에 해당하는 문자 클래스이다.

```
/* 영, 숫자와 밑줄 문자에 일치하지 않는 정규 표현식 */
re := regexp.MustCompile(`[^0-9A-Za-z_]`)
re.MatchString("ABC") // == false
re.MatchString("123") // == false
re.MatchString("가") // == true
```

Perl에서 유래한 미리 정의된 문자 클래스

\d는 미리 정의되어 있는 [0-9]를 대체할 수 있는 문자 클래스이다. \d처럼 Perl에서 유래한 미리 정의된 문자 클래스를 표 7.11에 정리하였다.

```
re := regexp.MustCompile(` \d+`)
re.MatchString("12345") // == true
re.MatchString("X=1") // == true
re.MatchString("abcde") // == false
```

〈표 7.11〉 Perl에서 유래한 미리 정의된 문자 클래스

문자 클래스	의미	정의
\d	숫자	[0-9]
\D	비 숫자	[^0-9]
\s	공백	[\t\n\f\r]
\S	비 공백	[^\t\n\f\r]
\w	영숫자	[0-9A-Za-z_]
\W	비 영숫자	[^0-9A-Za-z_]

Unicode 문자 클래스

\p{문자 클래스}라고 쓰면 Unicode 문자 클래스를 나타낼 수 있다. Unicode 문자의 정의에 따르기 때문에 반각 문자도 이용할 수 있다.

```
/* Unicode의「한글」에 일치하는 정규식 */
re := regexp.MustCompile(`^\p{Hangul}+$`)
  fmt.Println(re.MatchString("가나다"))
  fmt.Println(re.MatchString("반각 ㄱㄴㄷㄹ"))
```

그룹

괄호( )는 정규 표현식에서 부분적인 패턴의 그룹을 정의할 때 사용한다. 다음의 예는 이름을 각각 성과 이름 2개의 그룹으로 나눈 것으로, 각각 독립적인 패턴을 정의하고 있다.

```
/* 그룹화를 사용한 정규식 */
re := regexp.MustCompile(`(김|이)(철수|영희)`)

fmt.Println(re.MatchString("김철수")) // == true
fmt.Println(re.MatchString("이영희")) // == true
fmt.Println(re.MatchString("김영희")) // == true
```

이렇게 그룹을 사용하면 보다 복잡한 구조를 정의할 수 있다. Go의 정규 표현식에서 그룹을 지정하는 방법은 표 7.12와 같다.

〈표 7.12〉 정규 표현의 그룹

그룹	의미
(정규 표현)	그룹(순서에 의한 캡처)
(?:정규 표현)	그룹(캡처되지 않음)
(?:P<name>정규 표현)	명명 된 그룹(이름으로 캡처)

정규 표현식으로 매칭된 문자열 검색

정규 표현식과 일치하는 문자열을 검색할 때에는 regexp.Regexp 타입에 정의된 FindString 메소드를 사용한다. FindString은 정규 표현식이 매칭된 부분을 string 타입으로 리턴한다. 일치하는 문자열을 모두 얻으려면 FindAllString 메소드를 사용한다. 2번째 파라미터에 최대로 검색할 문자열 개수를 지정하는데, -1을 주면 일치하는 모든 문자열을 리턴한다. 리턴값은 []string 타입이다.

```
/* 연속적인 숫자 나 밑줄 반복 */
re := regexp.MustCompile(` \w+`)

/* 매치된 최초의 문자열을 검색 */
re.FindString("abc xyz 999") // == "abc"

/* 일치하는 문자열을 지정한 수만큼 검색 */
re.FindAllString("abc xyz 999", 2) // == ["abc", "xyz"]
re.FindAllString("abc xyz 999", −1) // == ["abc", "xyz", "999"]
```

정규 표현식을 이용한 문자열 분리

정규 표현식과 일치하는 부분 문자열을 분리할 필요가 있다면 regexp.Regexp 타입의 Split 메소드를 사용한다. 2번째 파라미터에 최대로 분리할 문자열의 개수를 정한다. -1을 주면 매칭된 모든 문자열을 기준으로 분리한다. 리턴값은 역시 []string 타입이다.

```
/* 탭과 스페이스 등의 공백에 매치 */
re := regexp.MustCompile(` \s+`)

re.Split("A B C D \tE", 3) // == ["A" "B" "C D \tE"]
```

```
re.Split("A B C D \tE", -1) // == ["A" "B" "C" "D" "E"]
```

정규 표현식을 이용하여 문자열 치환하기

regexp.Regexp 타입의 ReplaceAllString 메소드를 이용하면 정규 표현식과 일치하는 부분을 특정 문자열로 치환할 수 있다. 정규 표현식과 일치하는 부분이 없다면 원래 문자열이 그대로 리턴된다.

```
/* "김"에 일치하는 정규식 */
re := regexp.MustCompile(`김`)

  fmt.Println(re.ReplaceAllString("김철수와 이영희", "박")) // == "박철수와 이영희"
  fmt.Println(re.ReplaceAllString("XYZ", "박"))      // == "XYZ"
```

또한 빈 문자열을 치환할 문자열로 지정하면 정규 표현식에 일치하는 부분을 모두 제거할 수도 있다.

```
/* 구두점에 일치하는 정규식 */
func main() {
  re := regexp.MustCompile(`,`)
  fmt.Println(re.ReplaceAllString("Go는 단순하면서, 강력한 언어이다.", ""))
    /== "Go는 단순하면서 강력한 언어이다."
}
```

그룹을 이용하여 부분 매칭하기

정규 표현식에서 그룹은 regexp.Regexp 타입의 FindAllStringSubmatch 메소드와 같이 매칭된 그룹 내에서 부분 매칭을 수행하는 함수와 같이 사용하면 매우 유용하다.

FindAllStringSubmatch의 리턴값은 [][]string 타입이다. 바깥의 슬라이스에는 매칭된 그룹을 나타내는 []string 타입 데이터가 일치한 수만큼 저장된다. 그리고 각 []string 타입 데이터에는 매칭된 그룹 안에서 다시 부분적으로 매칭된 문자열들을 저장한다. 다소 복잡한 구조이지만 잘 다룰 수 있다면 유용하게 사용할 수 있을 것이다.

```
/* "000-1111-2222"과 같은 형식에 일치하는 정규식 */
re := regexp.MustCompile(`( \d+)-( \d+)-( \d+)`)
```

```
s := `
00-1111-2222
3333-44-55
666-777-888
9-9-9
`

/* 정규식의 그룹을 포함하여 매칭 */
ms := re.FindAllStringSubmatch(s, -1)
for _, v := range ms {
  fmt.Println(v)
}
/* 출력 */
[00-1111-2222 00 1111 2222]
[3333-44-55 3333 44 55]
[666-777-888 666 777 888]
[9-9-9 9 9 9]
```

그룹을 이용하여 문자열 치환하기

그룹과 regexp.Regexp 타입의 ReplaceAllString 메소드를 같이 사용하면 보다 강력한 치환 기능을 구현할 수 있다. 정규 표현식으로 정의된 그룹들은 정의 순서에 따라 내부적으로 인덱스를 가지게 된다.

ReplaceAllString에서 사용하는 치환 문자열 내부에는 매치된 내용을 임의의 장소에 보관하기 위한 $n이라는 특수한 기호를 이용하며, n은 그룹의 인덱스를 의미한다. 정규 표현식의 1번째 그룹에서 부분 매칭이 성공했다면 $1이 된다. 또한 정규 표현식 전체에 매칭된 문자열은 $0이 된다.

```
re := regexp.MustCompile(`( \d+)-( \d+)-( \d+)`)
re.ReplaceAllString("Tel: 000-111-222", "$3-$2-$1") // == "Tel: 222-111-000"
```

7.16 json

```
import "encoding/json"
```

encoding/json 패키지는 RFC4627을 준수하는 JSON 인코더와 디코더를 제공한다.

구조체를 JSON 텍스트로 변환하기

json.Marshal 함수를 이용하면 임의의 구조체를 JSON 텍스트로 인코딩한다. 내부적으로 reflect 패키지의 리플렉션 기능을 사용하며, 별도의 설정 없이 구조체의 필드 이름과 값의 조합에 대한 JSON 텍스트를 자동으로 생성한다.

json.Marshal의 리턴값은 []byte 타입이다. 그러므로 내부의 내용을 확인하고 싶다면 string(bs)와 같이 문자열로 변환할 필요가 있다.

또한 출력되는 JSON 텍스트의 키를 구조체의 필드 이름이 아닌 임의의 이름으로 하고 싶다면 구조체의 태그를 사용할 수 있다. 자세한 내용은 5장을 참고하도록 하자.

```
package main

import (
    "encoding/json"
    "fmt"
    "log"
    "time"
)

type User struct {
    Id int
    Name string
    Email string
    Created time.Time
}

func main() {
    /* User 구조체의 초기화 */
    u := new(User)
    u.Id = 1
```

```
    u.Name = "홍길동"
    u.Email = "hong@example.com"
    u.Created = time.Now()

    /* JSON 인코딩 */
    bs, err := json.Marshal(u)
    if err != nil {
        log.Fatal(err)
    }

    fmt.Println(string(bs))
}
/* 출력 */
{"Id":1,"Name":"홍길동","Email":"hong@example.com","Created":"2015-12-01↙
T00:00:00.000000000+09:00"}
```

JSON 텍스트를 구조체로 변환하기

json.Marshal 함수와 반대로 json.Unmarshal 함수는 JSON 텍스트의 바이트 배열을 해석하여 구조체를 생성한다. json.Marshal과 마찬가지로 JSON의 텍스트 키와 구조체의 필드 사이의 관계를 태그로 직접 정의할 수 있다.

```
package main

import (
    "encoding/json"
    "fmt"
    "log"
    "time"
)

type User struct {
    Id int
    Name string
    Email string
    Created time.Time
}

func main() {
```

```
    /* User 타입에 대응 한 JSON 문자열 */
    src := `
{
    "Id":12,
    "Name":"김삼순",
    "Email":"kimss@example.com",
    "Created":"2015-12-02T10:00:00.000000000+09:00"
}
`

    /* User 타입의 초기화 */
    u := new(User)

    /* JSON 디코딩 */
    err := json.Unmarshal([]byte(src), u)
    if err != nil {
        log.Fatal(err)
    }

    fmt.Printf("%+v\n", u)
}
/* 출력 */
&{Id:12 Name:김삼순 Email:kimss@example.com Created:2015-12-02 10:00:00 +0900 KST}
```

7.17 net/url

```
import "net/url"
```

net/url은 URL 문자열을 처리하기 위한 기능을 갖춘 패키지이다. URL을 파싱하거나 생성할 수 있다.

URL 파싱하기

url.Parse 함수는 URL 문자열을 분석하여 url.URL 타입 구조체를 생성한다. url.URL 타입은 URL을 구성하는 각 요소를 필드로 가지고 있고, URL이 절대 경로인지 상대 경로인지를 식별하는 IsAbs 메소드와 URL 쿼리의 내용을 매핑으로 볼 수 있는 Query 메소드를 제공한다.

```
u, err := url.Parse("https://www.example.com/search?a=1&b=2#top")
if err != nil {
    log.Fatal(err)
}
/* url.URL 타입의 필드 */
u.Scheme // == "https"
u.Host // == "www.example.com"
u.Path // == "/search"
u.RawQuery // == "a=1&b=2"
u.Fragment // == "top“

/* url.URL 타입의 메소드 */
u.IsAbs() // == true
u.Query() // == map[a:[1] b:[2]]
```

URL 생성하기

url.URL 타입을 이용하여 임의의 URL을 생성할 수도 있다. Query 메소드에서 참조할 수 있는 URL 쿼리는 맵 타입의 별칭이며, Encode 메소드를 이용하여 쿼리 문자열 내부의 이스케이프 등의 문자를 처리할 수 있다.

```
u : = & url.URL {} // url.URL 타입 구조체의 포인터

u.Scheme = "https"
u.Host = "google.com"
q := u.Query()
q.Set("q", "Go언어")
u.RawQuery = q.Encode()

fmt.Println (u) // => "https://google.com?q=Go%E8%A8%80%E8%AA%9E"
```

7.18 net/http

```
import "net/http"
```

net/http 패키지는 HTTP 클라이언트/서버 기능을 제공한다.

GET 메소드

http.Get 함수에 URL 문자열을 파라미터로 주면 쉽게 GET 메소드를 실행할 수 있다. 오류가 발생하지 않았다면 유효한 *http.Response 타입 응답을 얻을 수 있다.

```
package main

import (
    "fmt"
    "log"
    "net/http"
)

func main() {
    /* GET 메소드로 URL에 억세스 */
    res, err := http.Get("https://www.google.com/")
    if err != nil {
        log.Fatal(err)
    }
}
```

http.Response 타입은 HTTP 상태 코드와 헤더 정보를 가진 구조체로 다양한 HTTP 응답 정보를 확인할 수 있다. 한 가지 주의할 것은 http.Get이 성공했다고 하더라도 요청한 응답의 본문을 모두 읽어들인 상태는 아니라는 것이다.

다음 예제 코드에서는 ioutil.ReadAll 함수를 이용하여 본문을 한 번에 읽어들여 string 타입으로 변환한다. 본문의 내용이 많다면 바람직한 방법은 아니지만, 간단한 작업에는 충분하다.

```
/* http.Response 타입의 필드 */
res.StatusCode // == 200
res.Proto // == "HTTP/1.1"
/* 응답 헤더의 참조 */
res.Header["Date"] // == []string {"Fri, 11 Dec 2015 05:29:02 GMT" }
res.Header["Content-Type"] // == []string {"text/html; charset=UTF-8" }
/* 요청 정보 */
res.Request.Method // == "GET"
```

```
res.Request.URL // == &url.URL {Scheme:"https", ... }
/* 응답 본문로드 */
defer res.Body.Close()
body, err := ioutil.ReadAll(res.Body)
if err != nil {
   log.Fatal(err)
}
string(body)
// => "<!doctype html><html itemscope="" itemtype="http://schema.org/WebPage" ↙
lang = "ko"> (이하, HTML 텍스트가 계속)
```

POST 메소드

http.PostForm 함수를 사용하면 다음과 같이 HTTP의 POST 메소드를 간단하게 실행할 수 있다. POST의 파라미터를 만들기 위해서는 url 패키지의 Values 함수를 이용한다. url.Values 타입에 정의된 Encode 메소드를 이용하여 파라미터를 URL 형식으로 인코딩할 수도 있다. GET과 마찬가지로 http.Response 타입의 응답을 얻을 수 있다. 이후의 처리는 GET과 같다.

```
package main

import (
   "fmt"
   "log"

   "net/http"
   et/url"
)

func main() {
   /* POST로 전송하는 데이터를 생성 */
   vs := url.Values{}
   vs.Add("id", "1")
   vs.Add("message", "메시지")
fmt.Println (vs.Encode ()) // =>"id=1&message=%E3%83%A1%E3%83%83%E3%82%BB%E3%83↙
%BC%E3%82%B8"

   /* POST 메소드를 생성 */
   res, err := http.PostForm("https://example.com/comments/post", vs)
```

```
    if err != nil {
        log.Fatal(err)
    }
}
```

파일 업로드하기

http.Post 함수를 이용하여 파일을 업로드할 수도 있다. http.Post는 파라미터로 URL 문자열, 콘텐츠 형식, io.Reader 타입을 필요로 한다.

```
/* 이미지 파일을 오픈 */
f, err := os.Open("foo.jpg")
if err != nil {
    log.Fatal(err)
}
/* POST 방식 이미지 파일 업로드 */
res, err := http.Post("https://example.com/upload", "image/jpeg", f)
if err != nil {
    log.Fatal(err)
}
```

HTTP 서버 기능의 이용하기

Go를 이용할 때의 이점 중 하나는 우수한 웹 서버 기능을 쉽게 이용할 수 있다는 것이다. 다음은 http 패키지에서 제공하는 서버 기능을 이용한 간단한 코드이다. 단지 이만큼의 코드로 HTTP 서버를 작동시킬 수 있다.

```
package main

import (
    "fmt"
    "io"

    "net/http"
)

func infoHandler(w http.ResponseWriter, req *http.Request) {
```

```
    /* HTML 텍스트를 http.ResponseWriter에 쓰기 */
    io.WriteString(w, `
<!DOCTYPE html>
<html lang="ko">
<head>
<meta charset="UTF-8">
<title>인포메이션</title>
</head>
<body>
<h1> 환영합니다 ! </h1>
</body>
</html>
`)
}

func main() {
    /* URL의 경로 "/ info"를 처리하는 함수를 등록 */
    http.HandleFunc("/info", infoHandler)
    /* localhost : 8080에서 서버 프로세스 시작 */
    http.ListenAndServe(":8080", nil)
}
```

http.HandleFunc 함수는 func(w http.ResponseWriter, req *http.Request) 타입의 함수를 핸들러로 정의한다. 위에서는 /info 경로에서 HTTP 접근을 처리하기 위한 핸들러로 infoHandler 함수를 정의하였다. 핸들러 등록을 끝내고 http.ListenAndServe 함수를 호출하면 HTTP 서버가 시작된다. 8080은 포트 번호 8080에서 HTTP 접근을 기다린다는 것을 의미한다.

HTTP 서버를 시작하고 웹 브라우저를 하나 더 열어 http://localhost:8080/info 주소로 접근하여 제대로 동작하는지 확인해 보자. curl 명령을 사용할 수 있는 환경이라면 다음과 같이 콘솔에서도 HTTP 접근 및 테스트를 할 수 있다.

```
$ curl http://localhost:8080/info

<!DOCTYPE html>
<html lang="ko">
<head>
<meta charset="UTF-8">
<title>인포메이션</title>
</head>
```

```
<body>
<h1> 환영합니다 ! </h1>
</body>
</html>
$ curl http://localhost:8080/foo
404 page not found
```

/info 에서 HTML을 응답으로 돌려주는 것을 볼 수 있다. 또한 /foo 처럼 핸들러가 없는 경로로 접근하면 HTTP 404 오류가 리턴되는 것을 확인할 수 있다.

Go의 HTTP 서버 기능은 이렇게 간단하고 강력하다. xml과 json 패키지 등을 같이 이용하여 웹 기반 API를 구성할 때 유용하게 사용할 수 있을 것이다.

7.19 sync

```
import "sync"
```

sync 패키지는 Go에서 비동기 처리의 제어 및 동기화를 지원한다.

Go는 여러 개의 Go 루틴들 간의 레이스 컨디션(Race Condition)을 피하고 안전하게 데이터를 공유하기 위한 채널이라는 데이터 구조를 가지고 있다. 그러나 채널만으로는 모든 동기화 문제를 해결할 수 없다.

sync 패키지에는 Go에서의 비동기 처리를 위한 간단하고 유용한 동기화 기능들이 포함되어 있다.

뮤텍스를 이용한 동기화 처리

다음 프로그램에서 비동기 처리 시 레이스 컨디션 문제에 대해 살펴보자. UpdateAndPrint 함수는 파라미터로 받은 값으로 패키지 변수 st의 각 필드의 값을 변경하고 표준 출력으로 출력한다(레이스 컨디션의 결과를 확실히 보기 위해 time.Sleep 함수를 추가로 이용하였다).

```
package main

import (
```

```
    "fmt"
    "time"
)

/* 각 Go루틴이 공유하는 패키지 변수 */
var st struct { A, B, C int }

func UpdateAndPrint(n int) {
    /* 시간 간격을 두고 st의 각 필드를 갱신 */
    st.A = n
    time.Sleep(time.Microsecond)
    st.B = n
    time.Sleep(time.Microsecond)
    st.C = n
    time.Sleep(time.Microsecond)
    /* st의 각 필드를 출력 */
    fmt.Println(st.A, st.B, st.C)
}

func main() {
    /* 복수의 Go 루틴을 시작 */
    for i := 0; i < 5; i++ {
        go func() {
            for i := 0; i < 1000; i++ {
                UpdateAndPrint(i)
            }
        }()
    }
    for {
    }
}
```

이 프로그램을 실행하면 다음과 같은 출력을 얻을 수 있다. 비동기 처리이므로 출력은 프로그램이 실행될 때마다 다르다.

```
1 0 0
1 0 0
1 0 0
1 1 0
2 1 1
  (중략)
```

```
998 998 999
998 998 997
998 998 997
999 998 998
999 998 998
```

UpdateAndPrint 함수 자체는 단순히 변수 st의 각 필드의 값을 할당하고 내용을 표시할 뿐이므로 그 실행과정에 일관성이 있다고 할 수 있다. 그러나 이 함수를 여러 개의 Go 루틴에서 동시에 실행하면 패키지 변수 st의 각 필드의 값들이 가지는 일관성은 파괴된다.

이러한 레이스 컨디션을 회피하기 위한 방법은 여러 가지가 있다. 채널을 사용할 수도 있지만, 여기서는 sync.Mutex 타입을 이용한 뮤텍스를 이용해 보자.

```
package main

import (
   "fmt"
   "sync"
   "time"
)

var st struct { A, B, C int }

/* 뮤텍스를 유지하는 패키지 변수 */
var mutex *sync.Mutex

func UpdateAndPrint(n int) {
   /* 잠금 */
   mutex.Lock()

   st.A = n
   time.Sleep(time.Microsecond)
   st.B = n
   time.Sleep(time.Microsecond)
   st.C = n
   time.Sleep(time.Microsecond)
   fmt.Println(st.A, st.B, st.C)

   /* 잠금 해제 */
```

```
    mutex.Unlock()
}

func main() {
    /* 뮤텍스 생성 */
    mutex = new(sync.Mutex)

    for i := 0; i < 5; i++ {
        go func() {
            for i := 0; i < 1000; i++ {
                UpdateAndPrint(i)
            }
        }()
    }
    for {
    }
}
```

sync.Mutex 타입은 구조체이므로 패키지 변수에 *sync.Mutex 타입의 포인터를 정의하고 main 함수 앞부분에서 new를 이용하여 초기화하였다. UpdateAndPrint 함수 내부를 살펴보면 먼저 뮤텍스 락을 걸고, 함수가 종료될 때 이를 해제한다. sync.Mutex 타입은 1개의 Go 루틴만 락을 걸 수 있으므로, 이미 락이 걸린 뮤텍스에 다른 Go 루틴이 접근하여 락을 걸려고 시도하면 락이 해제될 때까지 처리가 중지된다. 이렇게 sync.Mutex 타입 구조체를 이용하여 UpdateAndPrint 함수가 항상 하나의 Go 루틴만 사용할 수 있게 되었다.

sync.Mutex 타입은 처리할 블록의 동기화에 이용된다. 그러나 동기화할 블록을 불필요하게 크게 설정하면 효율성이 저하될 수도 있다. 동기화할 처리 단위와 범위를 설정할 때에는 신중을 기해야 할 것이다.

Go 루틴 종료 대기

Go에서는 go 문을 이용하여 간단하게 Go 루틴을 시작할 수 있지만 비동기적으로 실행되고 있는 여러 개의 Go 루틴들이 모두 완료될 때까지 기다리는 방법에는 어떤 것이 있을까?

다음 예제에서는 main 함수에서 3개의 Go 루틴을 시작하지만, 이 프로그램의 출력은 확인할 수 없다. 각각의 Go 루틴이 시작되기 전에 main 함수 실행이 종료되어 전체 프로그램이 종료되기 때문이다.

```
package main

import (
    "fmt"
)

func main() {
    go func() {
        for i := 0; i < 100; i++ {
            fmt.Println("1st Goroutine")
        }
    }()
    go func() {
        for i := 0; i < 100; i++ {
            fmt.Println("2nd Goroutine")
        }
    }()
    go func() {
        for i := 0; i < 100; i++ {
            fmt.Println("3rd Goroutine")
        }
    }()
}
```

sync.WaitGroup 타입은 임의의 Go 루틴의 종료를 기다리는 기능을 가진 구조체이다. 이것을 이용하여 프로그램을 수정해 보자.

```
package main

import (
    "fmt"
    "sync"
)

func main() {
    /* sync.WaitGroup을 생성 */
    wg := new(sync.WaitGroup)
    /* 대기하는 Go 루틴의 수는 3 */
    wg.Add(3)
```

```
    go func() {
        for i := 0; i < 100; i++ {
            fmt.Println("1st Goroutine")
        }
        wg.Done() // 완료
    }()
    go func() {
        for i := 0; i < 100; i++ {
            fmt.Println("2nd Goroutine")
        }
        wg.Done() // 완료
    }()
    go func() {
        for i := 0; i < 100; i++ {
            fmt.Println("3rd Goroutine")
        }
        wg.Done() // 완료
    }()

    /* Go 루틴의 완료를 기다림 */
    wg.Wait()
}
```

sync.WaitGroup 타입은 굉장히 간단하게 구성되어 있다. Add 메소드를 이용하여 기다릴 Go 루틴의 수를 설정하고, Done 메소드가 그 수만큼 실행될 때까지 Wait 메소드에서 대기한다.

위의 예시에서 main 함수는 wg.Wait()가 호출된 곳에서부터 각 Go 루틴의 종료를 기다리는 대기 상태에 들어간다. 프로그램을 실행해 보면 모든 Go 루틴의 완료를 기다리는 것을 알 수 있다.

7.20 crypto/*

MD5 해시 생성하기

crypto/md5 패키지는 MD5 해시 알고리즘을 구현하고 있다. 다음은 임의의 문자열에서 MD5 해시 값을 생성하는 프로그램이다.

```
package main
import (
    "fmt"
    "io"

    "crypto/md5"
)

func main() {
    h := md5.New()
    io.WriteString(h, "ABCDE")

    fmt.Println(h.Sum(nil))
    // => "[46 205 222 57 89 5 29 145 63 97 177 69 121 234 19 109]"

    /* MD5 해시 값을 16 진수 문자열을 생성 */
    s := fmt.Sprintf("%x", h.Sum(nil))
    fmt.Println(s)
    // => "2ecdde3959051d913f61b14579ea136d"
}
```

SHA-1, SHA-256, SHA-512 해시 생성하기

crypto/md5 패키지와 유사한 방법으로 SHA-1, SHA-256, SHA-512 해시도 다음과 같이 생성할 수 있다. 각각 crypto/sha1, crypto/sha256, crypto/sha512 패키지를 이용한다.

```
package main

import (
    "fmt"
    "io"

    "crypto/sha1"
    "crypto/sha256"
    "crypto/sha512"
)

func main() {
```

```
    /* SHA-1 */
    s1 := sha1.New()
    io.WriteString(s1, "ABCDE")
    fmt.Printf("%x \n", s1.Sum(nil))
    // => "7be07aaf460d593a323d0db33da05b64bfdcb3a5"

    /* SHA-256 */
    s256 := sha256.New()
    io.WriteString(s256, "ABCDE")
    fmt.Printf("%x \n", s256.Sum(nil))
    // => "f0393febe8baaa55e32f7be2a7cc180bf34e52137d99e056c817a9c07b8f239a"

    /* SHA-512 */
    s512 := sha512.New()
    io.WriteString(s512, "ABCDE")
    fmt.Printf("%x \n", s512.Sum(nil))
    // => "9989a8fcbc29044b5883a0a36c146fe7415b1439e995b4d806ea0af7da9ca4390eb92↙
a604b3ecfa3d75f9911c768fbe2aecc59eff1e48dcaeca1957bdde01dfb"
}
```

Appendix

표준 라이브러리 카탈로그

■ 이 표준 라이브러리 카탈로그는 Go 공식 홈페이지의 [Packages] (https://golang.org/pkg/) 에서 Standard Library에 속하는 각 패키지의 Overview(개요)를 번역, 재구성한 것이다. 구현하고 싶은 기능을을 지원하는 패키지를 찾을 때 유용하게 사용하길 바란다.

archive 디렉토리

이 디렉토리는 다음 표에 있는 패키지들을 포함하고 있다.

패키지 이름	기능
tar	tar 방식 압축 파일에 대한 액세스 기능 지원. GNU, BSD의 tar를 포함한 대부분의 변형에 대해 작동하는 것을 목표로 하고 있음.
zip	ZIP 방식 압축 파일의 읽기, 쓰기 기능 지원. 디스크 분할 미지원[1)]

bufio 패키지

버퍼를 포함한 I/O(입출력)가 구현되어 있다. 자세한 내용은 7.13 절 "bufio"를 참고하기 바란다.

builtin 패키지

Go에 내장된 식별자에 대한 정보를 제공한다. 여기에 적혀있는 항목이 실제로 builtin 패키지에 존재하는 것은 아니지만, godoc을 이용하여 Go의 고유 식별자에 대한 문서를 볼 수 있다.

bytes 패키지

byte 슬라이스를 조작하는 함수가 구현되어 있다. strings 패키지와 비슷한 기능을 수행한다.

compress 디렉토리

이 디렉토리는 다음 표와 같은 패키지들을 포함하고 있다.

패키지 이름	기능
bzip2	bzip2 형식 압축파일의 해제 기능

1) ZIP64 사용 시 주의사항 : 하위 호환성을 위해 FileHeader의 크기 관련 필드가 32비트, 64비트 모두 준비되어 있다. 그 중 64비트용 필드에는 항상 올바른 값이 들어 있고, 보통의 경우에는 두 필드 모두 동일한 값을 가진다. ZIP64 포맷이 필요한 파일은 32비트용 필드의 값이 0xffffffff이 되므로 64비트용 필드를 사용해야 한다.

패키지 이름	기능
flate	RFC 1951에 의한 DEFLATE 압축 데이터 형식 지원, gzip, zlib 패키지는 이 DEFLATE 기반으로 파일에 접근함.
gzip	RFC 1952에 의한 gzip 형식 압축 파일의 읽기, 쓰기 기능
lzw	Lempel-Ziv-Welch(LZW) 압축 데이터 형식 지원. GIF, PDF 형식에서 사용되고, 12비트의 가변 폭 코드를 가지며 처음 두 문자 이외의 코드는 일반 코드와 EOF 코드로 구성되어 있다. TIFF 형식에서 사용되는 특수한 LZW 알고리즘 지원. 자세한 구현 내용은 golang/x/image/tiff/lzw 참조.
zlib	(표 아래의 설명 참조)

zlib 패키지

RFC 1950에 의한 zlib 형식 압축 파일의 읽기, 쓰기 기능이 구현되어 있다. 파일을 읽어들이면서 압축을 해제하는 필터와 파일을 쓰면서 압축하는 필터가 제공된다. 예를 들어 다음과 같이 하면 압축 데이터를 버퍼에 쓸 수 있다.

```
var b bytes.Buffer
w := zlib.NewWriter(&b)
w.Write([]byte("hello, world \n"))
w.Close()
```

또한 데이터를 다음과 같이 다시 읽어들일 수도 있다.

```
r, err := zlib.NewReader(&b)
io.Copy(os.Stdout, r)
r.Close()
```

container 디렉토리

이 디렉토리에는 다음과 같은 패키지들이 들어 있다.

heap 패키지

heap.Interface를 구현하는 모든 타입의 힙(Heap) 조작 기능이 제공된다. 힙은 트리(Tree) 구조의 일종으로 부모 노드의 값이 자녀 노드들 모두의 값보다 작다는 특성을 가지고 있다.

트리 구조의 가장 작은 값이 루트(Root)가 되고, 0번 인덱스에 할당된다.

힙은 우선 순위가 있는 큐를 구현할 때 주로 사용되는데, 이를 구현하려면 일단 Less 메소드를 이용하여우선 순위를 구현한 뒤 Push로 아이템을 추가하고, Pop으로 가장 우선 순위가 높은 항목을 큐에서 제거하도록 Heap 인터페이스를 구성하면 된다. 전체 소스는 example_pq_test.go 파일을 참조하도록 하자.

list 패키지

양방향 링크드 리스트가 구현되어 있다. 다음과 같이 리스트를 이용하여 반복처리를 수행할 수 있다(l은 *List 타입의 변수).

```
for e := l.Front(); e != nil; e = e.Next() {
    // e.Value를 사용
}
```

ring 패키지

순환 링크드 리스트가 구현되어 있다.

crypto 패키지

crypto 패키지에는 암호화에 대한 각종 상수들이 포함되어 있고, 다음 표에 있는 패키지들을 포함하고 있다.

패키지 이름	기능
aes	미국 연방 정보 처리 표준 간행물(U.S. Federal Information Processing Standards Publication) 197 정의에 의한 AES(이전 Rijndael) 방식 암호화 알고리즘
cipher	저수준 블록 암호 기반 표준 블록 암호 모드. 자세한 내용은 http://csrc.nist.gov/groups/ST/toolkit/BCM/current_modes.html 및 미국 국립 표준 기술 연구소 특별 간행물(NIST Special Publication) 800-38A를 참조
des	미국 연방 정보 처리 표준 간행물(U.S. Federal Information Processing StandardsPublication) 46-3 정의에 의한 DES(Data Encryption Standard) 및 TDEA(Triple Data Encryption Algorithm) 방식 암호화 알고리즘
dsa	FIPS 186-3 정의에 의한 디지털 서명 알고리즘(Digital Signature Algorithm)
ecdsa	FIPS 186-3 규정에 따른 타원 곡선 디지털 서명 알고리즘(Elliptic Curve Digital Signature Algorithm). 현재, 이 알고리즘은 ChopMD(256, S HA2-512(priv.D || entropy || hash))를 키로 가지는 AES-CTR CSPRNG 방식으로 구현되어 있다. CSPRNG의 키는 Coron IRO 이며, AES-CTR 스트림은 표준 가정에 따라 IRO 방식으로 되어 있다.

패키지 이름	기능
elliptic	일부 소체(Prime field)의 표준 타원 곡선이 구현되어 있음
hmac	(표 아래의 설명 참조)
md5	RFC 1321 정의에 의한 MD5 해시 알고리즘
rand	암호학적으로 안전한 의사 난수(pseudo random number) 생성기
rc4	Bruce Schneier의 "Applied Cryptography"의 정의에 의한 RC4 암호화 알고리즘
rsa	(표 아래의 설명 참조)
sha1	RFC 3174 정의에 의한 SHA1 해시 알고리즘
sha256	FIPS 180-4의 규정에 따른 SHA224 및 SHA256 해시 알고리즘
sha512	FIPS 180-4의 규정에 따른 SHA-384, SHA-512, SHA-512 / 224, SHA-512 / 256 해시 알고리즘
subtle	암호화에 유용하지만 제대로 사용하기 위해서는 주의가 필요한 함수들
tls	RFC 5246 규정에 의한 TLS 1.2 버전의 일부가 구현되어 있음
x509	X.509 형식의 키, 증명서 해석 알고리즘
x509/pkix	ASN.1 분석 및 X.509 인증서, CRL, OCSP 직렬화에 사용되는 하위 레벨의 공유 데이터 구조 구현

hmac 패키지

hmac 패키지에는 미국 연방 정보 처리 표준 간행물(U.S. Federal Information Processing Standards Publication) 198 정의에 의한 HMAC(Keyed-Hash Message Authentication Code) 알고리즘이 구현되어 있다. HMAC는 키를 사용하여 메시지에 서명하는 암호화 해시 알고리즘이다. 메시지 수신자는 동일한 키를 사용하여 해시를 다시 계산하여 해시를 검증할 수 있다.

데이터 수신자는 타이밍에 의한 서브 채널 공격을 방지하기 위해 Equal을 사용하여 MAC을 비교하도록 하자.

```
// CheckMAC은 message의 messageMAC가 유효한 HMAC 태그인지의 여부를 리턴함
func CheckMAC(message, messageMAC, key []byte) bool {
	mac := hmac.New(sha256.New, key)
	mac.Write(message)
	expectedMAC := mac.Sum(nil)
	return hmac.Equal(messageMAC, expectedMAC)
}
```

rsa 패키지

rsa 패키지에는 PKCS #1 규정에 의한 RSA 암호화 알고리즘이 구현되어 있다.

RSA는 공개 키 암호화 또는 공개 키 서명을 구현하기 위해 이 패키지에서 사용되는 단일 기본 연산의 이름이다.

RSA 방식 암호화 및 서명은 기본적으로 PKCS #1를 따르며, "RSA 암호화" 및 "RSA 서명" 이라고 하면 특별히 명시하지 않으면 PKCS #1 1.5버전을 의미한다. 하지만 이 버전에는 결함이 있기 때문에 새롭게 시스템을 설계한다면 2 버전을 이용하는 것을 권장한다. 일반적으로 PKCS #1 2버전은 OAEP 또는 PSS라고 부른다.

이 패키지에는 2 종류의 인터페이스가 포함되어 있다. 추상적 인터페이스가 필요없을 때 사용할 수 있는 1.5버전, OAEP 기반의 암호화/복호화를 수행하는 함수가 포함되어 있고, 1.5버전/PSS 기반 서명, 검증 기능도 포함되어 있다. 공개 키 프리미티브의 추상화가 필요한 경우를 위하여 PrivateKey 구조체의 Decryptor와 Signer 인터페이스(Crypto 패키지에 정의되어 있음)가 구현되어 있다.

database 디렉토리

이 디렉토리에는 다음 표의 패키지들이 포함되어 있다.

패키지 이름	기능
sql	SQL 데이터베이스(또는 SQL 계열 데이터베이스) 관련 표준 인터페이스. sql 패키지는 데이터베이스 드라이버와 함께 사용해야 하며, 드라이버 목록은 https://golang.org/s/sqldrivers을 참조하고, 자세한 사용 방법의 예는 https://golang.org/s/sqlwiki의 Wiki 페이지를 참조.
driver	sql 패키지가 사용하는 데이터베이스 드라이버로 구현된 인터페이스

debug 디렉토리

이 디렉토리에는 다음 표의 패키지들이 포함되어 있다.

패키지 이름	기능
dwarf	DWARF 2.0 Standard(http://dwarfstd.org/doc/dwarf-2.0.0.pdf) 정의에 의한 DWARF 디버깅 기능. 디버깅 정보는 실행가능한 파일에서 로드됨
elf	ELF 오브젝트 파일에 대한 접근 기능

패키지 이름	기능
gosym	gc 컴파일러에서 생성된 Go 바이너리 내부의 Go 기호와 행 번호 테이블에 대한 접근 기능
macho	Mach-O 오브젝트 파일에 대한 접근 기능
pe	PE(Microsoft Windows Portable Executable) 파일에 대한 접근 기능
plan9obj	Plan 9 a.out 오브젝트 파일에 대한 접근 기능

encoding 패키지

encoding 패키지에는 다른 패키지에 공유된 인터페이스들이 정의되어 있으며, 이들은 바이트 레벨 및 텍스트를 표현하는 데이터의 상호 변환 기능을 수행한다. encoding/gob, encoding/json, encoding/xml 패키지에서는 이러한 인터페이스를 체크하기 때문에 일단 이들을 구현하면 여러 방식의 인코딩에 유용한 형태를 만들 수 있다.

time.Time 타입과 net.IP 타입 등에서 이 패키지의 인터페이스를 구현하고 있다. 이 패키지의 인터페이스는 인코딩된 데이터를 생성하는 인터페이스와 원본 데이터를 검색하는 인터페이스가 쌍을 이루고 있다.

또한 이 패키지에는 다음 표의 패키지들도 포함되어 있다.

패키지 이름	기능
ascii85	btoa 도구 및 Adobe의 PostScript 또는 PDF 포맷에서 사용되는 ascii85 데이터 인코딩 방식
asn1	ITU-T Rec X.690 정의에 의한 DER 방식으로로 인코딩 된 ASN.1 데이터 구조를 분석하는 기능
base32	RFC 4648 규정에 의한 base32 인코딩 방식
base64	RFC 4648 규정에 의한 base64 인코딩 방식
binary	(표 아래의 설명 참조)
csv	(표 아래의 설명 참조)
gob	(표 아래의 설명 참조)
hex	16진수 인코딩 및 디코딩 기능
json	(7.16 절 "json" 참조)
pem	Privacy Enhanced Mail 기반의 PEM 데이터의 인코딩 방식. 현재 일반적인 PEM 인코딩은 TLS 키 및 인증서에서 사용되고 있다. 자세한 내용은 RFC 1421을 참조
xml	XML 네임스페이스를 인식할 수 있는 간단한 XML 1.0 파서

binary 패키지

binary 패키지에는 숫자와 바이트 사이의 간단한 변환, varint 인코딩 및 디코딩 기능이 구현되어 있다.

숫자는 고정 길이 값의 읽기, 쓰기에 의해 변환된다. 고정 길이 값은 고정 길이의 숫자 자료형(int8, uin8, int16, float32, complex64 등) 또는 고정 길이의 숫자만을 포함한 배열 또는 구조체를 의미한다.

varint 관련 함수는 가변 길이 인코딩을 이용하여 1개의 정수 값에 대한 인코딩 및 디코딩을 수행한다. 즉, 값이 작을수록 바이트 수는 감소한다. 자세한 내용은 https://developers.google.com/protocol-buffers/docs/encoding를 참조하자.

이 패키지는 효율보다는 간단하게 사용할 수 있는 것에 중점을 두고 있다. 대규모 데이터 구조 등 고성능이 필요한 클라이언트에서는 encoding/gob 패키지 및 프로토콜 버퍼 등 보다 복잡한 방법이 필요하다.

csv 패키지

csv 패키지를 이용하면 CSV(쉼표로 구분된 데이터) 파일의 입출력을 수행할 수 있다. CSV 파일에는 0개 이상의 레코드가 포함되어 있고, 각각의 레코드는 하나 이상의 필드가 존재해야 한다. 각 레코드는 개행(줄바꿈) 문자로 구분되어 있으며, 마지막 레코드 뒤에는 개행 문자를 포함할 수 있다.

```
field1,field2,field3
```

공백도 필드의 일부로 간주된다. 개행 문자 앞에 있는 캐리지 리턴(Carriage return)은 무시된다. 빈 행도 무시되지만 공백 문자로만 구성된 행(마지막 개행 문자 제외)은 빈 행으로 처리되지 않는다.

큰따옴표(")로 둘러싸인 필드는 인용 필드이다. 큰따옴표는 필드의 일부가 아니다. 다음과 같은 소스가 있을 때,

```
normal string,"quoted-field"
```

결과는 다음과 같은 필드가 된다.

```
{`normal string`, `quoted-field` }
```

인용 필드에 큰따옴표가 2개 연속될 경우, 하나로 간주된다.

```
"the ""word"" is true","a ""quoted-field"""
```

위의 소스는 다음과 같이 처리된다.

```
{`the "word" is true`, `a "quoted-field"`}
```

인용 필드에서 개행 문자와 쉼표를 포함할 수도 있다.

```
"Multi-line
field","comma is ,"
```

이 경우 위의 소스는 다음과 같이 처리된다.

```
{`Multi-line
field`, `comma is ,`}
```

gob 패키지

gob 패키지는 Encoder(발신) 와 Decoder(수신) 사이에서 교환되는 gob라는 이진 스트림을 처리한다. net/rpc 패키지 기반 RPC(Remote Procedure Call, 원격 프로시저 호출)에서의 파라미터 및 결과 전송 등에 주로 사용된다.

gob 패키지에서는 스트림 내의 각 데이터 타입에 대한 커스텀 코덱을 컴파일한다. 이렇게 하면 하나의 Encoder가 하나의 스트림을 전송할 때 컴파일 비용이 평균화되어 가장 효율적으로 작동한다.

기초

gob 스트림은 자기설명적(Self-describing) 성격을 가지고 있다. 스트림 내의 각 데이터 항목 앞에는 데이터 타입을 표시한다. 이는 작은 집합의 형태로 표현된다. 포인터의 경우 포인터 자체는 전송되지 않고, 포인터가 가리키는 값이 전송된다. 이는 데이터가 수평화(Flatten)됨을 의미한다. Nil 포인터는 사용할 수 없다.

재귀(Recursive) 형태도 문제없이 동작한다. 그러나 재귀 값(순환 참조 데이터)의 경우 값이 변하는 문제가 발생할 수 있다.

gob를 사용하려면 우선 Encoder를 만들고, 이 Encoder에 값 또는 값으로 역참조가 가능한 참조를 일련의 데이터 항목으로 전달한다. 그러면 Encoder에서는 모든 타입 정보가 전송되었는지 여부를 그 데이터가 사용되기 전에 확인한다. 수신 쪽에서는 Decoder가 인코딩된 스트림에서 값을 추출하여 로컬 변수에 저장한다.

타입과 값

발신자와 수신자가 사용하는 값과 타입이 정확하게 대응할 필요는 없다. 발신자가 보낸 구조체의 필드(이름으로 식별됨)가 수신자 쪽에 존재하지 않는 경우 그 변수는 무시된다. 그리고 수신되었지만 타입과 값이 미리 정의되지 않은 경우도 무시된다. 만약 같은 이름의 필드가 양 쪽에 있다면 그 둘 사이에는 호환성이 있어야 한다. 발신자, 수신자 양 쪽에서 필요로 하는 모든 직/간접 참조가 gob에 의해 해결되면 실제로 Go에서 사용할 수 있는 값으로 변환된다. 예를 들어 다음과 같은 스키마를 가진 gob 타입이 있다고 가정하자.

```
struct { A, B int }
```

이는 다음과 같은 Go 타입들로 발신, 수신이 가능하다.

```
struct { A, B int } // 같음
*struct { A, B int } // 구조체 간접 참조 추가
struct { *A, **B int } // 필드 간접 참조 추가
struct { A, B int64 } // 다른 타입의 값 : 아래 참조
```

또한 다음과 같은 형식으로 수신도 가능하다.

```
struct { A, B int } // 같음
struct { B, A int } // 이름에 매칭되므로 순서 무관
struct { A, B, C int } // 필드 C 무시
struct { B int } // 누락된 필드 A 및 데이터 무시
struct { B, C int } // 필드 A, 필드 C 무시
```

다음과 같은 형태는 수신할 때 오류가 발생한다.

```
struct {A int; B uint} // 필드 B의 타입이 바뀜(부호 유무)
struct {A int; B float} // 필드 B의 타입이 바뀜
struct {} // 공통 필드 없음
```

```
struct {C, D int} // 공통 필드 없음
```

정수의 경우 임의 정밀도를 가지는 부호 있는 정수와 부호 없는 정수의 2 가지 종류로 나누어진다. gob 타입에서 int8, int16 사이의 구별은 없고, 오직 부호의 유무만을 가지고 구별한다. 아래와 같이 발신자는 가변 길이 인코딩의 값을 전송하고, 수신자는 그 값을 받아 변수에 저장한다. 실수형은 항상 IEEE-754에 정의된 64비트의 정밀도로 전송된다(아래 참조).

부호가 있는 정수는 int, int16 등 부호 있는 변수형으로, 부호가 없는 정수형은 부호 없는 정수형 변수로 값을 수신할 수 있다. 실수형도 임의의 실수형 변수로 값을 수신할 수 있다. 그러나 변수의 표현 범위를 벗어나지 않아야 하며, 그렇지 않을 경우 디코딩이 실패한다.

구조체, 배열, 슬라이스의 경우도 전송이 가능하다. 구조체는 전송되는 필드만 인코딩된다. 문자열과 byte 배열은 특별한 표현을 이용해야 한다(아래 참조). 슬라이스는 디코딩 시 슬라이스의 용량이 남아있다면 확장되고, 모자라면 새로운 배열이 할당된다. 두 경우 모두 슬라이스의 길이는 디코딩된 원소들의 수로 같다.

일반적으로 할당이 필요할 때 디코더는 메모리 영역을 확보한다. 만약 필요하지 않으면 변수를 스트림에서 읽어온 값으로 업데이트한다. 디코더는 초기화를 수행하지 않으므로, 변수가 맵이나 구조체, 또는 슬라이스와 같은 복합형일 경우 디코딩된 값은 존재하는 변수에 원소 단위로 합쳐지게 된다.

함수와 채널은 gob로 보낼 수 없다. 이러한 상위 수준의 값들을 인코딩하려고 하면 오류가 발생한다. 구조체 내에 chan 타입, func 타입 필드가 있는 경우 전송되지 않은 필드처럼 처리되어 무시된다.

gob는 GobEncoder 또는 encoding.BinaryMarshaler 인터페이스를 구현한 모든 타입의 값을 인코딩할 수 있다. 인코딩 시 각 인터페이스를 호출하며, 두 인터페이스가 모두 정의되어 있다면 GobEncoder가 우선 순위를 가진다.

마찬가지로 gob를 이용하여 GobDecoder, encoding.BinaryUnmarshaler 인터페이스를 구현한 모든 타입의 값을 디코딩할 수 있다. 역시 두 인터페이스 모두 구현되어 있다면 GobDecoder가 우선 순위를 가진다.

자세히 알아보기

지금부터 인코딩에 대해 설명하지만, 대부분의 사용자에게는 별로 중요하지 않은 것들이다. 우선 기본적인 것부터 설명하도록 한다.

부호없는 정수는 두 가지 방법 중 하나로 전송된다. 128보다 작은 정수는 바이트로 전송되고, 큰 경우에는 가능한 짧은 빅 엔디안(큰 단위 우선) 형식으로 값을 표현한 바이트 스트림 형태로 전송되며, 음수 값을 가진 1 바이트를 선두에 추가한다. 따라서 0은 (00), 7은 (07), 256은 (FE 01 00)으로 전송된다.

부울 값은 부호없는 정수로 인코딩된다. 거짓은 0, 참은 1이다.

부호있는 정수 i는 부호없는 정수 u로 인코딩된다. u 중 1번 비트 이후의 값이다. 0번 비트는 수신 시 보수로 변환할 필요가 있는지를 나타낸다. 이 때 인코딩 알고리즘은 다음과 같다.

```
var u uint
if i < 0 {
   u = (^ uint (i) << 1) | 1 // i의 보수, 비트 0은 1
} else {
   u = (uint (i) << 1) // i의 보수 표현은 아니지만 비트 0은 0
}
encodeUnsigned(u)
```

하위 비트도 부호 비트와 비슷하게 동작하지만, 가장 큰 음의 정수가 특별한 케이스가 되지 않게 보수 비트를 만든다. 예를 들어 -129 = ^128(^256>>1)이 되고, 이는 (FE 01 01)로 인코딩된다.

실수는 항상 float64 값으로 표현되어 전송된다. 이 값은 math.Float64bits를 이용하여 uin64로 변환된다. 이어서 바이트를 반전시켜 일반적인 부호 없는 정수로 전송한다. 바이트 반전은 지수와 가수(Mantissa) 부분을 선두로 가져오는 과정이다. 하위 비트는 0인 경우가 많기 때문에 이렇게 함으로써 인코딩할 바이트 수를 줄일 수 있다. 예를 들어 17.0을 인코딩하면 (FE 31 40)은 3바이트가 된다.

문자열과 byte 타입 슬라이스는 최초의 크기가 부호없이 전송된 후 그 값들이 byte 타입으로 계속 전송된다.

다른 슬라이스와 배열의 경우 크기가 부호없는 정수로 전송되고, 각 원소들이 표준 gob 인코딩에 의해 재귀적으로 처리되어 전송된다.

맵은 키-값 페어의 수가 부호없는 정수로 전송된 다음 키-값 페어들이 전송된다. 비어있지만 nil이 아닌 맵도 전송되므로 수신 쪽에서 맵을 미리 할당해두지 않은 경우 반드시 하나의 맵이 생성된다. 그러나 최상위 레벨이 아닌, nil 맵이 전송될 때는 생성되지 않는다.

맵과 마찬가지로 슬라이스나 배열도 모든 원소가 전송 대상이 된다. 이는 0을 의미하는 값을 가진 원소도 마찬가지이며, 심지어 모든 원소의 값이 0을 의미하는 값이라도 전송된다.

구조체는 필드 번호-필드 값 페어의 시퀀스로 전송된다. 필드 값은 타입에 맞는 표준 gob 인코딩에 의해 재귀적으로 전송된다. 필드가 그 형식의 0을 의미하는 값인 경우(배열은 예외: 위 참조) 무시된다. 필드의 번호는 인코딩된 구조체의 타입에 따라 결정된다. 인코딩된 타입에서 1번째 필드의 번호는 0, 2번재 필드의 번호는 1이 된다. 값을 인코딩할 때 필드 번호는 효율성을 위해 차분 인코딩(Delta encoding) 되며, 필드는 필드 번호의 오름차순에 따라 전송되므로 차분 delta는 부호가 없다. 차분 인코딩을 위해 필드 번호는 -1로 초기화된다. 따라서 7이란 값을 가지는 0번 필드는 unsigned delta = 1, unsigned value = 7 or (01 07)로 전송된다. 모든 필드가 전송되면 구조체의 끝을 알리는 종단 마크를 붙일 수 있다. 이 마크는 delta = 0의 값을 가지며 (00)으로 표현된다.

인터페이스 타입을 전송할 때 호환성 확인은 이루어지지 않는다. 모든 인터페이스는 전송시 int나 []byte와 마찬가지로 하나의 interface 타입 데이터로 간주된다. 즉, 모두 interface {} 타입으로 처리되는 것이다.

인터페이스의 값을 전송할 때에는 우선 전송될 타입의 이름을 확인할 수 있는 문자열(이름은 미리 Register를 호출하여 정의해야 한다)이 전송되고 데이터의 길이가 byte로 전송된(값이 없는 경우 생략 가능) 다음, 인터페이스의 값에 포함되어 있는(동적) 값들을 계속 인코딩하여 전송한다(nil 인터페이스의 값은 빈 문자열로 처리되어 값은 전송되지 않는다). 수신 시 디코더는 데이터를 전개하여 항목들이 수신 대상 변수의 인터페이스를 만족하는지를 확인한다.

다음은 타입의 표현에 대하여 알아보기로 한다. Encoder와 Decoder 사이의 통신 형태가 정의되고 나면 부호 있는 정수 타입의 id 값이 할당된다. Encoder.Encode(v)가 호출되면 Encoder는 타입 v과 그에 해당하는 모든 원소에 id가 할당되어 있는지 확인한다. 그리고 나서(typeid)-(encoded-v) 페어를 전송한다. 여기서 typeid는 v로 인코딩된 타입의 id이고, encoded-v는 v의 값을 gob로 인코딩한 결과이다.

이어서 타입을 정의하기 위해 Encoder는 사용되지 않은, 양수의 typeid를 선택하여(-typeid)-(encoded-type) 페어를 전송한다. 여기서 encoded-type은 다음과 같은 형태로 이루어진 wireType 설명을 gob로 인코딩한 결과이다.

```
type wireType struct {
    ArrayT *ArrayType
    SliceT *SliceType
    StructT *StructType
    MapT *MapType
}
type arrayType struct {
    CommonType
    Elem typeId
    Len int
}
type CommonType struct {
    Name string // 구조체 타입의 이름
    Id int // typeid, type 내부에서 반복적으로 사용됨
}
type sliceType struct {
    CommonType
    Elem typeId
}
type structType struct {
    CommonType
    Field [] * fieldType // 구조체 필드
}
type fieldType struct {
    Name string // 필드 이름
    Id int // 필드의 typeid (미리 정의되어 있어야 함)
}
type mapType struct {
    CommonType
    Key typeId
    Elem typeId
}
```

중첩된 형태일 경우, 최상위 타입의 typeid가 encoded-v를 설명하기 위해 사용되기 전에 모든 내부 타입의 typeid가 정의되어 있어야 한다.

설정을 단순하게 하기 위해 위의 타입들과 기본적으로 gob에서 자주 사용하는 int와 uint 등의 타입은 미리 ID가 할당되어 있다. 각 ID의 값은 다음과 같다.

```
bool 1
int 2
uint 3
float 4
[]byte 5
string 6
complex 7
interface 8
// 예약된 ID
WireType 16
ArrayType 17
CommonType 18
SliceType 19
StructType 20
FieldType 21
// 22 : fieldType 슬라이스
MapType 23
```

마지막으로 Encode를 통해 생성된 각각의 메시지들 앞에 메시지의 남은 바이트를 표시한 부호 없는 정수를 붙인다. 초기 타입 이름 뒤에 인터페이스의 값들도 같은 방법으로 결합된다. 인터페이스 값에 대해서는 실질적으로 Encode를 재귀 호출한 것과 같은 작업을 수행한다.

요약해 보면, gob 스트림은 다음과 같다.

```
(byteCount (-type id, encoding of a wireType)* (type id, encoding of a value))*
```

*은 0개 이상의 반복을 의미한다. 그리고 각 값의 typeid는 반드시 미리 정의되어 있거나 스트림의 값 이전에 정의되어 있어야 한다.

gob의 설계 방식에 대해 더 알아보려면 "Gobs of data"(https://blog.golang.org/gobs-of-data)를 참조하자.

errors 패키지

오류를 조작하는 기능이 포함되어 있다.

expvar 패키지

expvar 패키지는 서버의 동작 카운터 등 공개 변수에 대한 표준 인터페이스를 제공한다. 이러한 공개 변수는 JSON 형식으로 제공되며, HTTP를 통해 /debug/vars에서 접근 가능하다. 공개 변수의 설정 및 변경 작업은 원자적(Atomic) 연산(Thread safe)이다.

이 패키지는 HTTP 핸들러를 추가하고, 다음 변수를 등록한다.

이를 이용하여 핸들러와 변수 등록만을 위해 프로그램에 추가될 때도 있다.

```
cmdline os.Args
memstats runtime.Memstats
```

flag 패키지

명령줄 플래그를 분석하는 기능을 제공한다. 자세한 내용은 7.6절 "flag"를 참조하자.

fmt 패키지

C언어의 printf나 scanf와 같은 입출력 포맷 기능이 구현되어 있다. 자세한 내용은 7.7절 "fmt"를 참조하자.

go 디렉토리

이 디렉토리는 다음 표와 같은 패키지들을 포함하고 있다.

패키지 이름	기능
ast	Go 패키지의 구문 트리를 표현하기 위해 사용되는 타입 선언
build	(표 아래의 설명 참조)
constant	type이 없는 Go 상수와 그에 관련된 연산을 나타내는 Value 구현. 오류에 대한 값을 모를 경우 특수한 Unknown 값이 사용될 수 있음. Unknown값 간의 연산결과는 특별히 지정하지 않은 경우 Unknown 값.
doc	Go AST에서 소스 코드 문서를 추출
format	Go 소스의 표준 포맷 구현
importer	data importer에 대한 접근 기능

패키지 이름	기능
parser	(표 아래의 설명 참조)
printer	AST 노드 출력
scanner	Go 소스의 텍스트 검색 기능. []byte 타입으로 소스를 받을 수 있고, 받은 소스는 Scan 메소드를 반복해서 호출하여 토큰화(tokenize) 가능
token	Go 언어의 어휘 토큰과 기본적인 조작(printing, predicates)를 위한 상수를 정의함
types	(표 아래의 설명 참조)

build 패키지

Go 패키지에 대한 정보를 수집한다.

Go 패스(Path, 경로)

Go 패스는 Go 소스 코드를 포함하는 디렉토리 구조의 목록을 의미한다. 표준 Go 트리에서 발견되지 않은 import 문이 나타나면 이 경로가 사용된다. 기본 경로는 운영체제에 따라(Unix에서는 콜론-문자열, Windows에서는 세미콜론-문자열, Plan 9는 목록) 환경 변수 GOPATH에 정의되어 있다.

Go 패스의 각 디렉토리는 규정에 따라 다음과 같이 구성되어야 한다.

src 디렉토리는 소스 코드를 포함한다. src 다음 경로에서 import 경로와 실행파일의 이름을 결정한다.

pkg 디렉토리에는 설치된 패키지 개체가 포함된다. Go 트리와 마찬가지로 운영체제와 CPU 아키텍처 쌍에 대해 pkg 하위 디렉토리(pkg/GOOS_GOARCH)가 존재한다.

Go 패스에 DIR 디렉토리가 있는 경우 DIR/src/foo/bar에 소스가 있는 패키지는 foo/bar로 접근가능하고, 컴파일된 패키지는 DIR/pkg/GOOS_GOARCH/foo/bar.a(gcc go의 경우에는 DIR/pkg/gccgo/foo/libbar.a)에 저장된다.

bin 디렉토리 안에는 컴파일된 명령들이 포함되어 있다. 명령은 소스 디렉토리에 따라 이름이 결정되지만 전체 경로가 아니라 경로의 마지막 이름만 사용된다. 예를 들어 DIR/src/foo/quux에 소스가 있는 명령은 DIR/bin/foo/quux가 아니라 DIR/bin/quux에 설치된다. foo/가 생략된 것이다. 이는 PATH에 DIR/bin만 추가하면 설치된 명령을 사용할 수 있게 하기 위함이다.

다음은 디렉토리 구조의 예시이다.

```
GOPATH=/home/user/gocode

/home/user/gocode
  ├──── src
  │     └──── foo
  │           ├──── bar      (패키지 bar의 Go 코드)
  │           │     └──── x.go
  │           └──── quux     (패키지 main의 Go 코드)
  │                 └──── y.go
  ├──── bin
  │     └──── quux           (설치된 명령)
  └──── pkg
        └──── linux_amd64
              └──── foo
                    └──── bar.a  (설치된 패키지 개체)
```

빌드 조건

빌드 조건은 빌드 태그라고도 하며, 다음과 같이 시작하는 행 주석이다.

```
// +build
```

이에 이어서 파일을 패키지에 포함할 조건을 설명한다. 빌드 조건은 Go 프로그램뿐만 아니라 어떤 소스 파일에도 작성할 수 있지만, 파일의 시작 부분 근처, 빈 행과 다른 행 주석 뒤에 작성되어야 한다. 이는 Go에서는 각 파일 내의 package 문 이전에 작성되어야 한다는 것을 의미한다.

그리고 패키지 문서와 구별하기 위해 1줄의 빈 행 다음에 빌드 조건을 작성하여야 한다.

빌드 조건은 여러 가지 옵션을 공백으로 구분하여 작성할 수 있다. 이 때 각 옵션은 OR 연산과 같이 처리된다. 또한 ,(쉼표)로 구분하여 작성한 경우 AND 연산으로 평가된다. 옵션의 앞에 !를 붙여 부정을 나타낼 수도 있다. 따라서 다음 빌드 조건은

```
// +build linux,386 darwin,!cgo
```

논리식으로 표현하면 다음과 같다.

```
(linux AND 386) OR (darwin AND (NOT cgo))
```

하나의 파일에 여러 가지 빌드 조건을 작성할 수도 있다. 이럴 때에는 각각의 조건을 AND로 연결한 것이 그 파일의 빌드 조건이 된다. 즉 다음 빌드 조건은

```
// +build linux darwin
// +build 386
```

논리식으로 표현하면 다음과 같다.

```
(linux OR darwin) AND 386
```

다음은 빌드 조건을 만족하는 단어들의 목록이다.

- runtime.GOOS : 대상 OS
- runtime.GOARCH : 대상 CPU 아키텍처
- gc 또는 gccgo : 사용된 컴파일러 이름
- cgo : ctxt.CgoEnabled가 참일 때 만족
- "go1.1"은 Go 버전 1.1 이상
- "go1.2"은 Go 버전 1.2 이상
- "go1.3"은 Go 버전 1.3 이상
- "go1.4"은 Go 버전 1.4 이상
- "go1.5"은 Go 버전 1.5 이상
- "go1.6"은 Go 버전 1.6 이상
- ctxt.BuildTags 목록에 추가된 다른 단어들

또한 파일 이름에 확장자와 _test 접미사가 붙어있을 경우 확장자와 _test를 제외한 이름이 다음과 같은 패턴 중 하나에 해당할 때,

GOOS와 GOARCH는 각각 운영체제와 CPU 아키텍처를 나타낸다(예: source_windows_amd64.go). 그리고 해당 빌드 조건이 암묵적으로 파일에 포함된 것으로 간주한다(이외에도 다른 명시적 빌드 조건을 파일 이름에 사용할 수 있다).

파일이 빌드의 대상이 되지 않게 하려면 다음과 같이 빌드 조건을 작성한다(조건에 해당하지 않는 단어라면 무엇이든 상관없지만 관습적으로 ignore가 사용되고

있다).

```
// +build ignore
```

Linux와 OS X에서 cgo를 사용할 때에만 파일을 빌드하고 싶다면 다음과 같이 작성한다.

```
// +build linux,cgo darwin,cgo
```

일반적으로 이러한 파일은 다른 시스템 구현을 위한 기본 기능을 구현한 다른 파일들과 결합되어 있다. 이럴 때에는 다음과 같이 빌드 조건을 작성해야 한다.

```
// +build linux,cgo darwin,cgo
```

파일 이름을 dns_windows.go라고 하면 그 파일은 Windows용 패키지를 빌드할 때에만 빌드 대상에 포함된다. 마찬가지로 math_386.s라는 파일은 32비트, x86용 패키지를 빌드할 때에만 빌드할 수 있다.

```
// +build !linux,!darwin !cgo
```

GOOS=android라고 쓰면 android에 대한 빌드 조건 및 파일뿐만 아니라 GOOS=linux로 지정된 빌드 조건 및 파일도 포함된다.

parser 패키지

parser 패키지에는 Go 소스 파일에 대한 파서(Parser)가 구현되어 있다. 입력으로 다양한 타입(각종 Parse* 함수 참조)을 사용할 수 있다. 출력은 Go 소스를 나타내는 AST(추상 구문 트리)이다. 파서는 하나의 Parse* 함수로부터 시작된다.

파서는 Go에서 문법적으로 허용하는 것보다 더 큰 범위의 문장을 입력으로 받을 수 있다. 이를 통해 단순화나 구문 오류가 발생했을 때의 내성을 향상시킬 수 있다. 예를 들어 Go에서 메소드를 선언할 때 수신기는 1개밖에 정의할 수 없지만 이를 보통의 파라미터 목록과 같이 취급하게 하여 여러 항목을 포함시키게 할 수도 있다. 따라서 AST(ast.FuncDecl.Recv) 상에서 그 필드와 대응하는 필드는 하나로 제한되지 않는다.

types 패키지

데이터 타입의 선언과 Go 패키지의 타입 검사를 위한 알고리즘을 가지고 있는 패키지이다. Config.Check을 사용하면 패키지 타입 검사를 수행할 수 있다. 또한 NewChecker에서 새로운 타입 검사기를 만들고 Checker.Files를 호출하여 검사를 하나씩 시작할 수도 있다.

타입 검사는 다음과 같이 독립적인 단계들로 구성되어 있다.

이름 확인 단계에서는 프로그램의 각 식별자(ast.Ident)를 그 식별자가 가리키니는 객체(Object)에 매핑한다. 이름을 해석한 결과는 Info {Defs,Uses,Implicits}에서 이용할 수 있다.

상수 계산 단계에서는 컴파일 시 정수가 되는 모든 식(ast.Expr)들에 대해 정확한 상수 값(constant.Value)을 계산한다. 상수 계산의 결과는 Info.Types[expr].Value에서 사용할 수 있다.

타입 인터페이스 단계에서는 모든 식(ast.Expr)과 타입(Type)에 대한 처리가 완료되고, 이것이 언어의 사양을 준수하는지의 여부를 검사한다. 타입에 대한 처리 결과는 Info.Types[expr].Type에서 확인할 수 있다.

타입 검사에 대해 처음부터 알아보고 싶다면 https://golang.org/s/types-tutorial를 참조하자.

hash 패키지

해시 함수의 인터페이스와 다음 표의 패키지들을 포함하고 있다.

패키지 이름	기능
adler32	RFC 1950 정의에 따른 Adler-32 체크섬(CheckSum)
crc32	CRC-32(32비트 순환 중복 검사) 체크섬. 생성 다항식은 최하위 비트가 앞에 오는 형태(반전 표시)
crc64	CRC-64(64비트 순환 중복 검사) 체크섬
fnv	FNV-1 및 FNV-1a 비암호화 해시 함수

html 패키지

HTML 텍스트에서의 특수 문자(escape)와 그 변환 함수를 제공한다. 그리고 다음의 template 패키지를 포함한다.

template 패키지

template(html/template) 패키지에는 코드 인젝션에 대해 안전한 HTML 문서를 출력하는 템플릿이 구현되어 있다. 이 패키지는 text/template 패키지와 동일한 인터페이스를 가지고 있고, 출력이 HTML일 경우 text/template 대신 사용된다.

image 패키지

기본적인 2D 영상 관련 라이브러리가 구현되어 있다. 기본 인터페이스는 Image이다. Image 인터페이스에는 image/color 패키지의 color가 포함되어 있다.

Image 인터페이스의 값은 NewRGBA, NewPalettted 등의 함수를 호출하거나 GIF, JPEG, PNG 등의 이미지 포멧을 포함한 io.Reader에 Decode를 호출하여 만들 수 있다. 이미지 포맷의 디코딩을 수행하려면 미리 디코더 함수를 등록해 두어야 한다.

일반적으로 이 등록 과정은 형식에 맞는 패키지를 초기화할 때 부수적으로 이루어진다. 따라서 PNG 이미지의 디코딩을 할 때에는 다음과 같이 프로그램의 main 패키지에 다음과 같이 쓰면 된다.

```
import _ "image/png"
```

_를 사용하면 이 등록 과정만을 위해 패키지를 추가할 수 있다.

image 패키지의 자세한 내용은 "The Go image package"(https://golang.org/doc/articles/image_package.html)를 참조하자.

또한 이 패키지는 다음과 같은 패키지도 포함하고 있다.

패키지 이름	기능
color	기본적인 색상 관련 라이브러리
color/palette	표준 색상 표
draw	이미지 생성 기능 : 자세한 내용은 "The Go image / drawpackage"(https://golang.org/doc/articles/image_draw.html)를 참조
gif	GIF 이미지의 인코더 및 디코더
jpeg	JPEG 이미지의 인코더 및 디코더
png	PNG 이미지의 인코더 및 디코더

index 디렉토리

이 디렉토리는 다음 표와 같은 패키지들을 포함하고 있다.

suffixarray 패키지

메모리의 접미사 배열을 이용하여 문자열 내 부분 검색을 대수 시간(O(logn))에 수행하는 기능이 구현되어 있다. 다음은 사용 예시이다.

```
// 데이터 인덱싱
index := suffixarray.New(data)

// byte 슬라이스 s 검색
offsets1 : = index.Lookup(s -1) // s가 나타나는 장소의 모든 인덱스의 목록
offsets2 : = index.Lookup(s, 3) // s가 나타나는 위치 최대 3 개의 인덱스 목록
```

io 패키지

I/O 기본 인터페이스를 제공한다. 이 패키지의 주요 역할은 os 패키지에 있는 기존의 프리미티브 및 기타 구현을 마무리하고 기능을 추상화하여 공개용의 공유 인터페이스를 제공하는 것이다.

이러한 인터페이스와 프리미티브는 다양한 구현 방법을 통해 하위 레벨의 작업을 수행하기 때문에 병렬 수행시 안전성을 보장할 수 없다(안전하다고 명시되어 있는 경우는 제외).

또한 이 패키지에는 다음 패키지도 포함되어 있다.

ioutil 패키지

일부 I/O 유틸리티 함수들이 구현되어 있다. 자세한 내용은 7.14절 "ioutil"을 참조하자.

log 패키지

간단한 로깅(Logging)을 위한 패키지이다. 다음 패키지를 포함한다.

syslog 패키지

시스템 로그 서비스에 대한 간단한 인터페이스를 제공한다. 이 패키지를 이용하

면 UNIX 도메인 소켓과 UDP, TCP를 통해 syslog 데몬(Daemon)에 메시지를 보낼 수 있다.

우선 Dial을 호출해야 한다. 쓰기 작업이 실패하면 syslog 클라이언트가 서버에 다시 연결하여 쓰기 작업을 다시 시도한다.

또한 syslog 패키지는 더 이상 새로운 기능을 허용하지 않는다. 일부 외부 패키지에서 추가 기능을 이용할 수 있으며, https://godoc.org/?q=syslog에서 찾을 수 있다.

math 패키지

기본적인 상수 및 수학 함수를 제공한다. 또한 이 패키지는 다음 표의 패키지를 포함한다.

패키지 이름	기능
big	(표 아래의 설명 참조)
cmplx	복소수를 위한 상수 및 수학 함수
rand	(7.5절 "math/rand" 참조)

big 패키지

임의 정밀도 연산(Arbitrary-precision arithmatic, 거대수) 이 구현되어 있다. 다음 타입들을 지원한다.

- Int : 부호있는 정수
- Rat : 유리수
- Float : 실수

Int, Rat, Float 타입에서 0을 나타내는 값은 모두 숫자 0이다. 따라서 새로운 변수를 선언함과 동시에 0의 값을 가지게 되어 더 이상의 초기화는 필요가 없다.

```
var x Int // & x는 0에 대한 * Int
var r = & Rat{} // r 는 0에 대한 * Rat
y : = new(Float) // y는 0에 대한 * Float
```

또한 다음과 같은 형식의 팩토리 함수를 이용하여 새 값을 할당하고 초기화할 수 있다.

```
func NewT(v V) *T
```

예를 들어, NewInt(x)는 int64 타입의 파라미터 x의 값이 설정된 *Int를 리턴한다. NewRat(a,b)는 int64 타입의 a가 분자이고 b가 분모인 분수 a/b 값이 설정된 *Rat을 리턴한다. 그리고 NewFloat(f)는 float64 타입의 f로 초기화된 *Float를 리턴한다. 이 때, setter를 명시적으로 사용하면 유연성을 높일 수 있다. 다음 예시를 보자.

```
var z1 Int
z1.SetUint64(123) // z1 := 123
z2 := new(Rat).SetFloat64(1.2) // z2 := 6/5
z3 := new(Float).SetInt(z1) // z3 := 123.0
```

setter, 수학, 조건은 다음과 같이 메소드 형식으로 작성되어 있다.

```
func (z *T) SetV(v V) *T // z = v(대입)
func (z * T) Unary(x * T) * T // z = unary x (단항 적용)
func (z * T) Binary(x, y * T) * T // z = x binary y (이항 적용)
func (x * T) Pred() P // p = pred (x) (조건 적용)
```

여기서 T는 Int, Rat, Float 중 하나이다. 단항, 이항 연산의 경우 리시버(이 경우 z, 자세한 내용은 아래 참조)가 결과가 된다. 피연산자 x, y 중 하나가 연산 결과일 경우 덮어써서 메모리를 다시 사용하더라도 문제가 발생하지 않는다.

일반적으로 산술식은 연속된 메소드의 호출로 작성된다. 하나의 메소드가 하나의 연산을 의미한다. 리시버는 결과를 나타내고, 메소드의 파라미터는 연산의 피연산자를 나타낸다. 예를 들어 3 * Int 값 a, b, c가 다음과 같이 함수를 호출하면,

```
c.Add(a, b)
```

a+b가 계산되고, 그 결과가 c에 저장된다. c가 이전에 갖고 있던 값은 무시되고 새로운 값으로 덮어쓴다. 그리고 별도로 지정하지 않는 이상 각 연산에서 파라미터의 별명도 사용할 수 있기 때문에 다음과 같이 써도 문제가 없다.

```
sum.Add(sum, x)
```

이렇게 하면 x의 값이 sum에 추가된다.

Go는 결과값을 반드시 리시버를 통해 전달하도록 설계하여 메모리를 효율적으로 사용하게 하였다. 즉, 각각의 결과에 따라 새로 메모리 영역을 할당하지 않더라도 결과값을 위한 공간으로 다시 사용할 수 있다. 또한 새로운 결과값으로 덮어쓸 수도 있다.

표기 규칙

리시버를 포함한 메소드의 입력 파라미터의 이름은 API 내부에서 통일되어 있다. 파라미터의 사용 방법을 명확하게 하기 위해서이다. 일반적으로 입력하는 피연산자는 x, y, a, b와 같이 명명되어 있으며, z가 사용되지 않는다. z로 이름을 정하면 결과를 나타내는 파라미터(일반적으로는 리시버)가 된다.

다음 예제에서 (*Int).Add의 파라미터의 이름은 x와 y이다. 또한 결과를 저장할 곳은 리시버이므로 z라는 이름을 가진다.

```
func (z *Int) Add(x, y *Int) *Int
```

일반적으로 이 형식의 메소드는 간단한 호출 체인 구성을 위해 입력된 리시버를 리턴한다.

Int.Sign과 같이 결과를 전달할 필요가 없는 메소드는 단순히 결과를 리턴한다. 이 경우에는 일반적으로 리시버가 1번째 피연산자가 되어 x라는 이름을 가진다.

```
func (x *Int) Sign() int
```

이 외에도 다양한 방법을 통해 문자열과 대응되는 값들 사이의 상호 변환이 가능하다. *Int, *Rat, *Float 각각의 값은 값의 문자열 표현을 정의한 Stringer 인터페이스가 구현되어 있고, 다양한 형식의 문자열로 값을 초기화하기 위한 SetString 메소드도 제공된다(자세한 내용은 각각의 SetString 문서 참조).

또한 *Int, *Rat, *Float는 fmt 패키지의 Scanner 인터페이스를 만족하기 때문에 검색도 가능하다. 그리고 *Int, *Float는 Formatter 인터페이스도 만족하기 때문에, 별도의 형식을 지정하여 출력할 수도 있다.

mime 패키지

MIME의 일부가 구현되어 있다. 그리고 다음 표의 패키지를 포함한다.

패키지 이름	기능
multipart	RFC 2046 정의에 의한 MIME multipart 분석 기능. HTTP(RFC 2388)와 일반적인 브라우저가 생성하는 multipart 바디에 사용하기에 충분함.
quotedprintable	RFC 2045 규정에 의한 quoted-printable 인코딩

net 패키지

TCP/IP, UDP 도메인 이름 확인, UNIX 도메인 소켓 등 네트워크 I/O를 위한 포터블 인터페이스를 제공한다. net 패키지는 하위 레벨의 네트워크 액세스 기능만을 제공하지만 대부분의 클라이언트에 필요한 것은 Dial, Listen, Accept 각 함수가 제공하는 기본 인터페이스와 연관된 Conn 인터페이스, Listener 인터페이스뿐이다. crypto/tls 패키지도 동일한 인터페이스와 Dial, Listen 함수를 사용한다.

Dial 함수는 서버로의 연결을 수행한다.

```
conn, err := net.Dial("tcp", "google.com:80")
if err != nil {
  // 오류 처리
}
fmt.Fprintf(conn, "GET / HTTP/1.0\r\n\r\n")
status, err := bufio.NewReader(conn).ReadString('\n')
// ...
```

Listen 함수는 서버를 생성한다.

```
ln, err := net.Listen("tcp", ":8080")
if err != nil {
  // 오류 처리
}
for {
  conn, err := ln.Accept()
  if err != nil {
    // 오류 처리
  }
  go handleConnection(conn)
}
```

이름 분석

도메인의 이름을 확인하는 방법은 OS에 따라 다르다. 이것은 Dial 함수 등을 이용하여 간접적으로 이름을 확인하든, LookupHost, LookupAddr 함수 등을 이용하여 직접적으로 확인하든 마찬가지이다.

Unix 시스템에는 2가지의 이름 분석 방법이 있다. /etc/resolv.conf에 기재되어 있는 서버에 Go로 작성된 분석기로 직접 DNS 요청을 보낼 수도 있고, getaddrinfo와 getnameinfo 등 C언어 라이브러리 루틴을 호출하는 cgo 기반 분석기를 이용할 수도 있다.

기본적으로는 Go로 작성된 분석기를 사용한다. DNS 요청 블록은 Go 루틴만을 실행하지만, C언어 기반의 호출 블록은 OS의 스레드를 이용하기 때문이다. cgo가 활성화되면 cgo 기반 분석기가 사용된다. 구체적으로는 프로그램에서 직접 DNS 요청을 허용하지 않는 시스템(OS X 등)에서 환경 변수 LOCALDOMAIN(비어있어도 관계 없음) 가 존재하는 경우, RES_OPTIONS 또는 HOSTALIASES 등으 환경 변수의 값이 존재하는 경우, 환경 변수 ASR_CONFIG의 값이 존재하는 경우(OpenBSD 한정), /etc/resolv.conf 또는 /etc/nsswitch.conf에 Go 기반 분석기에 없는 기능을 사용하도록 지정되어 있는 경우, 검색할 이름이 .local로 끝나는 경우, mDNS 이름인 경우 등이다.

분석기가 지정된 것을 GODEBUG의 환경 변수 netdns 값을 go 또는 cgo로 설정하여 무시할 수도 있다. 다음의 예를 보자.

```
export GODEBUG = netdns = go # Go 분석기 강제 사용
export GODEBUG = netdns = cgo # cgo 분석기 강제 사용
```

또한 빌드 태그(빌드 조건)로 netgo, netcgo를 설정하여 Go 소스 트리 구축 시 분석기를 지정할 수도 있다.

GODEBUG=netdns=1과 같이 netdns에 값을 주면 분석기 지정에 대한 디버깅 정보가 출력된다. 디버깅 정보를 출력하면서 분석기를 지정하고 싶다면 GODEBUG=netdns=go+1과 같이 2개의 설정을 +로 연결하면 된다.

Plan 9에서 분석기는 /net/cs와 /net/dns에 접근한다. 윈도우에서는 분석기가 GetAddrInfo 및 nsQuery와 같은 C 라이브러리 함수를 사용한다.

그리고 이 패키지에는 다음 표의 패키지도 포함되어 있다.

패키지 이름	기능
http	HTTP 클라이언트와 서버 기능, 자세한 내용은 7.18 절 "net/http" 참조
http/cgi	RFC 3875 규정에 의한 CGI(Common Gateway Interface) 기능. CGI를 사용하면 요청을 처리할 때마다 새로운 프로세스가 시작되어 장시간 실행되는 서버에는 비효율적이므로 주의 필요. 기존 시스템과의 호환성을 위해 제공되는 패키지.
http/cookiejar	RFC 6265 규정에 의한 인메모리(In-memory) http.CookieJar
http/fcgi	FastCGI 프로토콜. 현재는 responder만 지원함.
http/httptest	HTTP 테스트 유틸리티
http/httputil	HTTP 유틸리 함수. net/http 패키지의 기능 보완.
http/pprof	(표 아래의 설명 참조)
mail	(표 아래의 설명 참조)
rpc	(표 아래의 설명 참조)
rpc/jsonrpc	rpc 패키지용 JSON-RPC ClientCodec, ServerCodec
smtp	RFC 5321 정의에 따른 SMTP(Simple Mail Transfer Protocol), 8BITMIME(RFC 1652), AUTH(RFC 2554), STARTTLS(RFC 3207). 클라이언트에서 확장 가능.
textproto	(표 아래의 설명 참조)
url	URL을 분석하여 쿼리의 이스케이프 수행. 자세한 내용은 7.17절 "net/url" 참조.

http/pprof 패키지

HTTP 서버를 통해 pprof 시각화 도구의 런타임 프로파일링 데이터를 제공한다. 일반적으로 이 패키지는 HTTP 핸들러가 자동으로 등록되는 점을 이용하기 위해 프로그램에 추가된다. 핸들러가 처리할 모든 경로는 /debug/pprof/로 시작한다.

pprof를 사용하는 경우 프로그램에서 다음과 같이 패키지를 링크한다.

```
import _ "net/http/pprof"
```

응용 프로그램에서 HTTP 서버가 실행되고 있지 않으면 서버를 먼저 시작해야 한다. import 문에 net/http 및 log를 추가하고 main 함수에 다음 코드를 추가한다.

```
go func() {
  log.Println(http.ListenAndServe("localhost:6060", nil))
}()
```

pprof 도구로 힙 프로파일을 참조하는 방법은 다음과 같다.

```
go tool pprof http://localhost:6060/debug/pprof/heap
```

30초 동안의 CPU 프로파일을 참조하는 방법은 다음과 같다.

```
go tool pprof http://localhost:6060/debug/pprof/profile
```

Go 루틴의 차단(Locking) 프로파일을 참조하는 방법은 다음과 같다.

```
go tool pprof http://localhost:6060/debug/pprof/block
```

5초 간의 실행 내용을 추적하는 방법은 다음과 같다.

```
wget http://localhost:6060/debug/pprof/trace?seconds=5
```

이외의 사용가능한 프로파일은 브라우저에서 http://localhost:6060/debug/pprof를 참조하자.

mail 패키지

메일 메시지 분석 기능을 제공한다. 대부분의 경우 RFC 5322 규정에 의한 구문을 따른다. 주요 차이점은 다음과 같다.

- 내장 루트 정보를 포함한 오래된 형식의 주소는 파싱되지 않는다.
- 그룹 주소는 파싱되지 않는다.
- CFWS 구문 요소 내의 모든 공백, 예를 들면 2행에 걸친 주소는 지원되지 않는다.

rpc 패키지

rpc 패키지를 사용하면 네트워크 등의 다른 I/O 연결의 반대쪽에 있는 개체에서 공유된 메소드에 접근할 수 있다. 서버는 개체를 등록하고 개체의 타입의 이름을 가진 서비스로 이를 시각화한다. 등록이 완료되면 개체에서 공유한 메소드에 원격으로 접근할 수 있다. 서버에 다른 타입의 여러 개체(서비스)를 등록할 수 있지만, 같은 타입의 개체를 여러 개 등록하면 오류가 발생한다.

원격 접근에 사용할 수 있는 것은 다음 조건을 만족하는 메소드로 한정된다. 다른 메소드는 무시된다.

- 메소드의 타입이 공유됨
- 메소드 자체가 공유됨
- 2개의 파라미터를 가지고, 타입이 같이 공유됨(또는 타입이 내장됨)
- 2번째 파라미터는 포인터이다.
- 오류 유형을 리턴한다.

즉, 메소드는 다음과 같은 형식으로 구성되어야 한다.

```
func (t *T) MethodName(argType T1, replyType *T2) error
```

여기서 T, T1, T2는 encoding/gob에서 해석가능해야 한다. 이러한 요구 사항은 다른 코덱을 사용할 때에도 마찬가지이다(미래에는 사용자 코덱에 대한 요건이 완화될 수도 있다).

메소드의 1번째 파라미터는 호출한 곳에서 제공한 파라미터이다. 2번째 파라미터는 리턴되는 결과 파라미터이다. 메소드의 리턴값이 nil이 아니면 문자열로 리턴된다. 이 문자열은 클라이언트에서 errors.New에 의해 만들어진 것으로 추정된다. 오류가 리턴되면 결과값은 클라이언트로 리턴되지 않는다.

서버는 ServeConn을 호출하여 하나의 연결에 대한 요청만을 처리할 수 있으므로 일반적으로 네트워크 리스너를 구현하여 Accept를 호출하거나, HTTP 리스너를 구현하여 HandleHTTP와 http.Serve를 호출한다.

서비스를 사용할 클라이언트는 우선 서버와의 연결을 설정한 뒤 NewClient를 호출한다. Dial(DialHTTP)과 같은 편리한 함수를 이용하여 네트워크 연결(HTTP 연결)에 대해 위의 두 단계가 실행된다. 결과로 리턴되는 Client 객체는 Call과 Go라는 2가지 메소드가 포함되어 있다. 이 2개의 메소드에는 서비스를 호출하는 메소드, 파라미터를 포함한 포인터, 결과 파라미터를 받을 포인터를 지정하는 기능이 포함되어 있다.

Call 메소드는 원격 호출의 종료를 기다리지만 Go 메소드는 비동기 호출을 수행하고 Call 구조체의 Done 채널을 사용하여 종료를 알린다.

명시적으로 코덱이 설정되어 있지 않다면 데이터 전송에는 encoding/gob 패키지가 사용된다.

간단한 예제를 보자. 서버는 Arith 타입의 개체를 공유할 수 있다.

```
package server
```

```
type Args struct {
  A, B int
}

type Quotient struct {
  Quo, Rem int
}

type Arith int

func (t *Arith) Multiply(args *Args, reply *int) error {
  *reply = args.A * args.B
  return nil
}

func (t *Arith) Divide(args *Args, quo *Quotient) error {
  if args.B == 0 {
    return errors.New("divide by zero")
  }
  quo.Quo = args.A / args.B
  quo.Rem = args.A % args.B
  return nil
}
```

서버는 HTTP 서비스로 다음과 같이 함수를 호출한다.

```
arith := new(Arith)
rpc.Register(arith)
rpc.HandleHTTP()
l, e := net.Listen("tcp", ":1234")
if e != nil {
  log.Fatal("listen error:", e)
}
go http.Serve(l, nil)
```

이 단계에서 Arith.Multiply, Arith.Divide 메소드를 가진 Arith 서비스를 클라이언트에서 접근할 수 있다. 이를 호출할 클라이언트는 먼저 서버에 연결되어야 한다.

```
client, err := rpc.DialHTTP("tcp", serverAddress + ":1234")
if err != nil {
```

```
  log.Fatal("dialing:", err)
}
```

이어서 원격 호출을 실행한다.

```
// 동기 호출
args := &server.Args{7,8}
var reply int
err = client.Call("Arith.Multiply", args, &reply)
if err != nil {
  log.Fatal("arith error:", err)
}
fmt.Printf("Arith: %d*%d=%d", args.A, args.B, reply)
```

이것은 다음과 같이 실행할 수도 있다.

```
// 비동기 호출
quotient := new(Quotient)
divCall := client.Go("Arith.Divide", args, quotient, nil)
replyCall : = <-divCall.Done // divCall와 같다
// 에러 확인 및 표시 등
```

대부분 서버의 상황에 따라 간단하고 안전한 클라이언트용 래퍼가 제공된다.

textproto 패키지

HTTP, NNTP, SMTP 형식에 따라 텍스트 기반의 요청/응답 프로토콜의 일반적인 기능이 구현되어 있다. 이 패키지는 다음과 같은 기능을 제공한다.

- Error : 서버로부터 전송된 숫자로 된 오류 응답
- Pipeline : 클라이언트에서 파이프라인을 통한 요청과 응답을 관리
- Reader : 코드 행, 키:값 헤더, 공백으로 시작하여 여러 줄에 걸쳐 있는 행, 그리고 마지막 행이 .(dot)으로 끝나는 모든 텍스트 블록을 읽어들임
- Writer : 도트(dot)로 인코딩된 텍스트 블록을 작성
- Conn : Reader, Writer, Pipeline을 하나의 네트워크 연결에서 사용할 수 있도록 패키지로 만든 것

os 패키지

실행되는 플랫폼에 의존하지 않는 OS 기능에 대한 인터페이스를 제공한다. 자세한 내용은 7.2절 "os"를 참고하도록 하자. os 패키지에 포함된 패키지로는 다음과 같다.

패키지 이름	기능
exec	외부 명령 실행 기능. 이 패키지는 표준 입/출력 시 매핑, 파이프 및 I/O 연결 등을 간단하게 수행할 수 있는 os.StartProcess 함수를 제공함.
signal	(표 아래의 설명 참조)
user	이름이나 ID를 이용한 사용자 계정 검색

signal 패키지

전송되는 시그널에 대한 접근 기능을 제공한다. 시그널은 주로 Unix 계열 시스템에서 사용된다. Windows 및 Plan 9에 대해서는 이후에 설명한다.

시그널의 종류

SIGKILL 시그널과 SIGSTOP 시그널은 프로그램에서 잡지 못할 가능성이 있기 때문에, 이 패키지로 조작할 수 없다.

동기 시그널은 프로그램 실행 시 오류에 관한 신호로 SIGBUS, SIGFPE, SIGSEGV가 있다. 이러한 시그널이 프로그램 실행 시 발생한 경우 동기 시그널로 간주되지만, os.Process.Kill을 이용하여 전송하였거나, 프로그램을 종료하는 등의 상황에서는 동기 시그널로 간주되지 않는다. 일반적으로 아래의 예외를 제외하고 Go 프로그램은 동기 시그널을 런타임 패닉으로 변환한다.

이외의 시그널들은 비동기 시그널이다. 비동기 시그널은 프로그램의 오류가 아닌 커널이나 기타 프로그램에 의해 전송되는 시그널이다.

비동기 시그널 중 하나인 SIGHUP 시그널은 터미널의 연결이 끊어진 경우 전송된다. SIGINT 시그널은 터미널에서 사용자가 인터럽트 키(기본적으로는 Ctrl + C)를 누르면 전송된다. SIGQUIT 시그널은 터미널의 사용자가 종료 키(기본적으로는 Ctrl + \)를 누르면 전송된다. 일반적으로 Ctrl + C를 누르면 프로그램이 바로 종료되고, Ctrl + \을 누르면 프로그램에서 스택 덤프가 출력된 뒤 종료된다.

Go 프로그램에서 시그널에 의한 기본 동작

기본적으로 동기 시그널은 런타임 패닉으로 변환된다. SIGHUP, SIGINT, SIGTERM 등의 시그널이 발생하면 프로그램이 종료된다. SIGQUIT, SIGILL, SIGABRT, SIGSTKFLT, SIGEMT, SIGSYS와 같은 시그널이 발생하면 스택 덤프가 출력된 뒤 프로그램이 종료된다. SIGTSTP, SIGTTIN, SIGTTOU 시그널에 대한 동작은 시스템에 따라 달라진다(이 시그널들은 쉘이 작업 제어를 수행할 때 발생한다). SIGPROF 시그널은 runtime.CPUProfile 처리를 위해 Go 런타임이 직접 제어한다. 다른 시그널에 대해서는 아무 일도 일어나지 않는다.

SIGHUP 또는 SIGINT 시그널을 무시하는(시그널 핸들러를 SIG_IGN으로 설정한 경우) Go 프로그램이 시작되면 그 시그널은 무시된다.

비어 있지 않은 시그널 마스크가 지정된 Go 프로그램이 시작되면 일반적으로 그 시그널이 수신된다. 그러나 명시적으로 차단이 해제되는 시그널도 있다. 동기 시그널, SIGILL, SIGTRAP, SIGTKFLT, SIGCHLD, SIGPROF 및 리눅스에서의 32번 시그널(SIGCANCEL), 33번 시그널(SIGSETXID)이 이에 해당된다(SIGCANCEL과 SIGSETXID는 glibc가 내부적으로 사용한다). os.Exec 및 os/exec 패키지에서 시작된 서브 프로세스에는 변경된 시그널 마스크가 상속된다.

시그널에 의한 동작 변경하기

이 패키지의 함수를 사용하면 Go 프로그램에서 시그널을 처리하는 방식을 변경할 수 있다.

Notify는 하나 이상의 등록된 채널에 비동기 시그널들을 보내는 대신 그 시그널들에 대한 기본 동작을 무효화한다. 특히 이 함수는 SIGHUP, SIGINT, SIGQUIT, SIGABRT, SIGTERM에 적용된다. SIGTSTP, SIGTTIN, SIGTTOU와 같은 작업 제어 시그널에도 이용할 수 있다. 또한 기본 동작이 설정되지 않은 시그널에도 적용할 수 있다. 예를 들어, SIGUSR1, SIGUSR2, SIGPIPE, SIGALRM, SIGCHLD, SIGCONT, SIGURG, SIGXCPU, SIGXFSZ, SIGVTALRM, SIGWINCH, SIGIO, SIGPWR, SIGSYS, SIGINFO, SIGTHR, SIGWAITING, SIGLWP, SIGFREEZE, SIGTHAW, SIGLOST, SIGXRES, SIGJVM1, SIGJVM2나 시스템에서 사용되는 모든 실시간 시그널이 이에 해당된다. 주의해야 할 것은 이 모든 시그널을 모든 시스템에서 사용할 수 있는 것은 아니라는 것이다.

SIGHUP 또는 SIGINT 시그널을 무시하도록 설정된 뒤 시작되는 프로그램에서 둘 중 하나의 시그널에 대해 Notify를 호출하면 그 시그널에 대한 핸들러를 생성하고 더 이상 그 시그널을 무시하지 않게 된다.이후에 그 시그널에 대한 Reset 또는 Ignore를 호출하거나, 시그널을 Notify를 통해 전달한 모든 채널에서 Stop을 호출하면 그 시그널은 다시 무시된다. Reset을 호출하면 시그널에 대한 동작을 기본 동작으로 초기화한다. Ignore를 호출하면 그 시그널을 시스템에서 완전히 무시하게 된다.

프로그램 시작 시에 시그널 마스크가 비어있지 않은 경우 앞에서 설명한 것과 같이 일부의 시그널이 명시적으로 차단 해제된다. 차단된 시그널에 대해 Notify를 호출하면 차단이 해제된다. 위와 같이 이후에 그 시그널에 대해 Reset을 호출하거나 Notify로 시그널을 전달한 모든 채널에서 Stop이 호출되면 다시 무시된다.

SIGPIPE

Go 프로그램이 깨진 파이프를 통해 쓰기를 시도하면 커널에서 SIGPIPE 시그널을 보낸다.

프로그램이 Notify를 호출하여 SIGPIPE 시그널을 수신하도록 지정하지 않은 경우, 파일 기술자(File descriptor)의 번호에 따라 동작이 달라진다. 파일 기술자가 1 또는 2(표준 출력 또는 표준 오류)에 연결된 깨진 파이프에 쓰기 작업이 발생하면 프로그램은 SIGPIPE 시그널을 전송하고 종료된다. 다른 파일 기술자에 연결된 깨진 파이프에서는 SIGPIPE 시그널에 대해서는 아무 동작도 하지 않고 EPIPE 오류와 함께 실패한다.

반면 Notify를 호출하여 SIGPIPE 시그널을 수신하도록 한 경우에는 파일 기술자의 번호는 중요하지 않다. Notify 채널에 SIGPIPE 시그널이 전달되면 쓰기 작업은 EPIPE 오류와 함께 실패한다.

즉, 기본적으로 명령줄 프로그램은 일반적인 Unix 명령줄 프로그램과 동일한 방식으로 작동되지만, 다른 프로그램이 닫힌 네트워크 연결에 대한 쓰기 작업을 수행해도 SIGPIPE가 발생하여 멈추는 일은 발생하지 않는다.

cgo 또는 SWIG를 사용하는 Go 프로그램

일반적으로 Go 이외의 코드(주로 cgo와 SWIG를 사용하여 접근하는 C/C++ 코드)를 포함한 Go 프로그램에서는 Go의 시작 코드가 먼저 실행된다. 이에 따라 Go 이외의 시작 코드가 실행되기 전에 Go 런타임에서 요구하는 시그널에 대한 핸들러가 설정된다. Go 이외의 시작 코드에서 자신의 시그널 핸들러를 설정하려면 Go의 시작 코드가 제대로 작동하도록 몇 가지 단계를 거쳐야 한다. 지금부터 그 절차에 대해 설명한다. 또한 Go 이외의 코드에 대한 시그널 처리 설정을 변경했을 때 Go 프로그램이 받을 수 있는 영향에 대해서도 설명한다. 아주 드문 경우이지만 Go가 아닌 코드가 Go 코드보다 먼저 실행될 수도 있다. 이 경우 Go 코드를 호출한 Go가 아닌 프로그램의 내용에도 해당된다.

Go 프로그램이 호출한 Go 이외의 코드가 시그널 핸들러 및 시그널 마스크를 변경하지 않은 경우, Go만으로 작성된 프로그램과 똑같이 동작한다.

Go 이외의 코드에서 시그널 핸들러가 설정된 경우, sigaction과 SA_ONSTACK 플래그를 사용해야 한다. 그렇지 않으면 시그널 수신 시 프로그램 충돌의 가능성이 높아진다. 일반적으로 Go 프로그램은 제한된 스택 영역에서 실행되므로 각각의 시그널 스택이 설정된다. 또한 Go 표준 라이브러리는 시그널 핸들러가 SA_RESTART 플래그를 사용하는 것으로 간주한다. 이 플래그를 사용하지 않은 상태에서 라이브러리를 호출하면 interrupted system call 오류가 리턴될 수 있다.

Go 이외의 코드에서 동기 시그널(SIGBUS, SIGFPE, SIGSEGV) 중 하나에 대해 핸들러를 설정하려면 기존의 Go 시그널 핸들러 정보를 저장하고, 그 시그널이 Go 코드 실행 중에 전송되었을 경우 Go 시그널 핸들러를 호출해야 한다(시그널이 Go 코드 실행 중에 전송되었는지의 여부는 시그널 핸들러에 전달되는 PC로 확인할 수 있다). 그렇지 않으면 Go 런타임 패닉이 의도한대로 발생하지 않을 수 있다.

Go 이외의 코드에서 비동기 시그널에 대해 핸들러를 설정하려면 Go 시그널 핸들러를 호출하지 않아도 상관없다. 일반적으로 Go 시그널 핸들러를 호출하지 않으면, 위와 같은 동작은 수행되지 않는다. SIGPROF 시그널을 이용할 때 특히 문제가 발생할 수 있다.

Go 이외의 코드에서는 Go 런타임이 생성한 스레드 내에서 시그널 마스크를 변경할 수 없다. Go 이외의 코드가 자체적으로 새 스레드로 시작되는 경우에는 자유롭게 변경할 수 있다.

Go 이외의 코드가 새 스레드를 열어서 시그널 마스크를 변경하고, 그 스레드에서 Go 함수를 호출하는 경우 Go 런타임은 자동으로 일부 시그널(동기 시그널, SIGILL, SIGTRAP, 그리고 SIGSTKFLT, SIGCHLD, SIGPROF, SIGCANCEL, SIGSETXID)의 차단을 해제한다. Go 함수가 종료되면 Go 이외의 코드에서 설정한 시그널 마스크가 다시 적용된다.

Go 코드가 포함되지 않은 Go 이외의 코드가 생성한 스레드에서 Go 시그널 핸들러가 호출되면 일반적으로 핸들러는 다음과 같이 Go 이외의 코드에 시그널을 전송한다. SIGPROF 시그널의 경우 Go 시그널 핸들러는 아무 동작도 하지 않는다. 기타 시그널일 경우 Go 시그널 핸들러는 그 자신을 제거하여 시그널 차단을 해제한 뒤 그 시그널을 원래 프로그램으로 전송하여 Go 이외의 코드에서 설정된 핸들러 또는 기본 시스템 핸들러를 호출한다. 시그널로 인해 프로그램이 종료되지 않으면 Go 시그널 핸들러는 다시 설정되고 프로그램이 계속 실행된다.

Go 이외의 프로그램에서 Go 코드를 호출한 경우

Go 코드가 -buildmode=c-shared 등의 옵션과 함께 빌드된 경우, 기존의 Go 이외의 코드로 작성된 프로그램의 일부로 실행된다. Go 코드가 시작될 때 Go 이외의 코드에서 이미 시그널 핸들러가 설정되어 있을 수 있다(cgo나 SWIG를 사용할 경우에도 발생할 수 있으며, 이후 내용은 동일하게 적용된다). -buildmode=c-archive일 경우, Go 런타임은 글로벌 생성자를 처리할 때 시그널을 초기화한다. -buildmode=c-shared일 때에는 Go 런타임에서 공유 라이브러리가 로드될 때 시그널을 초기화한다.

Go 런타임이 SIGCANCEL 또는 SIGSETXID 시그널(이 둘은 Linux에서만 사용됨)에 대해서 이전에 정의된 시그널 핸들러를 발견하면 SA_ONSTACK 플래그가 활성화된다. 그렇지 않으면 시그널 핸들러는 유지된다.

Go 런타임은 동기 시그널에 대해 핸들러를 설정한다. 기존의 핸들러는 저장되고 Go 이외의 코드로 작성된 프로그램이 실행되는 동안 동기 시그널이 발생하면 Go 런타임은 Go 시그널 핸들러가 아닌 기존의 시그널 핸들러를 호출한다.

기본적으로 -buildmode=c-archive 또는 c-cshared로 빌드된 Go 코드는 별도의 시그널 핸들러를 설정하지 않는다. 이미 시그널 핸들러가 정의되어 있다면 Go 런타임에서 SA_ONSTACK 플래그를 활성화한다. 그렇지 않으면 시그널 핸들러는 유지된다. 비동기 시그널에 대해 Notify를 호출하면 그 시그널에 대한 Go 시그널 핸들러가 설정된다. 이후 그 시그널에 대해 Reset이 호출되면 기존의 핸들러를 사용하도록 변경된다. 즉, Go 이외의 시그널 핸들러가 있다면 그것으로 설정된다.

-buildmode 옵션의 값으로 c-archive나 c-shared를 설정하지 않고 빌드된 Go 코드에서는 위의 비동기 시그널에 대해 핸들러를 설정하고 기존의 시그널 핸들러를 저장해 둔다. 시그널이 Go 이외의 스레드에 전달되면 위와 같은 동작을 수행하지만, 기존의 시그널 핸들러가 존재한다면 시그널을 전송하기 전에 핸들러가 설정된다.

Windows

Windows에서는 일반적으로 Ctrl+C, Ctrl+Break 키를 누르면 실행 중인 프로그램이 종료된다. os.SIGINT에 대해 Notify가 호출되면 Ctrl+C 또는 Ctrl+Break 키는 연결된 채널로 보낼 os.SIGINT를 발생시키게 되고, 프로그램이 종료되지 않는다. Reset을 호출하거나 Notify로 연결된 모든 채널에서 Stop이 호출되면 기본 동작으로 돌아간다.

Plan 9

Plan 9에서 시그널은 syscall.Note 타입을 가지는데, 이것은 문자열이다. syscall.Note를 사용하여 Notify를 호출하면 문자열이 노트로 전송될 때 그 값이 채널에 전송된다.

path 패키지

슬래시("/")로 구분된 패스를 조작하는 유틸리티를 제공한다. 이 패키지는 다음과 같은 패키지를 포함한다.

filepath 패키지

특정 OS에 정의된 파일 패스에 대해 파일 이름의 경로를 조작하는 유틸리티. 이 패키지 함수는 별도의 지시가 없을 경우 리턴 시 모든 슬래시 문자를 os.PathSeperator로 대체함.

reflect 패키지

런타임 리플렉션 기능을 이용하여 프로그램이 임의 타입의 오브젝트를 조작할 수 있게 한다. 이 패키지를 일반적으로 사용하는 방법은 정적 타입의 interface{}의 값을 전달하여 Typeof(Type 타입의 값을 리턴)을 호출하여 동적 타입 정보를 검색하는 것이다.

ValueOf를 호출하면 런타임 데이터를 나타내는 Value가 리턴된다. Zero는 Type을 받아 그 타입에서 0을 나타내는 Value를 리턴한다.

Go 리플렉션에 대해 더 자세히 알고 싶다면 "The Laws of Reflection"(https://golang.org/doc/articles/laws_of_reflection.html)를 참조하자.

regexp 패키지

정규 표현식 검색 기능을 지원한다. 정규 표현식 구문은 Perl, Python에서 사용되는 것과 거의 동일하다. 자세한 것은 7.15절 "regexp"를 참조하자.

runtime 패키지

runtime 패키지에는 Go 루틴을 제어하는 기능 등 Go 런타임 시스템과 연계하는 기능이 포함되어 있다. 또한 이 패키지는 reflect 패키지에서 이용되는 하위 레벨의 타입 정보도 포함되어 있다. 런타임의 타입 시스템을 조작하는 방법은 reflect 문서를 참조하자.

환경 변수

다음의 환경 변수(OS에 따라 $name 또는 %name%)는 Go 프로그램의 런타임 동작을 제어한다. 각 환경 변수의 의미와 사용 방법은 버전에 따라 달라질 수 있다.

GOGC 변수는 가비지 컬렉션(GC)을 시작할 비율을 설정한다. 새롭게 할당된 데이터와 마지막 가비지 컬렉션 후에 남아있는 데이터 비율이 일정 비율 이상이 되면 가비지 컬렉션이 시작된다. GOGC의 기본값은 100이다. GOGC=off와 같이 설정하면 가비지 컬렉션을 비활성화한다. runtime/debug 패키지의 SetGCPercent 함수를 사용하면 런타임에서 이 비율을 변경할 수 있다.자세한 내용은 https://golang.org/pkg/runtime/debug/#SetGCPercent를 참조하자.

GODEBUG 변수는 런타임의 디버그 변수를 제어한다. GODEBUG는 name=val 형태의 쌍이 ,(쉼표)로 구별된 리스트를 분석하여 다음과 같은 이름을 가진 변수를 설정한다.

allocfreetrace: allocfreetrace = 1로 설정하면 모든 할당이 프로파일링되고, 오브젝트 할당 및 해제 시 스택 트레이스를 확인할 수 있다.

cgocheck: cgocheck = 0으로 설정하면 cgo에서 사용된 Go 이외의 코드에서 Go 포인터를 잘못 사용한 패키지를 확인하는 기능을 비활성화한다. 이 값을 1(기본값)로 설정하면 비교적 간단한 검사를 수행하며, 몇가지 오류를 놓칠 수 있다. cgocheck = 2로 설정하면 정밀하게 검사를 수행하여 프로그램의 실행 속도가 느려지게 된다.

efence: efence = 1로 설정하면 할당자(Allocator) 실행 모드로 전환되며, 각 객체를 별도의 페이지에 할당하여 주소를 다시 사용하지 않도록 설정된다.

gccheckmark: gccheckmark = 1로 설정하면 가비지 컬렉터의 동시 마크(Concurrent Mark) 단계 검증을 활성화하고 모든 스레드가 정지된 상태에서 두 번째 마크 패스를 수행한다. 두 번째 패스에서는 동시 마크 단계에서 발견하지 못한 접근 가능한 오브젝트를 발견하면 가비지 컬렉터에서 에러를 발생시킨다.

gcpacertrace: gcpacertrace의 값을 1로 설정하면 가비지 콜렉터가 현재 동시 페이서(Pacer)의 내부 상태를 출력하도록 한다.

gcshrinkstackoff: gcshrinkstackoff = 1로 설정하면 Go 루틴이 더 작은 스택으로 이동하는 것을 막는다. 이 상태에서 Go 루틴의 스택의 크기는 계속해서 증가한다.

gcstackbarrieroff: gcstackbarrieroff = 1로 설정하면 스택 배리어를 비활성화 한다. 이렇게 되면 마크 종료 시점에서 가비지 컬렉터가 스택 검사를 반복하는 것을 회피할 수 있다.

gcstackbarrierall: gcstackbarrierall = 1로 설정하면 기하급수적 공간 프레임뿐만 아니라 모든 스택 프레임에 대해 스택 배리어를 활성화한다.

gcstoptheworld: gcstoptheworld = 1을 설정하면 동시 가비지 컬렉션을 비활성화하고 가비지 컬렉션을 수행할 때마다 모든 스레드가 중지된다. gcstoptheworld의 값을 2로 설정하면 가비지 컬렉션 후 동시 스위핑(Sweeping)도 비활성화된다.

gctrace: gctrace = 1로 설정하면 가비지 컬렉션을 수행할 때마다 가비지 컬렉터가 회수한 메모리 및 컬렉터를 위해 중지된 시간을 1줄로 요약하여 표준 오류로 출력한다. gctrace의 값을 2로 설정해도 같은 값이 출력되지만, 가비지 컬렉션이 반복된다. 현재 출력되는 내용은 다음과 같으며, 나중에 변경될 가능성이 있다.

```
gc # @#s #%: #+#+# ms clock, #+#/#/#+# ms cpu, #->#-># MB, # MB goal, # P
```

각 필드의 의미는 다음과 같다.

필드 이름	의미
gc #	GC 번호 : 가비지 컬렉션이 수행될 때마다 증가
@#s	프로그램이 시작된 뒤로 흐른 시간(초)
#%	프로그램 수행 시간 대비 가비지 컬렉션에 소요된 시간 비율
# +...+#	가비지 컬렉션 각 단계의 실시간/CPU 시간
#->#-># MB	가비지 컬렉션 시작, 종료 시점 및 현재의 힙 크기
# MB goal	목표 힙 크기
# P	사용된 프로세서 수

각각의 단계는 STW(Stop-The-World, 모든 스레드 정지) 스윕 종료, 동시 마크 및 검사, STW 마크 종료로 구성되어 있다. 마크와 검사를 위한 CPU 시간은 어시스트 시간(할당과 함께 수행되는 가비지 컬렉션 시간), 백그라운드 시간, 그리고 유휴 시간으로 나누어진다. 만약 어떤 행의 마지막이(forced)로 끝난다면, 이 가비지 컬렉션은 runtime.GC() 호출로 인해 강제로 수행된 것을 의미하며, 가비지 컬렉션 과정 중 모든 스레드가 정지 상태가 된다.

memprofilerate: memprofilerate = X로 설정하면 runtime.MemProfileRate 값이 업데이트된다. 0으로 설정하면 메모리 프로파일링이 비활성화된다. 기본값은 MemProfileRate의 설명을 참조하자.

invalidptr: invalidptr = 1(기본값)일 경우 잘못된 포인터 값(예를 들면 정수 1)이 포인터 타입에서 발견될 경우 가비지 컬렉터와 스택 복사기가 충돌한다. invalidptr의 값을 0으로 설정하면 이 기능을 비활성화할 수 있지만, 버그 코드를 알아내기 위해 임시로만 사용할 것을 권장한다. 실제로 이 문제를 막으려면 포인터 타입의 변수에 정수를 저장하지 않는 것이 가장 바람직하다.

sbrk: sbrk = 1을 설정하면 메모리 할당자와 가비지 컬렉터를 기본 할당자로 교체한다. 기본 할당자는 OS에서 메모리를 가져오며, 메모리를 재사용하지 않는다.

scavange: scavange =1로 설정하면 힙을 청소하는 디버그 모드를 활성화한다.

scheddetail: schedtrace = X, scheddetail = 1로 설정하면 스케줄러가 스케줄러, 프로세서, 스레드, Go 루틴의 상태를 매 X 밀리초마다 여러 줄에 걸쳐 출력한다.

schedtrace: schedtrace = X로 설정하면 X 밀리초마다 스케줄러의 상태를 1줄로 정리하여 표준 오류로 출력한다.

net과 net/http 패키지 또한 GODEBUG의 디버깅 변수를 참조한다. 자세한 내용은 각 패키지의 문서를 참조하도록 하자.

GOMAXPROCS 변수는 사용자 수준의 Go 코드에서 동시에 사용가능한 OS 스레드의 수를 제한한다. 단, Go 코드 이외에 시스템 콜을 통해 제한할 수 있는 스레드 수는 제한이 없고, 이것이 GOMAXPROCS에 영향을 끼치지도 않는다. 이 패키지의 GOMAXPROCS 함수를 이용하면 제한 사항을 확인하거나 변경할 수 있다.

GOTRACEBACK 변수는 Go 프로그램이 복구 불가능한 패닉 상태 또는 예기치 못한 런타임 상태에 빠졌을 때 생성되는 출력의 수를 제어한다. 기본적으로 프로그램이 이러한 상태가 되면 런타임 시스템 내의 함수를 제외한 현재 Go 루틴의 스택 트레이스를 출력하고 종료 코드 2와 함께 종료된다. Go 루틴이 존재하지 않거나, 런타임 내부에 오류가 발생한 경우에는 모든 Go 루틴의 스택 트레이스를 출력한다.

GOTRACEBACK = none일 경우 Go 루틴의 스택 트레이스가 출력되지 않는다. GOTRACEBACK의 값이 single(기본값)일 경우 위와 같이 작동하며, 값이 all일 경우 각 Go 루틴들의 스택 트레이스에 런타임 함수에 관한 내용도 포함하여 출력한다. 또한 값이 system이라면 all과 유사하지만 런타임 함수의 스택 프레임이나 런타임 내부에서 생성된 Go 루틴의 정보도 같이 출력한다. crash는 system과 유사한 결과를 출력하지만, 프로그램을 종료하지 않고 OS 고유의 방법으로 프로그램 충돌을 발생시킨다. 예를 들어 Unix에서는 프로그램이 SIGABRT를 발생시키고, 코어 덤프를 수행한다. 예전부터 사용된 설정에 따라 GOTRACEBACK의 값을 0, 1, 2를 설정하면 각각 none, all, system으로 동작한다.

runtime/debug 패키지의 SetTraceBack 함수는 출력의 양을 늘릴 수는 있지만, 환경 변수에 설정된 값 이하로 줄이는 것은 불가능하다.자세한 내용은 https://golang.org/pkg/runtime/debug/#SetTraceback를 참조하자.

Go의 환경 변수는 GOARCH, GOOS, GOPATH, GOROOT가 전부이다. 환경 변수는 Go 프로그램의 빌드 과정에 영향을 끼친다(https://golang.org/cmd/go과 https://golang.org/pkg/go/build 참조). GOARCH, GOOS, GOROOT는 컴파일할 때 처리되어 이 패키지의 상수나 함수로 사용할 수 있다. 그러나 런타임 시스템의 실행에는 영향을 주지 않는다.

이 패키지는 다음 표의 패키지를 포함한다.

패키지 이름	기능
cgo	cgo 툴에 의해 생성된 코드에 대한 런타임을 지원한다. cgo 사용에 대한 자세한 내용은 cgo 명령 관련 문서를 참조하자.
debug	실행중인 프로그램을 디버깅하는 기능
pprof	pprof 시각화 도구용 포맷으로 런타임 프로파일링 데이터를 작성
race	데이터충돌감지로직.이패키지에대한공게인터페이스는제공되지않는다.충돌감지툴에대한자세한내용은 https://golang.org/doc/articles/race_detector.html를 참조
trace	Go 프로그램 트레이서. 트레이서는 Go 루틴의 생성 · 차단 · 차단 해제, 시스템콜의 시작 · 종료 · 차단, 가비지 컬렉터에 관계된 이벤트, 힙 크기 변경, 프로세스의 시작 · 정지 등의 정보를 포착하여 io.Writer를 이용하여 간단한 형태로 기록한다. 대부분의 이벤트에 대해 나노초 단위에 상응하는 정확한 타임스탬프와 스택 트레이스를 얻을 수 있기 때문에 go tool trace 명령으로 분석할 수 있다.

sort 패키지

슬라이스와 사용자 정의 콜렉션의 정렬을 위한 프리미티브가 제공된다.

strconv 패키지

기본 자료형과 문자열 표현 사이의 상호 변환 기능이 구현되어 있다. 자세한 내용은 7.9절 "strconv"를 참조하자.

strings 패키지

UTF-8 인코딩 문자열을 조작하는 간단한 함수가 구현되어 있다. Go UTF-8 문자열에 대한 자세한 정보는 https://blog.golang.org/strings를 참조하자.

sync 패키지

뮤텍스와 같은 기본적인 동기화 프리미티브를 제공한다. Once 타입과 WaitGroup 타입 이외의 다른 타입들은 대부분 하위 레벨의 라이브러리 루틴에 이용하기 위한 것들이다. 높은 수준의 동기화는 채널을 이용하여 통신하는 것이 바람직하다. 또한 이 패키지로 정의된 타입이 포함된 값을 복사해서 사용하는 것은 바람직하지 않다.

이 패키지는 다음 패키지를 포함한다.

atomic 패키지

동기화 알고리즘 구현을 위한 하위 레벨의 원자(Atomic) 메모리 프리미티브를 지원한다.

이 기능들은 상세한 부분까지 주의를 기울여 제대로 사용해야 한다. 특수한 기능을 수행해야 하는 하위 레벨의 응용 프로그램이 아니라면 채널과 sync 패키지의 기능을 이용하여 동기화를 구현하는 것이 바람직하다. 메모리를 공유하여 통신을 하지 말고, 통신을 통해 메모리를 공유하는 것이 좋다.

SwapT 함수를 이용한 값 교환은 다음 작업을 수행한 것과 동일하다.

```
old = *addr
*addr = new
return old
```

CompareAndSwapT 함수를 이용하여 값 비교 및 교환을 수행하면 다음 작업을 수행한 것과 같은 결과를 가진다.

```
if *addr == old {
  *addr = new
  return true
}
return false
```

addT 함수를 이용한 덧셈 연산은 다음 작업과 같다.

```
*addr += delta
return *addr
```

loadT 함수 및 StoreT 함수를 이용하여 읽기 및 저장 작업을 수행하는 것은 "return *addr"과" *addr = val"를 실행한 것과 같다.

syscall 패키지

하위 레벨의 OS의 프리미티브를 위한 인터페이스를 제공한다. 자세한 내용은 시스템에 따라 달라지지만 기본적으로 godoc은 현재 시스템에 대한 문서를 출력한다. godoc을 이용하여 다른 시스템을 위한 문서를 출력하고 싶다면 $GOOS와 $GOARCH를 원하는 값으로 설정한다. 예를 들어 freebsd/arm용 문서를 linux/amd64 환경에서 보고 싶다면 $GOOS=freebsd, $GOARCH=arm과 같이 설정하면 된다.

syscall 패키지는 주로 on, time, net 등 시스템에서 자주 사용되는 패키지 내부에서 인터페이스를 제공하는 용도로 사용된다. 가능하다면 이 패키지 대신 위의 패키지를 사용하도록 하자. syscall 패키지의 기능과 데이터 타입의 자세한 내용은 각 OS별 설명 문서를 참조하자.

각 호출은 성공을 나타내기 위해 err==nil을 리턴한다. 성공하지 못한 경우 err의 값은 실패의 원인을 나타내는 OS 오류이다. 대부분의 시스템에서 오류는 syscall.Errno 타입 값이다.

참고로, 이 패키지는 수정이 불가능하다. 표준 Go 저장소 이외의 코드는 golang.org/x/sys 저장소의 해당 패키지를 사용하도록 변환해 주어야 한다. 이 작업은 새로운 OS와 새로운 버전의 Go를 사용할 때에도 필요하다. 자세한 내용은 https://

golang.org/s/go1.4-syscall를 참조하자.

testing 패키지

Go 패키지의 자동 테스트 기능을 제공한다. 이 패키지는 go test 명령과 함께 사용하는 것을 전제로 설계되어 있다. go test 명령은 다음 형식으로 정의된 모든 기능을 자동으로 수행한다.

```
func TestXxx(*testing.T)
```

여기에서 Xxx는 영,숫자 문자열(단, 1번째 문자가 [a-z] 이외의 문자여야 한다)에서 테스트 루틴을 식별할 때 사용된다.

이 함수의 내부에서 Error 및 Fail, 또는 관련 메소드를 이용하여 테스트 실패를 알린다.

새로운 테스트 슈트(Suite)를 구성하려면 위에서 설명한 TestXxx 함수를 포함한 _test.go로 끝나는 파일을 생성하여 테스트 대상 패키지에 위치시킨다. 이 파일은 일반적으로는 패키지를 빌드할 때 제외되지만, go test 명령이 실행되면 빌드 대상에 포함된다. 자세한 내용을 알아보고 싶다면 go help test나 go help testflag를 실행해 보자.

테스트 f나 벤치마크를 적용 대상에서 제외하고 싶다면 *T와 *B에서 Skip 메소드를 호출한다.

```
func TestTimeConsuming(t *testing.T) {
    if testing.Short() {
        t.Skip("skipping test in short mode.")
    }
    ...
}
```

벤치마크(Benchmark)

다음과 같은 형태를 가진 함수는 벤치마크로 간주되어 -bench 플래그가 활성화된 go test 명령을 통해 실행된다.

```
func BenchmarkXxx(*testing.B)
```

벤치마크는 하나씩 차례대로 실행된다. 테스트 플래그에 대한 설명은 https://golang.org/cmd/go/#hdr-Description_of_testing_flags를 참조하자.

다음은 벤치마크 함수의 예시이다.

```
func BenchmarkHello(b *testing.B) {
    for i := 0; i < b.N; i++ {
        fmt.Sprintf("hello")
    }
}
```

벤치마크를 수행하는 함수는 대상 코드를 b.N번 실행해야 한다. 벤치마크가 실행 시 측정된 시간이 충분히 신뢰할 수 있도록 b.N의 값이 조정된다. 다음 출력은 반복문이 1000만 회 실행되어 반복문 당 282 나노초가 소요되었다는 것을 의미한다.

```
BenchmarkHello 10000000 282 ns/op
```

벤치마크를 실행하기 전에 큰 비용이 드는 설정을 할 필요가 있다면 타이머를 재설정할 수 있다.

```
func BenchmarkBigLen(b *testing.B) {
    big := NewBig()
    b.ResetTimer()
    for i := 0; i < b.N; i++ {
        big.Len()
    }
}
```

벤치마크를 통해 동시에 테스트 성능을 측정해야 한다면 다음과 같이 RunParallel 헬퍼 함수를 사용할 수 있다. 이러한 벤치마크는 go test -cpu 플래그와 사용된다.

```
func BenchmarkTemplateParallel(b *testing.B) {
    templ := template.Must(template.New("test").Parse("Hello, {{.}}!"))
    b.RunParallel(func(pb *testing.PB) {
        var buf bytes.Buffer
        for pb.Next() {
```

```
        buf.Reset()
        templ.Execute(&buf, "World")
    }
  })
}
```

용례(Example)

이 패키지는 용례 코드의 실행과 검증 기능도 갖추고 있다. Example 함수의 마지막에는 "Output : "으로 시작하는 줄 주석이 포함된 경우가 있다. 이럴 때에는 테스트가 실행된 후 그 주석과 함수의 표준 출력 내용을 비교하게 된다(비교 시 시작과 끝의 공백은 무시된다). 다음은 Example 함수의 예시이다.

```
func ExampleHello() {
  fmt.Println("hello")
  // Output: hello
}

func ExampleSalutations() {
  fmt.Println("hello, and")
  fmt.Println("goodbye")
  // Output:
  // hello, and
  // goodbye
}
```

Output 주석이 없는 Example 함수는 컴파일되지만 실행은 되지 않는다.

패키지 함수F, T타입, T타입 메소드 M으로 구성된 Example 함수를 선언한다면 각각 다음의 명명 규칙을 따라야 한다.

```
func Example() { ... }
func ExampleF() { ... }
func ExampleT() { ... }
func ExampleT_M() { ... }
```

여기에 별도의 접미사를 추가하여 패키지, 함수, 타입, 메소드에 대해 여러 Example 함수를 만들 수 있다. 단, 접미사는 소문자로 시작해야 한다.

```
func Example_suffix() { ... }
func ExampleF_suffix() { ... }
func ExampleT_suffix() { ... }
func ExampleT_M_suffix() { ... }
```

하나의 Example 함수와 적어도 하나의 다른 함수, 타입, 변수, 상수 선언이 포함되어 있고, 테스트 함수와 벤치마크가 포함되어 있지 않은 경우, 그 테스트 파일 전체가 Example 함수로 처리된다.

기본(Main)

테스트 프로그램에서는 테스트 전후에 설정을 추가하거나 삭제하는 등의 처리가 있을 수 있다. 또한 메인 스레드에서 어떤 코드를 실행해야 하는지를 제어해야 할 때도 있다. 이럴 때 테스트 파일에 다음과 같은 기능이 포함되어 있다면

```
func TestMain(m *testing.M)
```

생성된 테스트는 테스트를 직접 수행하지 않고 TestMain(m)을 실행한다. TestMain은 m.Run 호출 전후에 설정을 변경한 뒤에 루틴을 수행할 수 있다. 그 후 m.Run의 결과를 전달하여 os.Exit를 호출해야 한다. TestMain이 호출될 때 flag.Parse는 실행되지 않는다. TestMain 및 테스트 패키지의 내부가 명령줄 플래그에 의해 설정되는 경우, flag.Parse를 호출해야 한다.

TestMain을 간단하게 구현하면 다음과 같다.

```
func TestMain(m *testing.M) {
  flag.Parse()
  os.Exit(m.Run())
}
```

또한 testing 패키지에는 다음 표의 패키지들도 포함되어 있다.

패키지 이름	기능
iotest	주로 테스트에 도움이 되는 Reader, Writer
quick	블랙 박스 테스트 실행을 위한 유틸리티 함수

text 디렉토리

이 디렉토리는 다음과 같은 패키지를 포함한다.

scanner 패키지

UTF-8으로 인코딩된 텍스트에 대해 검사하고 토큰화하는 기능을 제공한다. 이것은 소스를 제공하는 io.Reader를 받을 수 있으며, 받은 소스는 Scan 메소드를 계속 호출함으로써 토큰화시킬 수 있다. 기존 툴과의 호환성을 위해 NUL 문자는 허용되지 않는다. 소스 처음에 있는 UTF-8 인코딩의 바이트 순서 표시(BOM)는 무시된다.

기본적으로 Scanner는 공백과 Go 주석은 생략하고 Go에 정의된 모든 문법을 인식한다. 물론 일부 문법만 인식하거나, 다른 식별자와 공백을 인식하도록 설정하는 것도 가능하다.

tabwriter 패키지

탭으로 구분된 여러 개의 열을 정리된 텍스트로 변환하는 쓰기 필터(tabwriter.Writer)를 제공한다.

template 패키지

텍스트를 모아 출력하는 편리한 데이터 기반 템플릿이 구현되어 있다. 하나의 DSL(Domain Specific Language, 도메인 특화 언어)이라고 할 수 있을 정도로 많은 기능을 제공한다.

parse 패키지

text/template 패키지와 html/template 패키지에 정의된 템플릿 분석용 트리를 구축하는 기능이 구현되어 있다. 이 패키지는 일반적으로는 사용되지 않고 내부적으로 공유되는 데이터 구조를 제공한다. 템플릿 구축을 위해서는 이 패키지 대신 text/template 패키지와 html/template 패키지를 사용하자.

time 패키지

시간을 측정하고 표시하는 기능을 제공한다. 날짜는 양력을 기준으로 한다. 자세한 내용은 7.3절 "time"을 참조하자.

unicode 패키지

Unicode 코드 포인트의 몇 가지 특성을 테스트하는 데이터와 함수를 제공한다. 이 패키지에는 다음 표의 패키지들도 포함되어 있다.

패키지 이름	기능
utf16	UTF-16 시퀀스의 인코딩 및 디코딩 기능
utf8	UTF-8 인코딩 텍스트를 지원하는 함수와 상수, 이 패키지에는 룬(rune) 타입과 UTF-8 바이트 사이의 변환을 수행하는 함수도 포함되어 있다.

unsafe 패키지

Go 프로그램 내의 타입 안전성을 회피하는 기능을 제공한다. unsafe 패키지가 있는 패키지는 이식성이 사라질 가능성이 있고, Go 1 버전의 호환성 지침에 의해 보호되지 않는다.

찾아보기

ㅊ

ㅋ

ㅌ

ㅍ

ㅎ

A

B

C

P

R

S

T

U

V

기타

[저자]

松尾 愛賀(마츠오 아이카)

나가사키 출신. 프리랜서 프로그래머를 거쳐 현재 주식회사 라쿤 재직 중. 테크니컬 디렉터로 핀테크 관련 서비스를 운영하고 있음.

[역자]

박혜영

연세대학교에서 컴퓨터과학으로 학사와 석사, 박사를 취득하고 일본 이화학연구소 뇌과학 연구센터 연구원을 거쳐 현재 경북대학교 컴퓨터학부 교수로 재직 중. 오토마타, 이산수학, 인공지능 등 주요 전공 분야 강의를 담당하고 있으며, 기계학습과 딥러닝 분야의 연구를 진행하고 있음.

서정인

경북대학교 전자전기컴퓨터학부 학사, 석사를 거쳐 현재 동 대학 컴퓨터학부 박사과정에 재학 중. 딥러닝과 컴퓨터비전 분야의 다수 연구 프로젝트에 참여하고 있음.

Go 언어 시작하기

인 쇄 | 2018년 9월 10일 초판 인쇄
발 행 | 2018년 9월 20일 초판 발행
편저자 | 松尾 愛賀
역 자 | 박혜영 · 서정인

역자와의 협의하에 인지생략

발행인 | 송 준
발행처 | 홍릉과학출판사
주 소 | 01093 서울시 강북구 인수봉로 50길 10
등 록 | 1976년 10월 21일 제5-66호

전 화 | 02-999-2274~5, 903-7037
팩 스 | 02-905-6729
e-mail | hongpub@hongpub.co.kr
http://www.hongpub.co.kr
ISBN | 979-11-5600-606-0 (93000)

값 29,000원